PETER WINTERHOFF-SPURK

Kalte Herzen

Wie das Fernsehen unseren Charakter formt

KLETT-COTTA

Klett-Cotta
© J. G. Cotta'sche Buchhandlung Nachfolger GmbH, gegr. 1659,
Stuttgart 2005
Alle Rechte vorbehalten
Fotomechanische Wiedergabe nur mit Genehmigung des Verlags
Printed in Germany
Schutzumschlag: Werkstatt München Weiss/Zembsch
Fotos: © Mauritius / © P.N.M. Domanski
Gesetzt aus der Plantin light von Typomedia GmbH, Ostfildern
Auf säure- und holzfreiem Werkdruckpapier gedruckt und gebunden
von Kösel, Krugzell
ISBN 3-608-94102-9

Bibliographische Information Der Deutschen Bibliothek
Die Deutsche Bibliothek verzeichnet diese Publikation in der
Deutschen Nationalbibliographie; detaillierte bibliographische
Daten sind im Internet über <http://dnb.ddb.de> abrufbar.

»Man wird dem neuen Menschentypus nicht gerecht ohne das Bewußtsein davon, was ihm unablässig, bis in die geheimsten Innervationen hinein, von den Dingen der Umwelt widerfährt.«

(ADORNO, 1951, S. 59)

Inhalt

Vorwort – Eine Warnung 9

1 Verwandte Seelen? –
  Der Holländermichel und Linda de Mol 11
2 Histrio – Der neue Sozialcharakter 26
3 Marlene Dietrich, Leni Riefenstahl –
  Über histrionische Mythen 46
4 Stars – Idole der Mediengesellschaft 63
5 Fans – Sein wollen wie ein anderer 77
6 Fernsehfreunde – Parasoziale Beziehungen 89
7 Zuschauen – Dreieinhalb Stunden täglich 97
8 Inhalte – Die Botschaften des Fernsehens 111
9 Fühlen – Über die Lust an der Erregung 128
10 Denken – Heimlicher Erzieher Fernsehen 141
11 Handeln – Lernen am Modell 158
12 »Couch potatoes« –
   Die Prägung des histrionischen Charakters 165
13 Vereisung – Unterwegs in die Erlebnisgesellschaft . . 182
14 Sozialverhalten –
   Die unstillbare Sehnsucht nach Stabilität 210
15 Was tun? –
   Medienkompetenz und Bindungssicherheit 238

Dank 250

Literatur 251

Vorwort – Eine Warnung

Bevor Sie sich auf die Reise in das Innere des nachfolgenden Textes begeben, möchte ich Sie warnen: Dieses Buch will Ihre Haltung zum Fernsehen verändern!

Erwarten Sie also kein medienwissenschaftliches Buch im herkömmlichen Sinne. In wissenschaftlichen Texten ist es aus guten Gründen üblich, die jeweils aktuellen Befunde und Theorien in ihren Schwächen und Stärken gründlich zu diskutieren und auf ihre begrenzte Geltung hinzuweisen. Diese chronische Vorläufigkeit drückt sich in der häufig am Ende wissenschaftlicher Texte zu findenden Formulierung aus: »Further research is needed«. Mit dieser Haltung sind allerdings Medienwissenschaftler in der öffentlichen Diskussion über Medienwirkungen jedem Lobbyisten hoffnungslos unterlegen: Der Interessenvertreter kann einschließlich der Lüge alle kommunikativen Register ziehen, der Wissenschaftler muß immer auch den Zweifel mit thematisieren.

Diese Erfahrung kann den Forscher dazu verführen, sich gar nicht mehr an der öffentlichen Debatte zum Thema Medien zu beteiligen. Umberto Eco hat in seinen Streichholzbriefen ja geschrieben, die erste Pflicht der Intellektuellen sei zu schweigen, wenn sie zu nichts nützten. »Wenn das Haus brennt, kann der Intellektuelle nur versuchen, sich wie ein normaler, vernünftiger Mensch zu verhalten, wie jeder andere auch. Wenn er meint, er habe eine besondere Mission, bildet er sich etwas ein, und wer ihn anruft, ist ein Hysteriker, der die Telefonnummer der Feuerwehr vergessen hat« (Eco, 2000, S. 165).

Das kann aber nicht die ganze Lösung sein, werden wir Wissenschaftler doch letztlich dafür bezahlt, »... etwas aus dem Bereich der Natur oder der Gesellschaft ans Licht zu bringen und ... das Entdeckte offenzulegen« (Bourdieu, 1998, S. 18). Und so läßt auch Eco eine Ausnahme von der Pflicht zur Zurückhaltung zu, nämlich dann, »... wenn etwas Schwerwiegendes geschieht und niemand es bemerkt. Nur in solchen Fällen kann sein Appell als ein Alarmruf nützen« (Eco, 2000, S. 166).

Und so etwas Schwerwiegendes geschieht seit einigen Jahren, davon bin ich nach über 20jähriger Forschungs- und Lehrtätigkeit auf dem Gebiet der Medienpsychologie überzeugt: Die Medien, allen voran das Fernsehen, verändern schleichend den Sozialcharakter, also diejenigen psychischen Eigenschaften und Verhaltensweisen, die die Menschen einer bestimmten Epoche und Kultur gemeinsam haben. Das wäre ja nicht weiter schlimm, weil sich der Sozialcharakter – ebenso wie die Gesellschaft selbst – eigentlich immer verändert hat und weiter verändern wird. Wandel allein erregt keine Besorgnis. Aber welche Eigenschaften und Verhaltensweisen durch die Medien manipuliert werden, das läßt schlimme Folgen für den Einzelnen wie für die Gesellschaft befürchten. Es sind kalte Herzen, die da entstehen.

Aus diesem Grund ist das Ihnen vorliegende Buch also kein wissenschaftlicher Text, sondern ein Appell. Fernsehen ist ein Psychotonikum fürs Volk, und es wird höchste Zeit, daß wir dies bemerken. Klipp und klar formuliert: »A l'arme!«

Saarbrücken, im Herbst 2004   Peter Winterhoff-Spurk

Verwandte Seelen? – Der Holländermichel und Linda de Mol   1

»Aber ein Köhler hat viel Zeit zum Nachdenken über sich und andere, und wenn Peter Munk an seinem Meiler saß, stimmten die dunklen Bäume umher und die tiefe Waldesstille sein Herz zu Tränen und unbewußter Sehnsucht. Es betrübte ihn etwas, es ärgerte ihn etwas, er wußte nicht recht was. Endlich merkte er doch, was ihn ärgerte, und das war – sein Stand.« So schön beschreibt Wilhelm Hauff (1802–1827) die psychische Befindlichkeit des jungen Köhlers Peter Munk in dem Märchen *Das kalte Herz* (Hauff, 1989, S. 9f.), das auch die Anregung zum Titel dieses Buches gegeben hat.

Der weitere Verlauf der Geschichte ist bekannt: Aus Unzufriedenheit mit seinem elenden und einsamen Leben als Kohlenbrenner und aus dem Wunsch heraus, mit den bessergestellten Glasmännern, Uhrmachern und Flößern auf dem Tanzboden und beim Kartenspiel konkurrieren zu können, läßt sich Peter Munk mit einem Waldgeist aus Holland, dem Holländermichel, auf einen Handel ein: Er tauscht – wie die örtlichen Honoratioren und Kaufleute auch – sein warmes, lebendiges Herz gegen ein steinernes ein und erhält dafür schöne Kleider, einen vornehmen Wagen und Geld im Überfluß. So ausgestattet, macht er sich auf die erste Reise seines Lebens, die aber überhaupt nicht zu seiner Zufriedenheit verläuft, denn »… es freute ihn nichts, kein Bild, kein Haus, keine Musik, kein Tanz, sein Herz von Stein nahm an nichts Anteil und seine Augen, seine Ohren waren abgestumpft für alles Schöne. Nichts war ihm mehr geblieben als die Freude an Essen und Trinken und der Schlaf, und so lebte er, indem er ohne Zweck durch die Welt reiste, zu seiner Unterhaltung speiste und aus Langeweile schlief« (a.a.O., S. 54). So hatte er sich das gute Leben nicht vorgestellt. Zurück im Schwarzwald, beklagt er sich umgehend beim Holländermichel: »... ich erzürne mich nie, bin nie traurig, aber ich freue mich auch nie, und es ist mir, als wenn ich nur halb lebte. Könnet ihr das Steinherz nicht ein wenig beweglicher machen?« (a.a.O., S. 55)

Sein Vertragspartner geht darauf nicht ein, rät ihm statt dessen, den Müßiggang zugunsten einer geregelten Arbeit aufzugeben. Peter Munk folgt diesem Ratschlag und läßt sich als Korn- und Geldhändler nieder. Und siehe da, für diese Tätigkeit erweist sich sein steinernes Herz als ausgesprochen passend. Nur mit einem kalten Herzen kann man Schuldner aus ihren Häusern vertreiben, Bettler verjagen und die eigene Mutter trotz ihrer Gebrechlichkeit mit Almosen abspeisen. Seinem Unternehmen aber tat das gut: »Der halbe Schwarzwald wurde ihm nach und nach schuldig« (a.a.O., S. 56).

Was soll das Märchen, als Kind von vielen mit sanftem Erschauern auf dem Schoß der Großmutter gehört, lehren? Vermutlich dies: Der Schwarzwald war zur Zeit der Publikation der Geschichte im *Märchenalmanach auf das Jahr 1828* noch eine weitgehend landwirtschaftlich und handwerklich geprägte Region, vergleichsweise wenig erschlossen und mit einer bodenständigen, familien- und standesgebundenen Bevölkerung. Man war zufrieden mit dem, was man hatte, man blieb im Lande, und man nährte sich redlich. Anderswo aber, in Holland z.B., hatte sich die moderne Industriegesellschaft bereits fest etabliert.

Sie aber verlangte einen ganz anderen Menschenschlag als den vorindustriellen Kleinbürger, nämlich den gewinnorientierten »homo oeconomicus«. Für dessen Geschäfte sind Gefühle, besonders aber Mitleid und Nächstenliebe, nichts als störend (Schwarz, 1983). Dieser Typus dringt in der Figur des Holländermichel auch in den Schwarzwald ein: »Vor etwa hundert Jahren ... war weit und breit kein ehrlicher Volk auf Erden als die Schwarzwälder. Jetzt, seit so viel Geld im Land ist, sind die Menschen unredlich und schlecht. Die jungen Burschen tanzen und johlen am Sonntag und fluchen, daß es ein Schrecken ist. Damals war es aber anders ... der Holländermichel ist schuld an all dieser Verderbnis«, läßt Wilhelm Hauff einen Großvater sagen (a.a.O., S. 20). Und das zeigt sich so: Zunächst als eingewanderter Waldarbeiter und Flößer bei einem Holzherrn tätig, hatte der Holländermichel bald seine Mit-Flößer aufgestachelt, eigentlich für Köln bestimmtes Holz seines Arbeitgebers auf eigene Rechnung direkt nach Rotterdam zu flößen und es dort um einen vierfachen Preis zu verkaufen. Das Geschäft gelang, sogar mehrfach, aber »... unvermerkt kamen Geld, Flüche, schlechte Sitten, Trunk und Spiel aus Holland herauf« (a.a.O., S. 23). Der neue Mensch – so läßt sich das Märchen lesen – will Geld, Konsum und Unterhaltung, auch wenn es auf Kosten anderer geht. Oder kurz gesagt: Wer in der kapitalistischen Industriegesellschaft erfolgreich sein will, der braucht ein kaltes Herz.

Was Hauff 1828 literarisch erahnt hat, wird in der modernen Psychologie heute so erklärt: In der Figur des Peter Munk kündigt sich das Entstehen eines neuen *Sozialcharakters* an. Dieser Sozialcharakter ist ein allen Menschen in spezifischen Epochen und sozialen Gruppen gemeinsames System von Gewohnheiten, Gefühlen und Idealen, das durch die ökonomischen, sozialen und kulturellen Verhältnisse einer bestimmten Epoche hervorgebracht wird. Er entwickelt sich in steter Interaktion mit individuellen Lebenslagen und genetischen Anlagen zum Gesamtcharakter oder der Persönlichkeit eines Menschen (Fromm, 1996).

Ein Beispiel dafür ist der *nervöse Charakter* (Radkau, 1998), der in der Zeit zwischen Bismarck und Hitler entstanden ist. Auf die technologische und industrielle Modernisierung, das Entstehen der modernen Massenmedien und die politischen und gesellschaftlichen Krisen reagierten die Menschen mit Symptomen, die von den Ärzten jener Zeit als Nervosität, Nervenschwäche oder Neurasthenie diagnostiziert wurden. Nervosität wurde zu einer kollektiven Befindlichkeit, für die wir heute – inzwischen an Reizüberflutung gewöhnt – die harmlosere Bezeichnung »Streßreaktionen« haben. Ein anderes Beispiel ist der *autoritäre Charakter*, den eine von Adorno geleitete Gruppe von Psychologen in den 50er Jahren des vergangenen Jahrhunderts entdeckte (Adorno et al., 1950). Sie interessierten sich für die psychologischen Wurzeln des Antisemitismus und fanden ein ganzes Bündel von damit zusammenhängen Persönlichkeitsmerkmalen, wie Ethnozentrismus, politischen und ökonomischen Konservativismus und antidemokratische Einstellungen. Die Ursache für diesen Charaktertypus sahen sie in einer harten und autoritären Erziehung, bei der elterliche Zuneigung vor allem durch Gehorsam zu erreichen war.

Verändern sich die gesellschaftlichen Verhältnisse, so entsteht ein neuer Sozialcharakter, bereits vorhandene Gefühle, Gewohnheiten und Ideale müssen an die neuen Verhältnisse angepaßt werden. In Zeiten eines schnellen gesellschaftlichen Wandels ist der für eine bestimmte Zeit typische Sozialcharakter nicht der einzige, ja nicht einmal notwendigerweise der häufigste Charaktertyp. Er ist vielmehr der zu der neuen Gesellschaftsformation am besten passende, meistens sehr erfolgreiche und insofern auch für andere wenigstens in den zentralen Merkmalen auf Dauer vorbildhafte Typ.

Soviel zum Holländermichel. Nun mag es ja ein Zufall sein, daß rund 175 Jahre später wiederum Geld und Spiel aus Holland, vielleicht auch schlechte Sitten, kommen: Am 19. 01. 1992 wurde erstmals in Deutschland die Sendung *Die Traumhochzeit* der holländischen TV-Produktionsgesellschaft John de Mol Produkties B. V. von RTL gesendet (vgl. zum Folgenden Bente & Fromm, 1997; Böhme-Dürr & Sudholt, 2001). Das bis heute geltende Konzept besteht darin, drei kreative und unerwartete Hochzeitsanträge vorzuführen und die sich daraus ergebenden Paare in mehreren Spielrunden gegeneinander antreten zu lassen. Höhepunkt ist der Moment, in dem die Braut des Gewinnerpaares im Brautkleid eine Treppe zu dem unten wartenden Partner herabschreitet. Die Kamera zeigt das Gesicht des häufig von seinen Gefühlen überwältigten Partners in Großaufnahme. Das Paar heiratet anschließend (allerdings nicht rechtsgültig) vor laufender Kamera. Die Moderatorin der Sendung heißt Linda de Mol. Kündigt sich mit ihr etwa wiederum ein neuer Sozialcharakter an?

Bei der Beantwortung dieser Frage helfen die Thesen des großen deutschen Soziologen Max Weber (1965) vom Zusammenhang zwischen calvinistischer Weltanschauung und kapitalistischem Wirtschaftserfolg. Grundlage ist die Lehre von der Gnadenwahl: Der Mensch hat durch den Sündenfall alle Aussicht auf ewige Seligkeit verloren, er ist zum ewigen Tod bestimmt. Zur Offenbarung seiner Herrlichkeit hat Gott allerdings einige Menschen bereits vor ihrem Tod zum ewigen Leben auserwählt. Für den Calvinisten ist daher die zentrale Frage, ob und woran der Einzelne erkennen kann, zu welcher Gruppe er gehört. Die Antwort besteht darin, sich für auserwählt zu halten und jeden Zweifel daran als Anfechtung des Teufels zu interpretieren. Als das beste Mittel, den ständig nagenden Zweifel zu vertreiben, gilt die rastlose Berufsarbeit. Im erfolgreichen Vollzug des beruflichen Handelns zeigt sich dann auch die göttliche Gnadenwahl: Die Qualität des beruflichen Handelns, der Erfolg, macht offenkundig, daß es von Gott gewollt und bewirkt ist. Und nur gottgewirktes Handeln verschafft die Gewißheit, zu den Auserwählten zu zählen. »An Stelle der demütigen Sünder, denen Luther, wenn sie in reuigem Glauben sich Gott anvertrauen, die Gnade verheißt, werden so jene selbstgewissen ›Heiligen‹ gezüchtet, die wir in den stahlharten puritanischen Kaufleuten jenes heroischen Zeitalters des Kapitalismus und in einzelnen Exemplaren bis in die Gegenwart wiederfinden«, schreibt Max Weber (1965, S. 129) dazu.

Nun kommt Linda de Mol aus Holland, und Holland ist – neben England und den USA – eines der Länder, in denen der Calvinismus immer eine bedeutende Rolle gespielt hat und bis heute spielt. Entscheidend für das Argument, sie sei die moderne Variante des Holländermichel, ist aber die Tatsache, daß der Calvinismus auch eine ausgeprägte Abneigung gegen die stets etwas unberechenbaren und vom rechten Weg wegführenden menschlichen Gefühle aufweist: »Die puritanische ... Askese arbeitete daran, den Menschen zu befähigen, seine ›konstanten Motive‹ ... gegenüber den ›Affekten‹ zu behaupten und zur Geltung zu bringen: – daran also, ihn zu einer ›Persönlichkeit‹ in *diesem*, formal-psychologischen Sinne des Wortes zu erziehen. Ein waches, bewußtes, helles Leben führen zu können, war, im Gegensatz zu manchen populären Vorstellungen, das Ziel – die Vernichtung der Unbefangenheit des triebhaften Lebensgenusses die dringendste Aufgabe –, Ordnung in die Lebensführung derer, die ihr anhingen, zu bringen, das wichtigste Mittel der Askese« (Weber, 1965, S. 135f.).

Wenn sich die stimmungsmäßige Innerlichkeit der lutherischen Frömmigkeit wenigstens in Form ihrer sentimentalen weltlichen Verwandten, der deutschen Gemütlichkeit, in die Gegenwart gerettet hat, so haben Gefühle für den säkularisierten calvinistischen Sozialcharakter offenbar ihren fragwürdigen Charakter behalten. Sie sind nichts Besonderes, das man bewahren oder pflegen müßte, sondern eher etwas Minderwertiges, das man am besten – und natürlich möglichst erfolgreich – verkauft. Die Kombination von rastloser Berufstätigkeit und asketischer Durchdringung des Lebens in calvinistisch geprägten Kulturen lassen Gefühle dort womöglich leichter zum Gegenstand geschäftlichen Handelns werden als anderswo.

Insofern ist es zumindest ein reizvoller Gedanke, auf die gemeinsame Herkunft der Figur des Holländermichel und von Linda de Mol aus einer calvinistisch geprägten Kultur hinzuweisen, in der die Menschen für ökonomische Möglichkeiten schon immer ein besonders feines Gespür hatten. (Zur Vermeidung von Mißverständnissen ist allerdings sogleich anzufügen, daß es im folgenden nicht um die Privatperson Linda de Mol geht, sie mag eine bezaubernde, sympathische und warmherzige Persönlichkeit sein. Hier interessiert nur ihr beruflicher Auftritt, die prominente Medienfigur.) Allerdings gibt es hinsichtlich der Eigenschaften des neuen Menschen doch gravierende Unterschiede. So geht es bei ihren Sendungen anders als im Märchen ganz und gar nicht um Gefühllosigkeit, sondern um das Gegenteil, nennen wir es vorläufig einmal Gefühlsseligkeit. Ein wichtiger Aspekt kommt hinzu: Die Gefühle müssen nicht wirklich und intensiv *erlebt*, es reicht völlig, wenn sie überzeugend *dargestellt* werden. Und schließlich der entscheidende Unterschied: Das erlebte oder dargestellte Gefühl wird *verkauft* – von den Sendungsteilnehmern an die Produzenten der Sendung, von diesen an einen Sender, vom Sender schließlich an die Werbewirtschaft, die es gegen die Aufmerksamkeit eines möglichst großen Publikums eintauscht. Die Darstellung und der Verkauf von Gefühlen bestimmt das berufliche Handeln von Linda de Mol.

Würde Wilhelm Hauff heute leben, und beschriebe er diesen Sozialcharakter, so hätte er dem Märchen vermutlich den Titel *Das gekaufte Herz* gegeben. Da gesellschaftliche Umbrüche heute nicht mehr (nur) von Schriftstellern oder Dichtern, sondern vor allem von Soziologen diagnostiziert werden, wundert es nicht, daß es das Buch mit diesem Titel aus der Feder einer amerikanischen Soziologin schon gibt. Sie heißt Arlie Hochschild, und ihr Thema ist die Kommerzialisierung der Gefühle in der modernen kapitalistischen Gesellschaft. Sie behauptet, daß der Kapitalismus die Gefühle nicht etwa – wie zu Hauffs Zeiten – *eliminiert*, sondern sie ganz im Gegenteil für kommerzielle Zwecke *instrumentalisiert*. Gefühle stören also nicht mehr den reibungslosen Ablauf kapitalistischer Produktions- und Distributionsweisen, sie werden selbst zur handelbaren Ware: »Wer Gefühlsarbeit im Dienstleistungsbereich verrichtet, gleicht demjenigen, der körperliche Arbeit bei der Herstellung von Dingen leistet: beide sind den Gesetzen der Massenproduktion unterworfen. Aber wenn das massenhaft herzustellende Produkt ein Lächeln, eine Stimmung, ein Gefühl oder eine Beziehung ist, dann wird es immer mehr Teil des Unternehmens oder der Organisation und gehört immer weniger zum Selbst« (Hochschild, 1990, S. 155).

Solche *Gefühlsarbeit* ist vor allem in Berufen gefragt, in denen ein öffentlich sichtbarer Ausdruck spezifischer Emotionen das erfolgsentscheidende Merkmal ist. Beispiele dafür sind etwa Stewardessen, sie müssen das Gefühl von freundlicher Geborgenheit vermitteln, oder Verkäuferinnen, die dem Kunden Wertschätzung und Wohlwollen zeigen, auch Krankenpflegepersonal, das Mitleid, Trost und Anteilnahme präsentieren muß, sowie Huren, die Lust und Begehren zu simulieren haben. Man kann auch an Bestattungsunternehmer denken, von denen verhaltene Trauer erwartet wird, an Pfarrer, die je nach Anlaß Freude, Trauer, Trost, Besorgnis, Betroffenheit und mehr darzustellen haben, an Schauspieler, die jedes vom Regisseur geforderte Gefühl mimen müssen, und eben an Entertainer und Showmaster.

Nach dieser Theorie ist es übrigens überhaupt nicht nötig, die vom Käufer gewünschten Gefühle tatsächlich auch zu empfinden. Entscheidend ist, ob der Gefühlsarbeiter die jeweils erforderlichen Gefühle glaubwürdig *darstellen* kann. Hochschild (1990) nennt dies *Oberflächenhandeln*. Die erstaunliche Tatsache, daß Menschen ihre Gefühle weitgehend unabhängig von ihren tatsächlichen inneren Befindlichkeiten äußerlich darstellen können, hat dazu geführt, daß sich im Laufe der Zeit sogenannte *Darstellungsregeln* entwickelt haben. In ihnen ist zusammengefaßt, was in einer bestimmten Gesellschaft zu einem bestimmten Anlaß als passende oder auch als unpassende Gefühlsdarstellung angesehen wird; Hochschild (1990) gliedert solche *feeling rules* nach der *Richtung*, der *Dauer* und der *Intensität*. Dabei definieren die Regeln der *Richtung*, welcher emotionale Ausdruck zu welcher Situation gehört; Regeln der *Dauer* legen fest, wie lange ein Emotionsausdruck zu zeigen ist, und *Intensitäts*regeln bestimmen die Stärke des emotionalen Ausdrucks.

So gelten beispielsweise für das Annehmen von Geschenken in unserem Kulturkreis folgende Gefühlsregeln: Hinsichtlich der Regel der Richtung hat der Beschenkte Freude zu zeigen. Dies gilt auch dann, wenn ihm das Geschenk herzlich zuwider ist. Er darf sein wahres Gefühl allenfalls durch eine Bemerkung andeuten, wie »Ist mal was anderes«. Nach den Intensitätsregeln variiert die Stärke des Freude-Ausdrucks mit dem Wert des Geschenks für den Beschenkten. Dabei spielt auch der soziale Status des Schenkers eine Rolle: Kleine Geschenke von statushöheren Personen erfordern einen stärkeren Ausdruck von Freude als kleine Geschenke von statusgleichen oder gar statusniedrigeren Personen. Die Regel der Dauer besagt, daß der Ausdruck von Freude nach dem Auspacken und Bewundern des Geschenks langsam ausklingen darf, zumal die Pflicht zur Bewirtung des Gastes wieder neue Gefühlsdarstellungen erfordert. Beim Vorliegen von Regeldiskrepanzen mit den Erwartungen des Schenkers kann es durchaus zu entsprechenden Nachforderungen, besonders hinsichtlich der Intensität und Dauer der Gefühlsdarstellung kommen: »Gefällt's dir nicht?« wäre beispielsweise eine angemessene Formulierung für eine solche Nachforderung. Familienfeste sind eine unerschöpfliche Quelle für Dialoge dieser Art, bei denen es um derartige »feeling rules« und ihre Verletzungen geht.

Bedauerlicherweise ergibt sich aber beim Oberflächenhandeln das Risiko, daß lediglich dargestellte Gefühle als falsche Gefühle erkannt werden können. Aus der Kommunikationspsychologie ist beispielsweise bekannt, daß Lügen u.a. mit häufigerem Lidschlag und häufigerem Räuspern, mit höherer Grundfrequenz der Stimme und mit mehr Sprechpausen und -fehlern einhergeht. Ein »falsches Lächeln« ist dadurch gekennzeichnet, daß nur die Mundwinkel angehoben und nicht – wie beim echten Lächeln – auch die Muskeln um die Augen zusammengezogen werden. Die falsche Freundlichkeit eines Verkäufers spürt der Käufer schnell und die erwünschten positiven Wirkungen schlagen ins Gegenteil um. Der Käufer der Ware Gefühl gewinnt den Eindruck, er erhielte keine gute, d.h. echte Ware für sein gutes, echtes Geld, und fühlt sich betrogen.

Eine Möglichkeit, diese Unsicherheit zu minimieren, besteht darin, gute Lügner zu finden, deren Verstellung nicht so schnell erkannt wird. Es gibt sie, sie sind dominant und selbstbewußt, expressiv, haben wenig Furcht vor Entdeckung und haben schon öfter mit Erfolg gelogen. Der »geborene« Verkäufer, Vertreter oder Makler sind entsprechende Beispiele. Die meisten Menschen tun sich aber schwer damit, rein darstellendes emotionales Oberflächenhandeln auf Dauer überzeugend durchzuhalten.

Da die Käufer aber »echte« Gefühle fordern, muß der Gefühlsarbeiter sich um sogenanntes *inneres Tiefenhandeln* (Hochschild, 1990) bemühen. Er muß sich also auch noch in den erwünschten Gefühlszustand hineinversetzen oder hineinversetzen lassen, damit seine Ware bzw. Dienstleistung »Gefühl« beim Käufer gut ankommt. Dabei helfen kleine Tricks: »Du stellst dir vor, daß der Fluggast dich an einen bekannten Menschen erinnert. Du siehst die Augen deiner Schwester im Gesicht des Passagiers, der vor dir sitzt. Diese Vorstellung ruft den Wunsch nach freundlicher Bedienung wach. Ich stelle mir die Kabine gern als mein Wohnzimmer vor. Wenn jemand bei mir zu Hause hereinschaut, biete ich ihm ja auch etwas an, auch wenn ich ihn noch nicht kenne. Wenn ich diese Situation auf eine große Gesellschaft – auf die 36 Passagiere, für die eine Flugbegleiterin zuständig ist – übertrage, bleiben meine Gefühle doch die gleichen«, beschreibt eine Stewardeß ihre alltägliche Gefühlsarbeit (Hochschild, 1990, S. 100f.).

Es leuchtet unmittelbar ein, daß derartiges Gefühlsmanagement anstrengend ist und auf Dauer zu erheblichen psychischen Belastungen führen kann: Insbesondere die echten Gefühle werden in unserer Gesellschaft als ein sehr zentrales und privates Element der Persönlichkeit definiert, von daher besteht die Gefahr, daß der Verkäufer deren Nutzung für kommerzielle Zwecke als eine besonders demütigende Art der Prostitution erlebt. Die Hure verkauft nur die zeitweise Nutzung intimer Teile ihres Körpers, der Gefühlsarbeiter hingegen verkauft zentrale Teile seines Selbst. Entsprechend löst das kontinuierliche Erleben eines für kommerzielle Zwecke »funktionalen Ichs« (Nekkel, 1991) beim durchschnittlichen Gefühlsarbeiter *Scham* aus. Er muß den verkäuflichen Teils der Persönlichkeit von dem Teil abgrenzen, der als unverkäuflich angesehen wird. Die dazu eingesetzten Reaktionsweisen lassen sich grob als Verweigern oder Anpassen bezeichnen.

Der *Verweigerer* läßt sich nicht auf emotionsstimulierende Sozialtechniken ein, er zeigt seine Gefühle so, wie er sie hat. Interessanterweise kann man gelegentlich mit dieser Haltung einer nicht inszenierten Echtheit auch kommerzielle Erfolge erzielen. Jeder kennt vermutlich einen Kneipier oder Kellner, der sich durch besondere Ruppigkeit auszeichnet und eben deswegen gerne aufgesucht wird. Solche Typen werden gemeinhin als »Originale« gehandelt. Wenn überhaupt, schlüpft der Verweigerer für sich und andere erkennbar in eine Rolle, deren emotionale Anteile mit dem Ende der Interaktion ebenfalls beendet sind.

Schwieriger und vermutlich im Alltag häufiger anzutreffen ist hingegen die Haltung des *Anpassers*: Er fügt sich um anderer persönlicher Ziele willen den Anforderungen der Käufer und versucht, je nach Situation entsprechende Emotionen her- und darzustellen. Da er sein wahres Selbst in diesem Prozeß nie ganz ausschalten kann, erlebt er eine kontinuierliche innere Beschämung. Er weiß ja in jedem Moment, daß er zentrale Teile seines Charakters verkauft. Da dieses Wissen den Erfolg seiner Gefühlsarbeit gefährdet, muß er nicht nur seine Käufer, sondern auch sich selbst immer wieder davon überzeugen, daß er tatsächlich fühlt, was er zeigt.

Besonders dieser Typus muß sich Mechanismen schaffen, mit denen er sein wahres Selbst verteidigen und wenigstens zeitweise wieder zu sich selbst kommen kann. Dies kann sich beispielsweise in Ventilsitten äußern, die hinter den Kulissen ausgeführt werden: Von Hochschild (1990) befragte Stewardessen beispielsweise geben an, daß sie Ärger über Flugpassagiere durch Beißen in einen Eiswürfel, wiederholte Betätigung der Toilettenspülung oder durch aggressive Gedanken (»... ein Abführmittel in den Kaffee schütten ...«) bekämpfen würden. Auch die Teilnahme an klinisch-therapeutischen Selbsterfahrungsgruppen, der Austausch mit anderen Betroffenen, »after work parties« oder schlicht das Gespräch mit dem Lebenspartner gehören zu den entsprechenden Schutzmaßnahmen. Daß sie nicht immer dauerhaft erfolgreich sind, womöglich grundsätzlich nicht sein können, zeigt u. a. die hohe »Burnout«-Quote in den »helfenden Berufen« der Ärzte, Psychologen oder Lehrer.

Es gibt aber noch eine dritte Variante, für die dies alles nicht gilt. Nennen wir sie vorläufig die *Schauspieler*. Das sind Menschen, denen emotionales Oberflächenhandeln leichtfällt. Ihre Gefühle sind schnell ausgelöst, zugleich (und notwendigerweise) auch flach und oberflächlich. Sie haben einen ausgeprägten Erlebnishunger, interessieren sich für alles Lebhafte, Farbige, emotional Aufgeladene und Provozierende. Es macht ihnen Spaß, andere Menschen für die eigenen Ziele manipulativ zu instrumentalisieren. Der erwähnte »geborene Verkäufer« ist die alltagssprachliche Bezeichnung für diesen Typus, der sich in der Öffentlichkeit außer als Verkäufer u. a. als Motivationstrainer, PR-Berater oder eben als Schauspieler zeigt. Exemplarisch für diese Haltung ist eine Äußerung von Verona Feldbusch. Sie soll in einem Interview einmal gesagt haben: »Man versucht dauernd, hinter meine Fassade zu gucken. Aber da ist nichts, ich verstelle mich nicht« (vgl. Schmidbauer, 1999, S. 50).

Noch einmal zurück zur *Traumhochzeit*. Genau dies wird in der Sendung gezeigt, Gefühlsarbeit in einer hochkonzentrierten Form: Die Gefühlsdarstellungen der Teilnehmer sind deren Leistungen, die sie im allgemeinen nicht für ein festes Salär, sondern lediglich um eine Gewinnchance und die Hoffnung auf zeitweilige Prominenz verkaufen. Daß es sich bei den Teilnehmern um weitgehend medienunerfahrene »echte« Liebespaare handelt, vermittelt den Käufern einerseits zwar die Gewißheit, eine dementsprechend »echte« Ware zu erhalten. Andererseits stellt dies aber für die Produzenten der Sendung ein gewisses Risiko dar. Aber auch emotional hartleibige Teilnehmer werden mit Hilfe entsprechender Inszenierungstechniken – die Braut kommt im weißen Kleid eine Schautreppe herunter, weiße Tauben flattern durch das Studio, Kinder streuen Blumen auf das Paar – in die Stimmung gebracht, so daß die gewünschten Gefühle schließlich doch gezeigt werden. Den beiden Gefühlsarbeitern bleibt aber immer bewußt, daß sie an einer TV-Sendung teilnehmen und daß sie insbesondere in den anrührenden Momenten in Großaufnahme gezeigt werden.

Die Moderatorin hat hinsichtlich der zu leistenden Gefühlsarbeit eine besonders schwierige Position. Ihr geht es nicht mehr darum, wie im Märchen die antiquierte Warmherzigkeit eines eben dadurch beruflich erfolglosen Menschen durch eine im Verborgenen durchgeführte Herztransplantation gegen eine modernere, kühlere Gefühlskultur auszutauschen und daraus allenfalls heimlich teuflische Freude zu gewinnen. Ganz im Gegenteil ist sie an deren Gefühlen, vor allem aber an ihrer öffentlichen Darstellung außerordentlich interessiert, weil sie eben dieses zum Verkauf bringen will. Ihr schwieriges Geschäft ist es also, einerseits die an den Sendungen teilnehmenden (naiven) Gefühlsarbeiter – Gewinner wie Verlierer – zu möglichst intensiven emotionalen Äußerungen zu verführen. Andererseits hat sie selbst Gefühlsarbeit für das Publikum der Sendung im Studio wie später an den Bildschirmen zu leisten. Beides verkauft sie an die Produktionsfirma Endemol, die es – gewissermaßen tiefgefroren – an RTL weiterverkauft. Linda de Mol gilt als eine besonders authentische und glaubwürdige Moderatorin, die sich einfühlen kann und sehr natürlich auftritt (Bente & Fromm, 1997, S. 375f.). Dabei ist es völlig unerheblich, ob es sich um Oberflächen- oder um Tiefenhandeln handelt. Entscheidend ist, daß ihre Gefühlsarbeit für die Sendungsteilnehmer wie für das Publikum gleichermaßen überzeugend ist.

Und um die Analogie zum Holländermichel noch ein wenig zu vertiefen: Genau wie er im Schwarzwald erfolgreich war, ist sie es in ganz Deutschland. 1994 schloß sich ihre Produktionsfirma, die von ihrem Bruder gegründete John de Mol Produkties B. V., mit der Joop van den Ende Productions zur neuen Firma Endemol zusammen. Unter diesem gemeinsamen Dach wurden weitere erfolgreiche Sendungen wie etwa *Die Mini-Playback-Show* produziert, in der als bekannte Showstars aufgemachte Kinder unter der Anleitung der Moderatorin Mareike Amado Schlager ihrer jeweiligen Vorbilder vortragen. Fünf Jahre später gelang Endemol ein weiterer, diesmal wirklich ungewöhnlich großer Erfolg mit der neu entwickelten Sendung *Big Brother* (vgl. zum Folgenden Böhme-Dürr & Sudholt, 2001). Das Konzept bestand darin, einige Männer und Frauen für 100 Tage in einem Wohncontainer zusammenleben zu lassen und ausgewählte Bilder dieses Zusammenlebens zu senden. Das Publikum entschied alle zwei Wochen per Telefonabstimmung darüber, wer den Container zu verlassen hatte; der letzte Bewohner erhielt einen Geldpreis von DM 250.000,–. Am 16. September 1999 wurde die Sendung erstmals von dem niederländischen Sender RTL Veronica ausgestrahlt – nach kurzem mit großem Erfolg. Im November 1999 kaufte RTL II die Sendung, um sie am 1. März 2000 erstmals in Deutschland auszustrahlen. Auch hier wurde sie ein unglaublicher Erfolg, 35 Millionen DM betrug der finanzielle Gewinn der ersten Staffel. Inzwischen hat sich die Firma zu einer der führenden europäischen TV-Produktionsfirmen mit (2001) über 3.000 Mitarbeitern und nahezu einer Milliarde Euro Umsatz entwickelt.

Dieser ungewöhnliche Erfolg trug zur Entwicklung eines ganz neuen TV-Genres bei, das man »Affektfernsehen« genannt hat (vgl. Bente & Fromm, 1997). Seine Kennzeichen sind *Personalisierung, Authentizität, Intimisierung* und *Emotionalisierung*. Die Sendungen konzentrieren sich auf einzelne Menschen und Einzelschicksale, stellen diese in den Mittelpunkt des Geschehens (= Personalisierung). Es muß sich ferner um wahre Geschichten handeln, die möglichst Live-Charakter haben sollen (= Authentizität). Schließlich geht es immer um private, zwischenmenschliche Angelegenheiten (= Intimisierung), bei denen immer die emotionalen Seiten der Geschichten in den Vordergrund gestellt werden (= Emotionalisierung). Zusammengefaßt kann man das neue Genre also als moderierte Sendungen aus realen, intimen und anrührenden Geschichten von und über Einzelpersonen bezeichnen, die von den jeweiligen Produktionsfirmen inszeniert und gewinnbringend verkauft werden.

Nach allem nun noch einmal gefragt: Kündigt sich in der Figur der Linda de Mol wiederum ein neuer Sozialcharakter an? Die Antwort ist: Ja, denn durch ihre Tätigkeit als Moderatorin in den ersten Sendungen des Affektfernsehens präsentierte sie einen neuen Typus erfolgreichen ökonomischen Handelns, den Gefühlsarbeiter. Wie der Holländermichel seine Flößerkollegen aus dem Schwarzwald zum Verkauf des Holzes auf eigene Faust angestiftet hat, so führte sie einem Millionenpublikum vor, wie man sich durch die Darstellung und den Verkauf von Gefühlen schöne Kleider, einen vornehmen Wagen und Geld im Überfluß beschaffen kann. Ihre Sendungen waren frühe Lehrfilme für effiziente Gefühlsarbeit, und insofern hat sie zum Entstehen eines neuen Sozialcharakters ebenso beigetragen wie ihr von Wilhelm Hauff erfundener Landsmann.

2

Histrio –
Der neue Sozialcharakter

Von Wilhelm Hauff zu Leonard Bernstein, vom kalten Herzen zur Westside-Story: Wer hat nicht die Szene aus dem 1961 produzierten Film in Erinnerung, in der die Mitglieder der weißen Gang, die Jets, sich mit dem Song »Just play it cool, boy« massiv zu emotionaler Selbstkontrolle zwingen? Warum eigentlich, kann man fragen, wo doch die aufgeheizte Situation – die beiden Bandenführer Riff und Bernardo sind tot, Bernardos Mörder Tony wird von der Polizei gesucht, die ratlose Gang wird bei ihrem Treffen in einem Hinterhof von einem Anwohner massiv beschimpft – genau das Gegenteil provoziert?

Die Antwort gibt eine Untersuchung des amerikanischen Historikers Stearns (1994). Er hat – rund 170 Jahre nach Wilhelm Hauff – die emotionalen Veränderungen der 20er Jahre des 20. Jahrhunderts durch eine Analyse von Ratgeberliteratur und Magazinen empirisch untersucht. Dabei zeigte sich für das Gefühl der Wut, daß noch um das Jahr 1900 Wissenschaftler und Pädagogen die amerikanischen Männer ermutigten, ihre Wut immer und überall offen zu zeigen. Wenig später aber, zu Beginn der 20er Jahre, hatte sich dies bereits grundlegend geändert. Nun sollten die Männer ihre Wut beherrschen, sie weder im Betrieb noch im Privatleben ausleben. Die Forderung nach emotionaler Selbstkontrolle galt aber auch für die meisten anderen Gefühle, wie Liebe oder Traurigkeit; Stearns (1994) bezeichnet dies als die »American cool«-Hypothese. Die Ursache für das rasche Umschlagen der Gefühlskultur liegt nach Ansicht des Historikers darin, daß die Eliminierung von Gefühlen besser zu den neuen Management- und Dienstleistungsberufen paßte.

Diese benötigten glatte Persönlichkeiten – gleichermaßen einsetzbar in Herstellung, Management und Verkauf.

Was die Jets in der Westside-Story also tun: Allesamt Kinder von Einwanderern, zwingen sie sich in einer Krisensituation unter die Herrschaft der amerikanischen Gefühlsregeln. Wenn sie ihre Gefühle zeigen, das ist ihre Angst, sind sie verletzbar und ausnutzbar. Die Botschaft des Songs *Cool* ist inzwischen als »echt cool« auch in der Alltagssprache der Jugend bei uns angekommen. Auffällig ist allerdings, daß »cool« allein nicht mehr reicht, es muß mittlerweile auch »echt« sein. Hier zeigt sich – so kann man vermuten – ein intuitives Unbehagen junger Menschen gegenüber emotionalem Oberflächenhandeln.

Offenbar also unterliegen Gefühle und ihre Darstellungsregeln historischen Veränderungen. In der höfischen Kultur des Barock beispielsweise war es ziemlich egal, ob ein Höfling das dargestellte Gefühl tatsächlich auch fühlte oder nicht. Im Gegenteil, der Adel hielt gerade das »distinguierte Spiel mit Emotionen« (Böhme, 1997, S. 538) für besonders kultiviert, galt es doch die eigenen Ziele und Verwundbarkeiten im höfischen Ränkespiel geschickt zu verbergen. Die Kontrolle der eigenen Gefühle gehörte zu den zentralen Forderungen adeliger Lebensführung (Meise, 2000). Allerdings war seit der Reformation auch schon eine andere Auffassung in der Welt: Die evangelische Kirche setzte in Abgrenzung vom »falschen« Pomp katholischer Gottesdienste die Darstellung religiöser Gefühle schon früh unter Inszenierungsverdacht. Kriterium wahrer (v. a. lutherischer) Frömmigkeit war das innige und innere religiöse Erlebnis, das durch keinerlei Äußerlichkeiten gestört werden sollte. Noch heute kann man diese Unterschiede beispielsweise an der größeren Zahl von Pelzmantelträgerinnen bei katholischen Gottesdienstbesucherinnen im Vergleich mit ihren schlichter gekleideten evangelischen Glaubensschwestern beobachten.

Aus diesem Verständnis heraus entwickelte das Bürgertum in der Aufklärung und noch stärker in der Romantik ein den Gefühlsregeln des Adels diametral entgegengesetztes Regelwerk: Gefühle *mußten* authentisch sein, bloße Darstellungen wurden als *affektiert* bezeichnet und galten als unaufrichtig. Und je entfernter das Bürgertum von der politischen Teilhabe war, um so ausgeprägter wurde dieser Innigkeitskult. »Das Bürgertum entwickelte ... Techniken des Enthüllens, aber der innigen Lektüre von Gefühlen: Vertrauen und Intimität werden kultiviert, so daß Gefühle gleichsam nackt erscheinen und damit das ›Wesen‹ der Person anzeigen dürfen« (Böhme, 1997, S. 539). Der sich aus diesem Verständnis von Gefühlen entwickelnde Freundschaftskult der Romantik kann als besonders herausragendes Beispiel dafür angesehen werden (vgl. van Dülmen, 2001b).

Solche Veränderungen der Gefühlskultur haben natürlich mit der Reformation nicht aufgehört, sie geschehen immer und überall und sind oft genug mit massiven Konflikten verbunden. Auch unsere gegenwärtige Gesellschaft befindet sich in einem Prozeß des kontinuierlichen Wandels: Konstatiert wird von Emotionssoziologen (vgl. dazu Flam, 2002; Mestrovic, 1997), daß die Affektkontrolle an Bedeutung verloren habe, die Schamgrenzen gesunken seien und – was die Darstellung angeht – das Ausstellen von emotionalen Befindlichkeiten zunehmend akzeptiert werde. Allein auf die Darstellungsregeln bezogen, lassen sich diese Veränderungen auch als das allmähliche Verschwinden der bürgerlichen Emotionskultur mit ihren Authentizitätsansprüchen lesen: Gefühle werden gegenwärtig nicht nur ausgelebt, sondern immer und zu jeder Zeit, an jedem Ort und in jeder Situation, unter allen Himmeln und in jedem Alter *dargestellt*. Angesichts von sozialen Phänomenen wie diversen Love Parades, Christopher-Street-Days oder öffentlichen Begrüßungen siegreicher Spitzensportler kann man durchaus den Eindruck gewinnen, es handele sich dabei nicht mehr nur um einen moderaten Wandel, sondern eher um eine *emotionale Revolution*. Zu fragen ist also auch und gerade hier: Wo liegen die Gründe hier und heute? An den angeführten Beispielen wurde ja schon deutlich: Wandel der *Gefühlskultur* ist immer Ausdruck eines Wandels in der *Gesellschaft*. Was also hat sich in den letzten Jahrzehnten diesbezüglich bei uns verändert?

Eine Veränderung wird mit dem Begriff *Individualisierung*

bezeichnet. Er stammt von dem Soziologen Ulrich Beck (1986) und meint, daß »... wir Augenzeugen eines Gesellschaftswandels innerhalb der Moderne sind, in dessen Verlauf die Menschen aus den Sozialformen der industriellen Gesellschaft – Klasse, Schicht, Familie, Geschlechtslage von Männern und Frauen – freigesetzt werden, ähnlich wie sie im Laufe der Reformation aus der weltlichen Herrschaft der Kirche in die Gesellschaft ›entlassen‹ wurden ... In allen reichen westlichen Industrieländern – besonders deutlich in der Bundesrepublik Deutschland – hat sich in der wohlfahrtsstaatlichen Modernisierung nach dem Zweiten Weltkrieg ein *gesellschaftlicher Modernisierungsschub* von bislang unerkannter Reichweite und Dynamik vollzogen (und zwar bei weitgehend konstanten Ungleichheitsrelationen). Das heißt: Auf dem Hintergrund eines vergleichsweise hohen materiellen Lebensstandards und weit vorangetriebenen sozialen Sicherheiten wurden die Menschen in einem historischen Kontinuitätsbruch aus traditionalen Klassenbedingungen und Versorgungsbezügen der Familie herausgelöst und verstärkt auf sich selbst und ihr individuelles Arbeitsmarktschicksal mit allen Risiken, Chancen und Widersprüchen verwiesen« (Beck, 1986, S. 115 f.).

Aber *allein* mit dem Stichwort »Modernisierungsschub industrieller Gesellschaften« sind die sozioökonomischen Prozesse der Gegenwart nicht mehr vollständig beschrieben. Mittlerweile leben wir nämlich nicht mehr in der *industriellen*, sondern in der *postindustriellen* (nachindustriellen) Gesellschaft (Bell, 1985). Eine der damit verbundenen Veränderungen ist, daß die klassische Industriearbeit weitgehend durch das Erbringen von *Dienstleistungen* abgelöst wurde. In Deutschland beispielsweise wurden im Jahr 2003 rund 70 % der Bruttowertschöpfung im tertiären Sektor geleistet. Das Bild von der Dienstleistungsgesellschaft ist inzwischen allgegenwärtig: Selbst in Kirchen, Krankenhäusern und Universitäten spricht man mittlerweile von Kunden statt von Gläubigen, Patienten oder Studenten.

Hinzu kommen Veränderungen, die mit dem Stichwort der *Globalisierung* so beschrieben werden: Die »Vereinigung der

Pfützen, Teiche, Seen und Meere von dörflichen, provinziellen, regionalen und nationalen Wirtschaften zu einem einzigen globalen Wirtschaftsozean, der die kleinen Bereiche riesigen Wogen wirtschaftlichen Wettbewerbs statt wie früher nur kleinen Wellen und ruhigen Gezeiten aussetzt« (Martin & Schumann, 1998, S. 37). Gemeint ist damit der Prozeß der Schaffung eines globalen Wirtschaftsraums ohne jegliche Hindernisse für Finanz-, Waren- und Arbeitskräftetransfers (Teusch, 2004).

Ergänzt werden diese makroökonomischen Veränderungen durch eine seit den 80er Jahren des 20. Jahrhunderts in Mode gekommene, am *shareholder value* orientierte *Unternehmenspolitik* (vgl. Kennedy, 2001, S. 11 ff.). Sie stellt die Interessen der Anteilseigner eines Unternehmens vor die Interessen aller sonstigen Interessengruppen oder *stakeholder,* wie etwa der Mitarbeiter, des Staates, der Kommunen, Lieferanten und Kunden. Die Idee führte dazu, die materiellen Motive der Führungskräfte eines Unternehmens und die der Aktionäre stärker als je zuvor in Übereinstimmung zu bringen. Optionen für den Kauf von Aktien des von ihnen geführten Unternehmens wurden ebenso zum festen und nach Kräften maximierten Bestandteil der Vergütung von Führungskräften wie ein an die Höhe des Aktienkurses gebundenes Gehalt.

Um einige Beispiele zu nennen: Im Jahr 1994 gewährte die Firma IBM einem neuen Manager, Lou Gerstner, 500.000 Aktienoptionen der Firma im Wert von 10,8 Millionen Dollar zur unmittelbaren Verknüpfung seiner persönlichen Interessen mit denen der Investoren (Kennedy, 2001, S. 120). Der Chef des Softwarekonzerns Oracle erhielt im Jahr 2001 anstelle eines Gehalts nur Aktienoptionen seiner Firma. Als er sie einlöste, wurden daraus 706 Millionen Dollar, die die Firma nichts gekostet und ihr sogar noch Steuervorteile eingebracht hatten. 58% des Salärs aller amerikanischen Firmenchefs erfolgte im Jahr 2002 durch Aktienoptionen (*Süddeutsche Zeitung* vom 27./28. 04. 2002, S. 23).

Ein für den einzelnen Manager völlig rationales Verhalten der kurzfristigen Gewinnmaximierung führte in großem Maße zu neuen Unternehmensstrategien: Die Verkleinerung der Produktion zur Reduzierung der Mitarbeiterzahlen, Auslagerung von Stabsstellen und scheinbar nebensächlichen Abteilungen sowie eine Welle von Unternehmensfusionen waren die Folge. »Das Ergebnis dieser Machenschaften waren sensationelle Aktienkurssteigerungen, die Anhäufung eines immer höheren Privatvermögens für die Manager, die diese Maßnahmen begeistert umsetzten, und eine massive Ausweitung der Kluft zwischen Reich und Arm in der Gesellschaft«, schreibt der amerikanische Unternehmensberater Kennedy (2001, S. 68) dazu.

Schließlich hat sich in den letzten Jahren auch eine neue Organisationsform der Arbeit *innerhalb* von Firmen und anderen Organisationen entwickelt, die man *laterale* und *team-orientierte Organisation* nennt. Das ist eine Organisationsform, die aus einem Netz von einzelnen Teams besteht und folgende Merkmale aufweist (vgl. zum Folgenden Winterhoff-Spurk, 2002): Jeder Mitarbeiter gehört einem oder mehreren Teams an. Die Rollen von Gruppenmitgliedern und -führern wechseln von Team zu Team, niemand ist auf Dauer nur Mitglied oder nur Führer. Die Bezahlung erfolgt in Abhängigkeit von den individuellen Kompetenzen der Mitarbeiter. Die Arbeitsbeziehungen des Einzelnen zur Organisation werden im wesentlichen durch das Team definiert. Die Karriereentwicklung der Teammitglieder beruht ausschließlich auf denjenigen Kompetenzen, die zur Leistungssteigerung des Teams beitragen. Die Teammitglieder müssen hohe Flexibilität im Umgang mit unterschiedlichen Persönlichkeitstypen im Dienste der Teamleistung entwickeln. Die Mitarbeit in häufig wechselnden Teams erfordert den Aufbau einer übergreifenden Vertrauenskultur anstelle einer Söldnermentalität. Diese neue Organisation erwartet von ihren Mitgliedern die Fähigkeit zur guten Zusammenarbeit mit einem ständig wechselnden Ensemble von Personen, in ständig neu zusammengesetzten Teams, ebenso aber die Fähigkeit zur notwendigen Distanz, zum Abrücken von Beziehungen und zur Veränderung.

In Zeiten der globalen Dienstleistungsgesellschaft, der *share-*

holder value-Unternehmenspolitik und der team-orientierten Arbeitsorganisation ist die angenehme Luft der gesellschaftlichen Modernisierung zu einem rauhen Wind geworden, in dem das Lebensschiffchen des aus seinen Bindungen herausgelösten Individuums ganz schön kämpfen muß, um nicht unterzugehen. Daher auch hier und noch einmal die Frage: Was macht dies alles nun mit den Menschen und ihren Gefühlen?

Zunächst einmal führt es zu einem allgemeinen Gefühl von Ausgeliefertsein und Hilflosigkeit. Das zeigt sich beispielsweise in einer vom Gallup International Institute Ende des Jahres 2003 durchgeführten Meinungsumfrage mit fast 43.000 Teilnehmern in 51 Ländern (Presseerklärung des Instituts vom 5. Januar 2004). Danach haben die Menschen überall auf dem Globus das Gefühl, wenig oder keinen Einfluß auf die ökonomischen, politischen und sozialen Faktoren zu haben, die ihr tägliches Leben beeinflussen. Weit über die Hälfte (= 57%) aller Befragten halten ihr Land für unsicherer, genau die Hälfte für wirtschaftlich weniger blühend als vor zehn Jahren. Etwas weniger als die Hälfte (= 48%) glauben, daß das Leben der nächsten Generation noch unsicherer sein wird als heute. Diese Tendenz ist bei den Deutschen besonders ausgeprägt: 77% von uns meinen, daß unser Land wirtschaftlich weniger erfolgreich ist als vor zehn Jahren, 74% sind hinsichtlich der Zukunft besorgt, und 69% denken, daß es der nächsten Generation wirtschaftlich schlechter gehen wird.

Dann führt der zunehmende Leistungsdruck in den Organisationen zu mehr Streß: In den USA leiden beispielsweise nach einer Studie mit über 25.000 Angestellten mehr als 20% der Befragten an gravierenden »Burnout«-Symptomen, in Asien und Ost-Europa liegen entsprechende Werte schon bei fast 30% (Maslach et al., 2001). Oder nehmen wir die Untersuchungen des International Labour Office in Genf, einer Unterorganisation der Vereinten Nationen, zur *mentalen Gesundheit* von Arbeitnehmern (vgl. dazu Gabriel & Liimatainen, 2000; Wilken & Breucker, 2000): In Deutschland, England, Finnland, Polen und den USA ergab sich, daß in allen fünf Ländern die Häufigkeit psychischer Erkrankungen und die damit verbundenen Kosten dramatisch gestiegen sind. Gegenwärtig sollen rund 20% der Bevölkerung mit psychischen Problemen zu tun haben (Gabriel & Liimatainen, 2000, S. 4). Für Deutschland wird beispielsweise festgestellt, daß es vor allem Rationalisierung und rapider technologischer Wandel sind, die zu solchen Belastungen führen (Wilken & Breucker, 2000, S. 1). Auch eine Analyse der Krankheiten der rund 3 Millionen Mitglieder der Deutschen Angestelltenkrankenkasse (DAK) zeigte u. a., daß die Bedeutung der psychischen Erkrankungen in den letzten Jahren zugenommen hat. Sie liegen an vierter Stelle aller Arbeitsunfähigkeitstage (DAK Gesundheitsmanagement, 2003). Und auch Manager selber geben inzwischen an, daß sie unter den Folgen der Globalisierung zu leiden haben. Die meisten haben eine 50- bis 65-Stunden-Woche und zahlreiche dienstliche Verpflichtungen am Wochenende wahrzunehmen, so daß bei mehr als der Hälfte der Befragten das Privatleben deutlich zu kurz kommt. Eine Studie mit Führungskräften eines international tätigen Logistikunternehmens ergab jedenfalls, daß 73% der Befragten mehr als 50 Stunden wöchentlich arbeiten, daß bei 21% Schlafstörungen, bei 18% Erschöpfungsgefühle und bei 17% Rückenschmerzen auftreten. Insgesamt zeigten 30% der Führungskräfte Anzeichen von »Burnout« (Ohm & Strohm, 2001).

Man kann festhalten: Die ökonomische Modernisierung ist also nicht ganz preiswert zu haben. Allein die stationäre Behandlung von Depressionen erfordert rund eine Milliarde Euro jährlich (Statistisches Bundesamt 1998, S. 34). Rechnet man die Produktionsausfälle u. dgl. hinzu, so entstehen in Deutschland Kosten von (geschätzt) einer Billion Euro jährlich durch Depressionen, durch alle mentalen Erkrankungen von rund 2,5 Billionen Euro (Gabriel & Liimatainen, 2000; Wilken & Breukker, 2000).

Was aber macht dies alles mit der Gefühlskultur? Der amerikanische Soziologe Richard Sennett (1998, S. 38) hat diese Frage in seinem Buch *Der flexible Mensch. Die Kultur des neuen Kapitalismus* anschaulich so beantwortet: »Distanz und oberflächliche Kooperationsbereitschaft sind ein besserer Panzer im Kampf mit den gegenwärtig herrschenden Bedingungen als ein Verhalten, das auf Loyalität und Dienstbereitschaft beruht ... Vielleicht ist die Zerstörung des Charakters eine unvermeidliche Folge. ›Nichts Langfristiges‹ desorientiert auf lange Sicht jedes Handeln, löst die Bindung von Vertrauen und Verpflichtung und untergräbt die wichtigsten Elemente der Selbstachtung.«

Angesichts dieser Lebensbedingungen kann ein Mensch keine dauerhaften und intensiven emotionalen Beziehungen mehr zu seiner Region, seinem Wohnort, seinen Nachbarn, seinen Arbeitskollegen entwickeln, er ist – wie der Begriff »Individualisierung« ja schon ausdrückt – zwangsläufig und in jeder Hinsicht auf sich selbst verwiesen. So gibt es auch für die Gegenwart Theorien über den aktuellen Sozialcharakter, die genau diesen Aspekt in den Vordergrund stellen.

Folgt man etwa Christopher Lasch (1980) und seinem Buch *Das Zeitalter des Narzißmus*, dann soll der dominierende Typus unserer Zeit der *narzißtische Charakter* sein. Er entstand, weil im Zuge der wohlfahrtsstaatlichen Modernisierung die Menschen aus den direkten Sozialformen der industriellen Gesellschaft – Klasse, Schicht, Familie – entlassen und in ein Netz institutionalisierter Gesundheits- und Wohlfahrtsinstitutionen übergeben wurden. Die damit erzeugten bürokratischen Abhängigkeiten, »die Aushöhlung des Selbstvertrauens und der normalen bürgerlichen Fähigkeiten durch das Anwachsen gigantischer Körperschaften und der Staatsbürokratie« (Lasch, a.a.O., S. 284) führten zu einem kalten, selbstbezogenen Charakter, ohne emotionale, moralische oder soziale Bindungen.

Dazu Lasch selbst (a.a.O., S. 288) : »Unsere Gesellschaft ist also in doppeltem Sinne narzißtisch. Menschen mit narzißtischer Persönlichkeitsstruktur spielen ... in der zeitgenössischen Wirklichkeit eine auffällige Rolle und bringen es häufig zu beträchtlichem beruflichem Ansehen ... Die moderne kapitalistische Gesellschaft ... kitzelt auch bei jedermann narzißtische Züge heraus und gibt ihnen Nahrung.« Unter solchen Lebensumständen *müssen* sich auf Dauer ausgeprägt ichbezogene Persönlichkeiten entwickeln, ökonomische und organisatorische Veränderungen *fordern* geradezu die Entstehung dessen, was in der Psychologie als *narzißtische Persönlichkeit* beschrieben wird.

Übernehmen wir diese Zeitdiagnose für den Moment und behaupten also: Der Narzißt ist der neue Sozialcharakter, seine Emotionalität prägt die Gefühlskultur der Gegenwart. Auch nach Berichten von Therapeuten und Unternehmensberatern nehmen narzißtische Störungen in der klinischen Praxis gegenwärtig zu (vgl. dazu Kets de Vries, 1995, S. 1609; Lasch, 1980, S. 64 ff., Zepf, 1993). Wie wird dieser Typus beschrieben?

Nach gängigen psychoanalytischen Ansätzen beispielsweise (vgl. Übersicht bei Mertens & Lang, 1991, S. 120) zeigen Menschen mit narzißtischen Zügen Anzeichen von Größenphantasien, von Minderwertigkeitsgefühlen, und sie sind übermäßig angewiesen auf Bewunderung und Bestätigung durch andere. Ferner haben sie wenig Einfühlungsvermögen für ihre Mitmenschen, gehen ausbeuterische Beziehungen zu diesen ein und leiden stark unter Neid. Sie neigen dazu, Ereignisse und Personen entweder als nur gut oder als nur schlecht wahrzunehmen.

Dominieren diese Merkmale alle anderen Charaktermerkmale, so spricht man von einer narzißtischen Charakter*störung*. Sie wird diagnostiziert, wenn fünf oder mehr der nachfolgenden Kriterien vorliegen (vgl. Fiedler, 1997, S. 279 ff.): Die Person zeigt ein übertriebenes Selbstwertgefühl, sie beschäftigt sich ständig mit Phantasien grenzenlosen Erfolgs, Macht, Glanz, Schönheit oder idealer Liebe, sie hält sich für einzigartig und meint, nur von statushohen Menschen verstanden zu werden und nur mit ihnen verkehren zu können, sie verlangt ständig nach Bewunderung, sie zeigt unrealistisches Anspruchsdenken und verlangt eine bevorzugte Behandlung, sie nützt zwischenmenschliche Beziehungen für die eigenen Ziele aus, sie zeigt einen erheblichen Mangel an Einfühlungsvermögen, sie ist häufig neidisch auf andere oder glaubt, daß andere auf sie neidisch seien, und sie zeigt arrogantes, überhebliches Verhalten.

Zwischen unauffälligen Ausprägungen bis zu schweren psychopathologischen Störungen gibt es aber viele Variationsmöglichkeiten. Narzißten sind nämlich häufig sozial außerordentlich gut angepaßt und haben eine bemerkenswerte Befähigung zu aktiver und beharrlicher Arbeit in Bereichen, die ihnen die Erfüllung ihrer Größenambitionen ermöglichen und Bewunderung von anderen verschaffen. Entsprechend findet man sie oft in führenden Industrieunternehmen, in akademischen Institutionen oder in künstlerischen Berufen. Eine Ursache für die Entwicklung dieser ichbezogenen Menschen wird im Einfluß dominierender, kalter und zugleich überfürsorglicher Elternfiguren – und insbesondere der Mütter – gesehen, die eigene narzißtische Phantasien an ihrem Kind auslassen. Häufig sind Narzißten das einzige Kind in der Elternfamilie, oder sie waren das einzige begabte oder besonders hübsche Kind, von dem die Eltern erwarteten, daß es die ehrgeizigen Ambitionen der gesamten Familie erfüllen werde.

Der Narzißt also als neuer Sozialcharakter? Eher nicht, denn diesen Typus hatte ja schon Wilhelm Hauff im Sinn, die genannten Eigenschaften beschreiben präzise den Charakter des Peter Munk nach seiner Herztransplantation. Der Narzißt ist der Sozialcharakter der industriellen Gesellschaft. Was ihm fehlt, ist die Befähigung zur Gefühlsarbeit nach dem Modell der Linda de Mol.

Um dies zu zeigen, fangen wir wieder »von unten« an, bei den veränderten Arbeitsbedingungen. Wie gesehen, muß der moderne Arbeitnehmer in der lateralen, team-orientierten Organisation mit einem ständig wechselnden Ensemble von Personen zusammenarbeiten, zunehmend auch aus unterschiedlichen Kulturen. Dazu muß er immer wieder neu kollegiale Kontakte herstellen, sie eine Weile halten und nach getaner Arbeit wieder beenden können. Diese Art von Teamarbeit erzwingt geradezu darstellerische Fähigkeiten der Teilnehmer, die sich in gestanzten Floskeln wie »Wie interessant«, »Wie können wir gemeinsam das Problem lösen?«, »Was Sie sagen, ist sehr wertvoll« zeigen. »Trotz all des Psychogeredes, mit dem sich das moderne Teamwork in Büros und Fabriken umgibt, ist es ein Arbeitsethos, das an der

Oberfläche der Erfahrung bleibt. Teamwork ist die Gruppenerfahrung der erniedrigenden Oberflächlichkeit«, beschreibt Sennett (1998, S. 133) diese Veränderungen. Aber auch andere organisationspsychologische Sozialtechniken, wie etwa Verfahren der Personalauswahl, Gespräche mit Vorgesetzten, Führungsverhalten, Verhandlungen und Verkaufsgespräche, erfordern ein Verhalten, das in der Organisationspsychologie kühl als *Eindrucksmanagement* bezeichnet wird (vgl. Aronson et al., 1999). Allgemein erfordern turbulente und gelegentlich feindliche Organisationsumwelten, ständige und schnelle technologische Veränderungen sowie flexible Organisationsprozesse zukünftig erheblich höhere kommunikative Anforderungen.

Ebenso verlangen die *shareholder-value*-Unternehmenspolitik und die Prozesse der Globalisierung den gekonnten Einsatz darstellerische Fähigkeiten. Beispielsweise muß ein gut ausgebildeter Amerikaner im Verlaufe von vierzig Arbeitsjahren elf Orts- und Stellenwechsel bewältigen (Sennett, 1998), jedesmal muß er sich durch entsprechendes Eindrucksmanagement gegen Mitbewerber durchsetzen, sich anschließend in der neuen Umgebung wieder sympathisch in Szene setzen. Bei dauerhaft durchschnittlich 10% Arbeitslosigkeit und bei rund 13% befristeten Arbeitsverträgen in Deutschland (Statistisches Bundesamt, April 2002) gilt dies sicherlich auch bei uns.

Der nachhaltigste Einfluß geht aber von der Veränderung der Industriegesellschaft zur Dienstleistungsgesellschaft aus. Wie Hochschild (1990) nachgewiesen hat, fordert und fördert gerade sie massiv die Fähigkeit zur Gefühlsarbeit. Dies alles ist aber ist nicht das Geschäft des kalt auf seinen Vorteil bedachten Narzißten. Der neue Sozialcharakter muß vor allem ein guter Gefühlsarbeiter sein, einer, der seine Gefühle gut verkaufen kann: Ein Schauspieler muß er sein.

Auch dafür findet sich in der Psychologie eine Klassifizierung: Es ist der Histrio. Der Begriff stammt aus der römischen Antike, der *histrio* (deutsch: *Histrione*) war ein (immer männlicher) Schauspieler, Tänzer oder Musiker (vgl. Leppin, 1992). Die Übernahme des Begriffs in die klinischen Diagnosesysteme betont denn auch diesen Aspekt des theatralischen und emotional aufdringlichen Verhaltens. Er ist aber nicht *nur* ein guter Darsteller wechselnder Gefühle; vielmehr gelten als weitere Charaktermerkmale seine schnelle Erregbarkeit, auch Aggressivität und Halsstarrigkeit, verführerisches Verhalten, oft verbunden mit sexuellen Problemen, Suggestibilität und aktive Abhängigkeitstendenzen, ferner Egozentrismus, emotionale Labilität und theatralisches Verhalten (Blacker & Tupin, 1991; Mentzos, 1999).

Besonders das letzte Merkmal bewirkt häufig, daß das Bild des Histrio vom Schema des weiblichen Histrio geprägt wird, schlummert doch dahinter das Alltagsverständnis einer sogenannten hysterischen Frau. (Auch um solche Stigmatisierungsprobleme zu vermeiden, wurde die Bezeichnung »hysterische Persönlichkeit« in den gängigen psychologischen Diagnosesystemen durch die Bezeichnung »Histrio« ersetzt.) Das ist falsch, eine histrionische Persönlichkeitsstruktur ist nicht vom Geschlecht abhängig, es gibt sie also sowohl in der weiblichen wie in der männlichen Form. Allerdings tritt der männliche Histrio in zwei Varianten auf, wodurch das eben genannte Fehlurteil sicherlich noch verstärkt wird. Denn die gewiß auffälligere Ausgabe ist der weichliche, passive, pseudofeminine, oft homosexuelle Histrio. Es gibt ihn aber auch in der sozial akzeptierteren und insofern unauffälligeren Form, nämlich als den hypermaskulinen, extrem durchsetzungsfähigen, hypersexuellen und aggressiven »Don-Juan-Typ« (Blacker & Tupin, 1991), dessen modernere Variante eher in den Filmfiguren des Terminators von Arnold Schwarzenegger oder des John Rambo von Sylvester Stallone zu finden ist.

In welcher Form auch immer, das emotionale Erleben und Verhalten des Histrio ist zwar theatralisch, aber zugleich wenig differenziert: »Anders gesagt, scheinen diese Menschen allgemein durch eine zu hastige und unzureichende innerpsychische Organisiertheit, Differenzierung und Integration mentaler Inhalte gekennzeichnet zu sein. Der normale geistig-seelische Integrationsprozeß, in dem ein halbbewußter Einfall zu einer bewußten Einschätzung, ein halb aufgenommener und diffuser Eindruck zu einer klaren Vorstellung und eine halbbewußte und momentane Gefühlsregung eine artikulierbare und tiefe Emotion werden – diese Prozesse sind bei hysterischen Menschen in entscheidender Weise ausgedünnt. Wenn eine Emotion als Resultat eines normalen Integrationsprozesses und durch assoziatives Verknüpfen halb ausgeformter Impulse oder Gefühle mit bestehenden Interessen, Zielen, Gefühlen oder Vorlieben in das Bewußtsein aufsteigt – dann empfindet man diese Emotion als echt und als eigene. Sie ist mit dem eigenen Selbst konsistent, und man spürt ihren ›Tiefgang‹. Dieses integrative Entwickeln findet jedoch bei hysterischen Menschen nicht statt, weder auf affektiver noch auf kognitiver Ebene, und in diesem Sinne spiegelt ihr Erleben, daß sie am eigenen emotionalen Ausbruch nicht wirklich beteiligt seien, im Grunde eine reale Tatsache wider« (Shapiro, 1991, S. 131 f.). Mit dieser Ausstattung sind Histrios ideale Gefühlsarbeiter.

Allerdings muß man wie bei den Narzißten auch hier Abstufungen machen, denn ebenso, wie fast jeder Mensch narzißtische Züge in sich trägt, hat er auch histrionische Züge. Wir hatten oben von Verweigerern, Anpassern und Schauspielern gesprochen. Bei letzteren liegt die Vermutung nahe, daß an sich also normale Persönlichkeitsmerkmale zu einer histrionischen Persönlichkeits*störung* geworden sind. Die *Störung* ist also auch hier nur eine *Extremvariante* von durchschnittlichen Erlebens- und Verhaltensweisen. Sie wird dann diagnostiziert, wenn drei der nachfolgenden sechs Merkmale vorliegen: (i) Dramatisierung der eigenen Person, theatralisches Verhalten, übertriebener Ausdruck von Gefühlen, (ii) andauerndes Verlangen nach Aufregung, Anerkennung durch andere und Aktivitäten, bei denen die betreffende Person im Mittelpunkt der Aufmerksamkeit steht, (iii) Suggestibilität, leichte Beeinflußbarkeit durch andere Personen oder Umstände, (iv) oberflächliche und labile Affektivität, (v) unangemessen verführerische Erscheinung und entsprechendes Verhalten sowie (vi) übermäßiges Interesse an körperlicher Attraktivität. Menschen mit einer histrionischen

Persönlichkeitsstörung sind extravertiert, sie setzen sich aggressiv gegenüber anderen durch, und sie haben unbewußte Wünsche nach engen Beziehungen, nach einem Partner, der Entscheidungen für sie trifft und ihnen Ratschläge gibt (Sachse, 2002). Allerdings muß man auch anmerken, daß sich diese Grenzen verschieben, wenn die Show zur Überlebenstechnik und die histrionische Persönlichkeit zur Galionsfigur der Unterhaltungsindustrie wird (Schmidtbauer, 1999, S. 49).

Zu fragen ist auch hier, wie solche histrionischen Charaktere entstehen. Dazu gibt es verschiedene Erklärungsansätze (vgl. etwa Blacker & Tupin, 1991; Fiedler, 1997).

- *Verhaltenstheoretische Erklärungen* vertiefen diesen Ansatz, sie sehen als Ursachen vor allem histrionisches Verhalten der Eltern, häufige Bekräftigungen des histrionischen Verhaltens bei den Kindern und (meist) nur kurzfristiges Erfüllen der Wünsche nach elterlicher Zuwendung, Nähe und Unterstützung. Das Kind erlebt so keine sicheren Bindungen, kann kein stabiles Selbstkonzept entwickeln und flüchtet sich in Inszenierungen.
- Moderne *psychoanalytische Ansätze* (vgl. zum Folgenden Mentzos, 1999) gehen ebenfalls von einem nicht vollständig ausgebildeten Selbstbild aus, das mit Hilfe der theatralischen Inszenierung vor sich selbst und anderen verborgen werden soll. »Der Betreffende versetzt sich innerlich (dem Erleben nach) und äußerlich (dem Erscheinungsbild nach) in einen Zustand, der ihn sich selbst quasi anders erleben und in den Augen der umgebenden Personen anders, als er ist, erscheinen läßt« (Mentzos, 1999, S. 75). Das Hysterische ist ein Modus der Konfliktverarbeitung mit dem Ziel eines veränderten Selbstbildes; es dient letztlich der neurotischen Entlastung von einem intrapsychischen Konflikt. In der Inszenierung kann der Histrio »verbotene« Gefühle ausdrücken, ohne sich dafür schämen zu müssen, er kann sich vor sich selbst und anderen aufwerten, er kann eine reduzierte emotionale Erlebensfähigkeit überlagern und erfährt vermehrte Zuwendung.

- *Kognitive Theorien* betonen den Aspekt der schematisierten Verhaltensweisen histrionischer Persönlichkeiten. Histrioniker sind durch ihre frühkindliche Erziehung dazu angeleitet worden, ängstigende und bedrohliche Interaktionen durch ihre äußere Erscheinung und ihr Rollenverhalten zu verändern, zu vermeiden oder ihnen zu entfliehen. Sie wollen immer und überall möglichst gut erscheinen und von allen geliebt werden und lassen sich von ihrer eigenen Darstellung hinreißen.
- Eine weitere Ursache wird im *familiären Kontext* gesehen. Häufig kommen histrionische Patientinnen aus Familien mit einem Vater mit einer antisozialen Persönlichkeitsstörung. Sie berichten häufig frühkindliche Erfahrungen von Gewalt und lernen dort geringe Impulskontrolle, ein durch inszenierte Übertreibungen ausweichendes Verhalten bei Konflikten, eine mangelnde Schuld- und Schamfähigkeit und vor allem die Unfähigkeit zu engen Beziehungen.

In allen Erklärungsansätzen zeigt sich die Bedeutung der frühkindlichen Erziehung und des Elternhauses. Kinder und Heranwachsende brauchen für ihre Entwicklung stabiler Selbstbilder feste und verläßliche Bindungen. Unsicheres Bindungsverhalten in dieser Zeit erzeugt nicht nur Heimatlosigkeit, Bindungslosigkeit, innere Leere, Vereinsamung, Langeweile sowie das Fehlen einer persönlichen Identität. (Inzwischen sollen bereits 15% bis 20% aller Kinder und Jugendlichen an beratungs- oder behandlungsbedürftigen Problemen leiden, die durch unsicheres Bindungsverhalten verursacht sind; vgl. Eggers, 2002.) In dieser schwierigen Situation lernen die Kinder auch theatralische Inszenierungen als einen Ausweg kennen. Das beginnt bereits im Säuglingsalter: Wenn Mütter auf die Signale der Säuglinge nicht eingehen, übertreiben diese ihre Äußerungen, um sich so Gehör zu verschaffen (Grossmann & Grossmann, 2003).

Besonders in Elternhäusern mit mangelnder (vor allem: mütterlicher) Zuneigung in der frühen Kindheit sowie mit geringer Impulskontrolle und allgemein ausweichendem Verhalten, jedoch zugleich inszenierten Übertreibungen in Problemsituationen erlebt das Kind, daß es seine Wünsche nicht auf normalem Wege durchsetzen und keine dauerhaften engen Beziehungen aufrechterhalten kann. Aber es erfährt zugleich, wie die Eltern dies tun, nämlich mit inszenierten Übertreibungen. So versucht es nun auch selbst, seine emotionalen Defizite durch auffälliges Verhalten zu beheben. Es beginnt ebenfalls, sich zu inszenieren.

Darauf nun reagieren die Eltern endlich wenigstens kurzfristig mit der erwünschten Zuwendung, das Kind erlebt den Erfolg seiner Inszenierung und lernt entsprechende Strategien, deren Inhalte und Intensität es von Person zu Person variabel einsetzt. So entwickelt es positive Strategien, wie »unterhaltsam sein«, »verführerisch sein«, »gut aussehen«, und negative Strategien, wie die Produktion von Krankheitssymptomen oder inszenierte Aggressivität. Gemeinsam ist allen die Erfahrung, daß unmittelbar geäußerte Wünsche *nicht*, dramatisch inszenierte hingegen fast *immer* befriedigt werden. Diese Erfahrung führt auf Dauer auch beim Kind zu stark situationsabhängiger Affektivität ohne Tiefgang: Es kann sich nicht selber lieben, also drängt es die anderen ständig dazu, dies zu tun. Dies zeigt sich später, im frühen Erwachsenenalter u. a. in der Art der Partnerwahl. Der Histrio sucht als Lebenspartner einen verläßlichen Menschen, der ihn in einer stabilen Beziehung hält und führt (vgl. Willi, 1997). Insgesamt ist seine Persönlichkeit durch ein »patchwork« von Verhaltensweisen gekennzeichnet, die er in seiner Umwelt beobachtet und von denen er glaubt, daß sie ihm die gewünschte Aufmerksamkeit verschaffen.

Ist der Histrio also der neue Sozialcharakter? Es sieht so aus, ist er doch von der Emotionalität her gesehen der ideale Gefühlsarbeiter. Aber ein möglicher Einwand ist noch zu entkräften. In den Mittelpunkt der Aufmerksamkeit strebt, nach Bewunderung dürstet, andere für eigene Zwecke manipuliert ja der Narzißt genauso wie der Histrio. Warum also soll der Histrio den Narzißten als neuer Sozialcharakter ablösen? Die Antwort liegt einmal in den familiären Entstehungsbedingungen: Als Ursache für das Entstehen einer *narzißtischen* Persönlichkeit wird ja vor allem der Einfluß dominierender, kalter und zugleich überfürsorglicher Mütter gesehen, die den eigenen unerfüllten Ehrgeiz an ihrem (häufig einzigen) Kind auslassen. *Histrionische Charaktere* entstehen hingegen in familiären Kontexten, die durch längere Bindungsunsicherheit und mangelnde mütterliche Zuneigung, geringe Impulskontrolle, ausweichendes Verhalten und theatralische Inszenierungen gekennzeichnet sind. Das entscheidende ist aber die früh erfahrene *Bindungsunsicherheit*. Und besonders in diesem Punkt zeigen sich die gesellschaftlichen Trends der Globalisierung und Individualisierung und der damit verbundenen Lösung der Menschen aus ihren traditionellen Bindungen in den individuellen Schicksalen: Wenn die Erfahrung der *individuellen* Bindungsunsicherheit in eine insgesamt durch zunehmende Bindungsunsicherheit gekennzeichnete *Gesellschaft* eingebettet ist, dann (vor allem) entsteht ein neuer Sozialcharakter. So schaffen gesellschaftliche Verhältnisse den zu ihnen passenden Sozialcharakter, und so entsteht individuelles Unglück aus kollektiven Lebensbedingungen.

Bindungsunsicherheit ist es aber nicht alleine, die den Histrio entstehen läßt. Auf individueller Ebene kommt ja noch ein entscheidendes Merkmal hinzu, die Erfahrung des *Erfolgs theatralischer Inszenierungen*. Und das ist der entscheidende Punkt: Auch in diesem Punkt findet sich auf gesellschaftlicher Ebene wieder, was individuell erfahren wurde. Zum einen verlangt, wie erwähnt, die Dienstleistungsgesellschaft mehr als jede andere Form effiziente Gefühlsarbeit. Zum anderen aber liefern die Medien ununterbrochen Beispiele für theatralische Inszenierungen, mit denen Menschen mindestens Aufmerksamkeit, oft genug auch Zuwendung und Erfolg erreichen. Bindungsunsicherheit und Medialisierung *zusammen* sind der ideale gesellschaftliche Nährboden für den Histrio. Ja, so lautet jetzt die Antwort auf die oben gestellte Frage, der Histrio und nicht der Narzißt ist der neue Sozialcharakter der globalen Inszenierungsgesellschaft. Und so ist er nunmehr insgesamt hinsichtlich seiner Emotionalität, seines Denkens und seines Verhaltens zu beschreiben (vgl. dazu Blacker & Tupin, 1991):

- Seine *Gefühle* sind schnell erregt, flach, oberflächlich, labil, theatralisch und wenig differenziert. Er neigt zu (oft: aggressiven) Gefühlsausbrüchen, verbunden mit anschließenden depressiven Verstimmungen.
- Sein *Denken* ist egozentrisch, oberflächlich, intuitiv, wenig strukturiert und impressionistisch. Dadurch fehlt ihm häufig ein systematisches und strukturiertes Faktenwissen. Er kann sich nicht lange konzentrieren und lebt stark im Hier-und-jetzt. Auch neigt er zu einer seine Alltagsvorstellungen prägenden, romantisierenden Weltsicht und zu entsprechenden Idealisierungen. Schließlich ist er leicht zu beeindrucken und zu beeinflussen.
- Sein *Verhalten* ist durch Interesse für alles Lebhafte, Farbige, emotional Aufgeladene und Provozierende gekennzeichnet, das er schnell imitiert. Er füllt seine innere Leere häufig mit ausgeprägtem Erlebnishunger nach aufregenden äußeren Ereignissen. Er beschäftigt sich intensiv mit seiner körperlichen Attraktivität und seinem gutem Aussehen. Egozentrik dominiert auch sein Handeln, andere Menschen werden dafür manipulativ oder aggressiv instrumentalisiert. Er gibt sich häufig verführerisch im Sinne einer Sexualisierung jeder Aktivität, oder er setzt sich mit Hilfe von Krankheiten in Szene. Er versucht, immer im Mittelpunkt der Aufmerksamkeit zu stehen. Als Lebenspartner sucht er stabile, verläßliche Persönlichkeiten, die ihn sicher führen und tragen.

Das alles ist Peter Munk ganz sicher nicht. Mit seinen Phantasien von Glanz, Schönheit und Erfolg, seinen Ansprüchen und seinem Neid, aber besonders mit seinem Mangel an Einfühlungsvermögen ist er als Narzißt zu diagnostizieren. Ob Linda de Mol, wenn sie nicht vor der Kamera steht, tatsächlich ein histrionischer Charakter ist, kann, muß und darf hier nicht geklärt werden. Kann nicht, weil zur Beantwortung dieser Frage nicht genug Informationen über ihr Leben vorliegen. Muß nicht, weil es für unsere Argumentation nur wichtig war, daß sie als eine der ersten das Fernsehen überaus erfolgreich zum Verkauf von Gefühlen, also zur Gefühlsarbeit, instrumentalisiert hat. Und darf nicht, weil es sich bei ihr ja auch um einen Menschen mit einem Privatleben handelt, in dem ein medienkritischer Autor nicht einfach herumstochern darf. Nur in ihrer öffentlichen Funktion, als eine Galionsfigur des Showbusiness, war sie Gegenstand unserer Überlegungen, anschauliches Beispiel für den neuen Sozialcharakter, den Histrio.

3 Marlene Dietrich, Leni Riefenstahl – Über histrionische Mythen

Kurz nach der vorletzten Jahrhundertwende, in Berlin: *Marie Magdalene Dietrich* und *Helene Bertha Amalia Riefenstahl* werden geboren. Erstere wird später unter dem Namen Marlene Dietrich in den USA eine Karriere als Weltstar erleben, letztere wird als Leni Riefenstahl die Filmemacherin des Führers und Ende des zwanzigsten Jahrhunderts eine Kultfigur der amerikanischen Cinéasten werden. Mythos Marlene und Mythos Leni, die beiden international wohl bekanntesten deutschen Stars, haben sich einen herausragenden Platz in der Filmgeschichte erobert; das *Time Magazine* wählte Leni Riefenstahl sogar als einzige Frau unter die einhundert wichtigsten Künstler des zwanzigsten Jahrhunderts (Trimborn, 2002, S. 481).

Was haben diese beiden Frauen miteinander und mit dem Histrio zu tun?

Die Antwort auf diese Frage findet sich in der These von der Verschiebung der Grenzen zwischen histrionischer Normalität und psychopathologischer Störung. Wenn in der gegenwärtigen Gesellschaft tatsächlich der Histrio die Galionsfigur der Unterhaltungsindustrie geworden ist, dann müßten derartige Galionsfiguren auch ausgeprägt histrionische Persönlichkeitsstrukturen aufweisen.

Ein entsprechender Beweis ist nicht ganz einfach zu erbringen. Zum einen gibt es viele Galionsfiguren der Unterhaltungsindustrie, vergangene und aktuelle, aus den Bereichen Sport, Musik, Show und Medien. Allerdings kann man hier sicherlich auf die führende Rolle der Filmstars hinweisen, sie lassen sich schließlich am besten nach den Wünschen eines großen Publikums modellieren. Aber auch das führt nicht notwendig zu den beiden Frauen, gibt es inzwischen, nach über einhundert Jahren Filmgeschichte, doch hunderte Filmstars als *femmes fatales*, Flappergirls, Vamps, gute Kameradinnen, Sexbomben oder Nymphen bei den Frauen, als Helden, geheimnisvolle Fremde, Jungs von nebenan, Hartgesottene oder verlorene Rebellen bei den Männern. Da mag ein Blick zurück hilfreich sein, sieht man doch über die historische Distanz manche Dinge klarer. Diese Perspektive schränkt die Zahl etwas ein, wenngleich es auch im ersten Drittel des 20. Jahrhunderts schon eine ganze Reihe solcher Stars gab: von »America's sweetheart« Mary Pickford über die erste *femme fatale* der Filmgeschichte, Theda Bara, oder »die Göttliche« Greta Garbo zum »Latin lover« Rudolpho Valentino in den USA, vom Stummfilmstar Asta Nielsen über Lilian Harvey zum »blonden Hans« Albers in Deutschland.

Noch einmal: Warum gerade Marlene Dietrich und Leni Riefenstahl? Die Antwort liegt zum einen in der überraschenden zeitlichen und sozialen Nähe zwischen beiden. Sie sind in einem ähnlichen soziokulturellen Kontext aufgewachsen und haben beide – national wie international – fast ihr ganzes Leben als herausragende Galionsfiguren der Unterhaltungsindustrie gewirkt. Darüber hinaus aber haben beide nachhaltiger als die meisten anderen Stars die Ära des Films verlassen und sich *politisch* betätigt. Trotz des ähnlichen Hintergrunds engagierte sich die Dietrich *gegen*, die Riefenstahl *für* Hitler und den Faschismus. Das ist erklärungsbedürftig. Hat beides womöglich etwas mit der histrionischen Persönlichkeitsstruktur zu tun? Aber gravierender ist dies: Wenn sich Stars gesellschaftspolitisch engagieren, welche Risiken sind eigentlich damit verbunden? Beide Fragen sollen zunächst *exemplarisch*, an den beiden »Lenis«, in den folgenden Kapiteln *systematisch*, am Verhältnis von Star und Fan, untersucht werden.

Zuerst also Marlene Dietrich: Sie kommt am 27. Dezember 1901 in Berlin-Schöneberg als zweite Tochter eines Berliner Polizeileutnants zur Welt, der eine Frau aus einer wohlhabenden

Berliner Uhrmacher- und Juweliersfamilie geheiratet hatte. Er muß ein zwar fescher, aber sehr autoritärer Vater und Ehemann gewesen sein, der sich mehr für die Hausmädchen als für seine Frau interessierte (vgl. zum Folgenden Salber, 2001). Die Ehe der Eltern wird getrennt, noch bevor Leni, wie der Vater seine zweite Tochter nannte, eingeschult wird. Bereits 1907 stirbt Louis Erich Otto Dietrich, Leni ist gerade mal fünf Jahre alt. Die Mutter führt danach ein strenges Regiment, will sie doch den auch bei ihren Töchtern befürchteten Leichtsinn des väterlichen Schwerenöters ausgleichen. 1914 zieht die Familie nach Dessau, wo die Mutter Haushälterin des Hauptmanns Eduard von Losch wird. Ihn bezeichnet Marlene in ihren Tagebüchern als Vater. 1916 wird er an der Ostfront verwundet, die Mutter besucht ihn im Lazarett und heiratet ihn dort. Wenig später stirbt er, Marlene hat mit 15 Jahren zum zweiten Mal ihren Vater verloren. Ab Frühjahr 1917 lebt die Familie wieder in Berlin, ab jetzt jedoch unter dem Namen von Losch.

Marlene fühlt sich jetzt in ihrer kleinen Familie in eine Außenseiterrolle gedrängt, obwohl sie sich nach Kräften bemüht, der strengen Erziehung der Mutter gerecht zu werden. Sie sucht den Ausgleich in Schwärmereien und Verliebtheiten. Schließlich schickt die Mutter sie 1919 in ein Pensionat nach Weimar, wo sie sich an der Musikhochschule im Fach Violine einschreibt. Sie nimmt Privatunterricht bei einem Professor, dessen Geliebte sie für kurze Zeit wird, bis die Mutter sie entsetzt wieder nach Berlin holt. Mit dem Traum von der gefeierten Geigensolistin ist es jedoch bald vorbei: Ein überstrapaziertes Handgelenk setzt der Ausbildung ein Ende.

Inzwischen aber haben in Berlin die wilden 20er Jahre begonnen, in denen auch Marlene in Tanzgruppen und als Model den Auftritt auf der Bühne sucht. Ihre Freunde nennen sie alsbald das »Girl vom Kurfürstendamm«. Schließlich nimmt sie Schauspielunterricht, lernt Fechten, Gymnastik, Englisch und Gesang. Dies alles verhilft ihr zwischen 1922 und 1929 zu kleinen Rollen in 26 Theaterstücken. Die Vermittlung eines Onkels führt endlich auch zu einer ersten Rolle in einem Film.

Sie lernt und genießt, sich auch außerhalb ihrer Arbeit in Szene zu setzen, so trägt sie häufig ein transparentes Kleid, dazu das Monokel ihres Vaters, manchmal auch eine Boa, einen roten Fuchspelz oder ein Wolfsfell. Man beginnt in Berlin, auf das »Girl vom Kurfürstendamm« aufmerksam zu werden.

Schon bei ihrem zweiten Film verliebt sie sich passenderweise in den Aufnahmeleiter Rudolf Sieber, den sie am 17. Mai 1923 im Alter von 21 Jahren heiratet. Bald darauf wird sie schwanger, im Dezember 1924 kommt ihre Tochter Maria Elisabeth zur Welt. Die erotische Beziehung zwischen den Eheleuten kühlt ab: Sie nennt ihn »Papa« oder »Papilein«, er sucht sein Glück in neuen Liebschaften. Dennoch bleibt die Ehe der beiden stabil, er wird nach und nach zu ihrem Berater und Manager. Nun beginnt ihre Karriere zu explodieren: Sie spielt in fast 30 Filmen mit, inzwischen auch Hauptrollen, tritt in Revuen und Theaterstücken auf und macht Werbung für Strümpfe. 1929 wird Josef von Sternberg auf sie aufmerksam, er engagiert sie für die Rolle der Lola Lola in *Der blaue Engel*. Probeaufnahmen von ihr gefallen den Verantwortlichen von Paramount so gut, daß sie ihr ein Angebot mit einer Anfangsgage von 500 Dollar pro Woche machen.

Sie wagt den Schritt und verläßt Anfang April 1930 Berlin in Richtung Hollywood, ihre fünfjährige Tochter läßt sie in der Obhut von »Papilein« zurück. Mit dem Film *Morocco* beginnt nun ihre große Zeit als Weltstar. Film reiht sich an Film und Affäre an Affäre – Josef von Sternberg, Gary Cooper, Maurice Chevalier, Mercedes de Acosta, Fritz Lang, Erich Maria Remarque, Ernest Hemingway, John Wayne, Jean Gabin, Yul Brunner zählen dazu. In Deutschland allerdings werden gleichzeitig die Dinge schwieriger: Ihr Film *Der blaue Engel* wird von der NSDAP als drittklassig bezeichnet, andere Filme werden gar verboten, ihre Verbindung mit dem jüdischen Regisseur von Sternheim wird kritisiert. Zahlreiche Schauspielerkollegen und Regisseure emigrieren nach Amerika. Allerdings versucht Goebbels gleichzeitig, sie zu einer Rückkehr nach Deutschland zu bewegen. Sie entscheidet sich dagegen, wird im Juni 1939 amerikanische Staatsbürgerin und bleibt dort – auch nach Kriegsbeginn in Europa – weiterhin erfolgreich.

Der 7. Dezember 1941 – die Bombardierung von Pearl Harbour – ändert jedoch vieles, nun befindet sich auch Amerika im Krieg. Marlene engagiert sich politisch, wirbt nachhaltig für den Verkauf von US-Kriegsanleihen. Dazu tingelt sie durch Bars, um die anwesenden Männer mit sehr körpernahem Einsatz zum Kauf von Kriegsanleihen zu animieren, bis der amerikanische Präsident Roosevelt persönlich ihr diese Art der »Prostitutionsakrobatik« untersagt. Ihre Karriere als Filmstar leidet in dieser Zeit. Ihre Filmauftritte fallen nicht mehr überwältigend aus, ein Engagement am Broadway zerschlägt sich, so daß sie sich – inzwischen 42 Jahre alt – für die Truppenbetreuung meldet. In maßgeschneiderter Offiziersuniform folgt sie im April 1944 einem Marschbefehl nach Algier, wo ihr erster Auftritt vor Soldaten stattfindet: Sie betritt die Bühne in einem fleischfarbenen, scheinbar durchsichtigen Kleid, breitet die Arme aus und genießt mehrere Minuten lang das animalische Gebrüll der Soldaten. In dieser Zeit entwickelt sie einen Hang zu uniformierten Helden, wie dem jüngsten General der US-Armee, dem Fallschirmspringer James Gavin.

Nach Kriegsende folgen weitere Filme und Bühnenshows, 1972 sogar noch eine TV-Show, allerdings fällt es der inzwischen 71jährigen immer schwerer, die verführerische Frau zu geben. Sie unterzieht sich mehreren Schönheitsoperationen. Ihr Alkohol- und Tablettenkonsum steigert sich, Krankheiten und Unfälle setzen ihr zu. Ihren letzten öffentlichen Auftritt hat sie 1978, in dem Film *Schöner Gigolo, armer Gigolo*. Danach zieht sie sich zunehmend in ihre Pariser Wohnung zurück, versorgt von einer Sekretärin und einer Putzfrau. Am 6. Mai 1992 stirbt Marie Magdalene Dietrich, 91 Jahre alt.

Bilanzieren wir dieses Leben unter einer *psychologischen* Perspektive: Ein Kind, das früh – erst durch Scheidung, dann durch Tod – einen strahlenden, autoritären, aber in seiner Liebe vermutlich nicht sonderlich verläßlichen Vater verliert. Der zweite Vater in ihrem Leben stirbt ihr auch, noch dazu mitten in ihrer

Pubertät. Zeitlebens sehnt sie sich nach dieser unerfüllten Liebe, verliebt sich in ihre jeweiligen Mentoren, nennt Männer »Papilein« (Sieber) oder »Papa« (Hemingway). Eine strenge Mutter kann ihr nur wenig Zuneigung geben, zumal die Rolle der Lieblingstochter vermutlich durch die ältere, sich den Forderungen der Mutter anpassende Schwester besetzt ist. Sie lernt früh, daß sie die Aufmerksamkeit der Mutter durch Leistung, aber leichter durch erotische Provokationen bekommen kann. »Mannstoll« habe die Mutter sie genannt, vertraut sie ihrem Tagebuch an. Da sie dem Schönheitsideal jener Tage entspricht, ist die Berufsphantasie von der weltberühmten Geigensolistin eine angemessene psycho-soziale Kompromißbildung: Sie kann von grandiosen Auftritten auf der Bühne träumen, aber in einem von der Mutter gebilligten Beruf. Als ihre Gesundheit dies nicht gestattet, hat sie bereits die Faszination des öffentlichen Auftritts erfahren. Mit zunehmendem Lebensalter und mit zunehmender Entfremdung von der Mutter kann sie sich nun ganz auf die erotische Komponente ihres Erfolgs stützen. Die verführerische, aber letzten Endes kalte Lola Lola ist die Rolle ihres Lebens. Diese spielt sie bis an ihr Ende, mit einzelnen Menschen, Männern wie Frauen, mit Soldaten, mit Bühnenpublikum. Ihrem Vaterbild am nächsten war sie vermutlich in der Zeit, in der sie selbst die Uniform der US-Armee trug und sich in romantische Helden in Uniform verliebte.

Mangelnde (mütterliche) Zuwendung in der frühen Kindheit? Bindungsunsicherheit? Erzwungene Zuwendung durch inszeniertes Verhalten? Wie in einem Psychologielehrbuch finden sich in ihrem Leben die Bedingungen für das Entstehen histrionischer Charaktere. Dramatisierung bezüglich der eigenen Person, theatralisches Verhalten, übertriebener Ausdruck von Gefühlen? Oberflächliche und labile Affektivität? Andauerndes Verlangen nach Aufregung, Anerkennung durch andere und Aktivitäten, bei denen die betreffende Person im Mittelpunkt der Aufmerksamkeit steht? Unangemessen verführerisch in Erscheinung und Verhalten? Übermäßiges Interesse an körperlicher Attraktivität? Von sechs Kriterien der histrionischen Persönlichkeitsstörung lassen sich fünf aus ihrer Biographie erschließen, lediglich das Kriterium der erhöhten Suggestibilität muß offenbleiben. Kurzum: Man kann mit guten Gründen vermuten, daß der Mythos Marlene, Schwarm von Millionen von Männern, Vorbild für Millionen von jungen Frauen, nach den Kriterien der Weltgesundheitsorganisation eine hochgradig histrionische Persönlichkeit war.

Rückblende: Knapp acht Monate nach Marlene – am 22. August 1902 – und nur wenige Kilometer nördlich von ihrem Wohnort wird die andere Leni, Helene Bertha Amalia Riefenstahl, geboren. Sie ist das erste Kind des Installateurmeisters Alfred Theodor Paul Riefenstahl und der Näherin Bertha Ida Riefenstahl (vgl. zum Folgenden Trimborn, 2001). Der Vater ist ein eitler, gefühlskalter und autoritärer Mann, der seine Freizeit gern auf der Jagd, beim Skat oder auf der Pferderennbahn verbringt. Er hatte sich als erstes Kind eigentlich einen Sohn gewünscht, der sollte aber erst drei Jahre später zur Welt kommen. »Schade, daß du nicht ein Junge geworden bist, und dein Bruder ein Mädchen«, sagt er später zu ihr (Riefenstahl, 1990, S. 25). Die Mutter stammt aus einer armen Großfamilie von 21 Kindern und einem arbeitslosen Vater. Schauspielerin wollte, Näherin mußte sie werden, um ihren Beitrag zum Familieneinkommen zu leisten. Die Heirat mit Alfred Riefenstahl bedeutete Abschied von den eigenen Aufstiegsträumen, aber zugleich eine gesicherte, kleinbürgerliche Existenz.

Lenis Kinderjahre sind von Anfang an schwierig. Der Vater gibt ihr kaum Zuneigung, vielmehr bestraft er sie bei den geringsten Vergehen mit Prügeln, Einsperren oder schweigender Nichtbeachtung. Die Mutter versucht in dieser schwierigen Beziehung zu vermitteln, ist wohl auch heimlich auf der Seite der Tochter. Wenn schon nicht sie selbst, dann soll doch wenigstens Leni Schauspielerin werden: »Lieber Gott, schenke mir eine wunderschöne Tochter, die eine berühmte Schauspielerin werden wird«, hat sie während der Schwangerschaft gebetet (Riefenstahl, 1990, S. 15). Allerdings gerät sie dabei selbst häufig in das Schußfeld des reizbaren Ehemannes. Leni flüchtet aus dieser schwierigen Situation in die Idylle der Natur beim familiären Wochenendhäuschen, aber auch in die Poesie, die Malerei, das Theater und – in den Film. Früh schon setzt sie sich mit kleinen Tanz- und Rollschuhkunststücken in Szene. Dafür wird sie von den theaterbegeisterten Eltern gelobt, Freunden und Verwandten gar als »Wunderkind« vorgeführt.

1918, am Ende ihrer Schulzeit auf dem Lyzeum, bewirbt sie sich erstmals und sogleich erfolgreich um eine Komparsenrolle in dem Film *Opium,* die sie jedoch aus Angst vor dem Zorn des Vaters nicht annimmt. Bei dieser Gelegenheit entdeckt sie aber den Tanz, sie schreibt sich umgehend für einen Anfängerkurs in der Berliner Tanzschule Grimm-Reiter für künstlerischen Tanz und Körperkultur ein. Durch einen ersten öffentlichen Auftritt erfährt der Vater ein Jahr später davon. Er droht deswegen sofort mit Scheidung, weil er seiner Frau die heimliche Zustimmung zu den Plänen der Tochter vorwirft. Erst als Leni verspricht, ihre Tanzpläne aufzugeben und eine Kunstgewerbeschule zu besuchen, ist er besänftigt. Im Sommer 1920 darf sie den Tanzunterricht wieder aufnehmen, als Gegenleistung für ihre berufliche Mitarbeit in der väterlichen Firma. So erhält sie von 1921 bis 1923 eine erstklassige Ausbildung im klassischen und modernen Tanz, u. a. bei Mary Wigman in Dresden.

Ihre Beziehungen zu Männern beginnen mit einer kurzen Affäre mit dem Berliner Tennischampion und Frauenschwarm Otto Froitzheim. Ihn hat sie sich kühl für ihre Defloration ausgesucht, die dann kurz und ernüchternd in seiner Wohnung im Herbst 1923 vollzogen wird. Ein halbes Jahr später sind beide verlobt, zwei Jahre später, nach einer ziemlich freudlosen Beziehung, wieder entlobt. Beides, die Erfahrung der bedrückenden Ehe ihrer Eltern wie die abschreckende Beziehung zu Otto Froitzheim, führt dazu, daß sie sich zunächst auf ihre beruflichen Ziele konzentriert. Dabei hilft ihr der jüdische Bankier Harry Sokal, den sie im Sommerurlaub 1923 kennenlernt. Der vier Jahre ältere Mann verliebt sich heftig in sie und wird von diesem Zeitpunkt zunächst ihr Liebhaber, später ihr gutmütiger, fast väterlicher, vor allem aber finanzieller Förderer.

Ihr erster öffentlicher Auftritt in Berlin im Oktober 1923 wird aber noch von ihrem Vater finanziert: »Dieses Mal hatte ich meinem Vater zu beweisen, daß es keinen anderen Weg für mich gab. Ich mußte ihn überzeugen, erobern und besiegen – endgültig, und darum war mir, als tanzte ich nur für ihn. Ich verausgabte mich völlig, als ob es um Leben oder Sterben ginge«, vertraut sie ihrem Tagebuch an (Riefenstahl, 1990, S. 62). Und es gelingt, die Berliner Presse feiert enthusiastisch die Geburt eines neuen Tanzstars. In den folgenden acht Monaten absolviert sie rund siebzig Auftritte, darunter Gastspiele in Dresden, München, Frankfurt, Köln, Zürich, Innsbruck und Prag. Dort aber zieht sie sich bei einem Sprung auf der Bühne eine Knieverletzung zu, die das schnelle Ende ihrer Karriere als Tänzerin bedeutet.

Ein Film aus einem spezifisch deutschen Genre – der Bergfilm *Berg des Schicksals* – gibt ihrem Leben wieder eine neue Wendung. Sie ruft den Regisseur des Films, Dr. Arnold Fanck, an und bittet ihn um ein Gespräch, in dem sie sich als seine neue Hauptdarstellerin anbietet. Obwohl der Bergfilm bis dahin als reine Männerdomäne gegolten hatte, engagiert er die junge Tänzerin. Vermutlich spielt dabei auch die finanzielle Unterstützung durch Harry Sokal eine Rolle: Dieser beteiligt sich mit 25% an den Produktionskosten des Films. Der Film wird ein Riesenerfolg und markiert zugleich den Beginn der neuen Karriere Leni Riefenstahls als Schauspielerin. In den fünf folgenden Filmen Fancks – allesamt im Bergmilieu angesiedelt – ist sie immer die bergsteigende und skifahrende Hauptdarstellerin. »Sportschauspielerin« wird sie deswegen von der Presse genannt.

Obwohl sie zusammen mit Marlene Dietrich national wie international als einer der weiblichen Stars der Weimarer Republik gilt, sind ihre schauspielerischen Mittel begrenzt. So ist es nur folgerichtig, daß sie 1931 eine eigene Produktionsfirma gründet und – als eine der ersten Frauen in Deutschland – ihren ersten Film *Das blaue Licht* selbst produziert. Er wird im März 1932 im Ufa-Palast am Zoo erstmals aufgeführt. Das nationale Echo ist zwiespältig, überschwengliches Lob, aber auch sehr harsche Kritik. Von Kitsch, Stillosigkeit und flacher Mystik ist die Rede. International erlebt der Film eine sehr viel positivere Aufnahme. Die scharfe nationale Kritik – sie hält es für »jüdische Kritik« – ist es angeblich, die Leni Riefenstahl für das Gedankengut der Nationalsozialisten empfänglich macht.

Und dann: Hitler. Ihn sieht sie zum ersten Mal am 27. Februar 1932, bei einer Veranstaltung der NSDAP im Berliner Sportpalast. Marschmusik, Sprechchöre und rund 25.000 Menschen bringen sie in die nötige Stimmung, bis er gegen 22.00 Uhr endlich erscheint: »Mir war, als ob sich die Erdoberfläche vor mir ausbreitete – wie eine Halbkugel, die sich plötzlich in der Mitte spaltet, aus der ein ungeheurer Wasserstrahl herausgeschleudert wurde, so gewaltig, daß er den Himmel berührte und die Erde erschütterte. Ich war wie gelähmt« (Riefenstahl, 1990, S. 152). Drei Monate danach schreibt sie ihm einen Brief, in dem sie ihn um ein persönliches Treffen bittet. Zu ihrer Überraschung schreibt er zurück und lädt zu einem Treffen am 22. und 23. Mai 1932 in Wilhelmshaven ein. Angeblich sind sie sich vom ersten Moment an sympathisch. »Wenn wir einmal an die Macht kommen, dann müssen Sie meine Filme machen«, soll er zu ihr gesagt haben (vgl. Riefenstahl, 1990, S. 158).

Bald nach diesem ersten Zusammentreffen zählt sie zum offiziellen gesellschaftlichen Umfeld der NSDAP. Private Einladungen Hitlers und anderer Größen des Dritten Reichs und ihre Gegeneinladungen folgen schon vor, erst recht aber nach der Machtergreifung. Diese Kontakte ebnen ihr den Weg zur Spitze der nationalsozialistischen Filmproduktion, in der sie selbst vom Spiel- zum Dokumentarfilm wechselt. Der Führerfilm *Der Sieg des Glaubens* (1933), der Parteitagsfilm *Triumph des Willens* (1935) und schließlich die beiden Filme zur Berliner Olympiade von 1936 (*Fest der Schönheit* und *Fest der Völker*, 1938) begründen ihren bis heute andauernden Weltruf als Dokumentarfilmerin. Gleichwohl greift sie danach erneut die Idee eines großen Spielfilms auf, *Tiefland,* in dem sie auch Zigeuner aus dem Zigeuner-Sammellager Maxglahn als Komparsen einsetzt. Dieser Film soll bis Kriegsende nicht mehr fertiggestellt werden. Der Rest ist schnell berichtet: Nach dem Krieg kann sie als Fotografin mit Fotobänden von Reisen in den Sudan, zu den Nuba, noch einmal Erfolge erzielen. Ferner publiziert sie Fotobände mit eigenen Unterwasseraufnahmen. Weil sie sich nie kritisch mit ihrer Rolle in der NS-Zeit auseinandersetzen wollte, bleibt sie bis zu ihrem Tod eine persönlich und künstlerisch sehr umstrittene Frau.

Die andere Seite – ihre Liebesbeziehungen – ist von Anfang an unstet. Nach ihrer kurzen und unglücklichen Beziehung mit Otto Froitzheim hat sie zahlreiche Affären, so mit Louis Trenker, vermutlich auch mit Arnold Fanck, mit jungen Sportlern, mit Tontechnikern und – ab 1927 – mit dem Kameramann Hans Schneeberger. Zu diesem entwickelt sich wieder eine intensivere Beziehung, die zwei Jahre dauern soll, bis er sie schließlich verläßt. Erneut muß sie die Erfahrung einer schmerzhaften Trennung machen, und erneut reagiert sie mit zahlreichen, immer von ihr begonnenen und beendeten Affären mit Sportlern (u. a., 1936, mit dem amerikanischen Zehnkämpfer Glenn Morris) und Mitarbeitern aus der Filmbranche. Dann die schwärmerische, von ihrer Seite deutlich erotisch aufgeladene Beziehung zu Hitler: Sie soll später der Haushälterin Hitlers gestanden haben, Hitler sei ihre große Liebe gewesen, er habe sie jedoch nicht gewollt (Trimborn, 2002, S. 148). 1940 gibt sie dem Werben des schneidigen Gebirgsjägeroffiziers Peter Jacob nach und heiratet ihn, inzwischen 42jährig, im März 1944. Die Ehe ist von Anfang an unglücklich, da der Ehemann zahlreiche Affären eingeht. Im Sommer 1947 trennt sie sich schließlich von ihm, allerdings um den Preis eines psychischen Zusammenbruchs. Erst zwanzig Jahre später, 1969, läßt sie sich noch einmal auf eine enge Beziehung zu dem vierzig Jahre jüngeren Horst Kettner ein, die ihr ein spätes Glück beschert. Sie stirbt im September 2003, kurz nach ihrem 101. Geburtstag.

Bilanzieren wir auch dieses Leben aus *psychologischer* Sicht:

Keine ganz glückliche Konfiguration, in die Leni Riefenstahl hineingeboren wurde. Ein autoritärer, die Familie dominierender Vater, der sie strafte und mißachtete. Eine Mutter, die sich wegduckte und kaum zu vermitteln wagte. Sie fand nur dann Beachtung, wenn sie sich mit kleinen Kunststücken in Szene setzte, dann nannten die Eltern sie sogar »unser Wunderkind«. So baute sie sich bessere Traumwelten, um der tristen Realität der Familie entfliehen zu können: In der Natur, sicherlich, aber auch in der Kunst und vor allem – im Film. Der Tanz sollte es schließlich sein, mit dem sie den Vater »überzeugen, erobern und besiegen« wollte. Das gelang zwar, aber praktisch spielte der Vater nun keine Rolle mehr. Andere Männer traten in ihr Leben. Einer ihrer ersten Liebhaber zeigte ihr den Ausweg aus dem jähen Ende ihrer Karriere als Tänzerin auf: Filmschauspielerin wollte sie nun werden, und zwar ausgerechnet in der Männerdomäne des Bergfilms. Auch das gelang ihr, aber auch hier blieb ihr trotz aller Kletterkünste der ganz große Erfolg versagt. So versuchte sie sich – wieder mit Hilfe ihres einstigen Liebhabers – nun auch hinter der Kamera, in der bis dahin ebenfalls von Männern dominierten Zunft der Regisseure und Produzenten.

Ihr erster Film, *Das blaue Licht,* brachte endlich den ersehnten Durchbruch, in ihm spielte sie sich in der Figur des Zigeunermädchens Junta auch selbst: Erotisch, mystisch, ausgestoßen und von einem Mann verraten. Und dann erlebte Leni Riefenstahl endlich die Vaterfigur, von der sie so lange nur geträumt hatte: Hitler im Sportpalast. Ihre Beschreibung dieses Moments klingt heute wie die Schilderung eines Orgasmus. Ihm bot sie sich an, und er nahm sie. Daß er ihre erotischen Avancen nicht ausnutzte, machte die Sache nur noch intensiver. Ein Liebhaber oder gar Ehemann Hitler? Das hätte die Enttäuschungen des Alltags nicht lange überstanden. Nur so, ohne sexuelle Erfüllung, konnte die unerfüllte Sehnsucht des kleinen Mädchens zu ihrem autoritären Vater reaktiviert werden. Hitler trat an diese Stelle, er war nun ihre große Liebe, ihre Filme über ihn sind kaum verhohlene Liebesfilme. Mit ihm erlebte sie alles, wonach sie sich gesehnt hatte: Macht, Ansehen, Bewunderung. Was danach kam, war ein langer, quälender Abgesang. Das Ziel ihrer Liebe war jämmerlich gescheitert, er hatte sie – wie alle die anderen Männer auch – alleine zurückgelassen. Bei einem weiteren Ehemann – auch dieser erwies sich später als treulos – oder bei den Nuba fand sich dafür kein Ersatz. Ihre Liebesfilme sind gedreht, sie hatte keine weiteren in sich. Und dann bedrängten sie die Nachkriegsgenerationen, wollten von ihr ein Eingeständnis ihrer Schuld hören. Wofür sollte sie sich entschuldigen? Daß sie diesen Mann geliebt hat, ihm ihre schönsten Werke geschenkt hat? Solche Fragen gingen an ihr vorbei.

Noch einmal gefragt: Mangelnde mütterliche Zuwendung in der frühen Kindheit? Bindungsunsicherheit? Erzwungene Zuwendung durch inszeniertes Verhalten? All dies findet sich. Dramatisierung bezüglich der eigenen Person, theatralisches Verhalten, übertriebener Ausdruck von Gefühlen? Oberflächliche und labile Affektivität? Andauerndes Verlangen nach Aufregung, Anerkennung durch andere und Aktivitäten, bei denen die betreffende Person im Mittelpunkt der Aufmerksamkeit steht? Leni Riefenstahls Leben folgte diesem allgemeinen Drehbuch. Und schließlich auch und besonders bei ihr: erhöhte Suggestibilität, leichte Beeinflußbarkeit durch andere Personen und Umstände. Vier Kriterien einer histrionischen Charakterstörung lassen sich leicht aus ihrer Biographie erschließen. Die Kriterien »Unangemessen verführerisch in Erscheinung und Verhalten« und »Übermäßiges Interesse an körperlicher Attraktivität« bleiben – wenigstens im Vergleich zu Marlene Dietrich – hingegen undeutlicher.

Die beiden Lenis, Marlene Dietrich und Leni Riefenstahl, zwei Frauen, die nur wenige Kilometer und Monate voneinander trennten. Beide wurden um die Jahrhundertwende in Berlin geboren. Die eine wurde eine international erfolgreiche Schauspielerin und erhielt für ihren Kriegseinsatz die amerikanische »Medal of Freedom« und die französische Medaille der Ehrenlegion. Die andere wurde, nach einer kurzen Karriere als Tänzerin und »Sportschauspielerin«, die bis heute umstrittene Filmemacherin Adolf Hitlers. Unterschiedlicher können Menschen kaum sein, und dennoch, in einem Punkt sind sie sich ähnlich: Beide sind histrionische Persönlichkeiten.

Wenn es so ist, dann müssen sich auch Gemeinsamkeiten in ihren Biographien finden lassen. Da ist zunächst der dominierende Erziehungsstil in der Zeit von der Jahrhundertwende bis zur Machtergreifung der Nationalsozialisten. Damals fanden sich millionenfach autoritäre wilhelminische Vaterfiguren, die meistens nur wenig Liebe für ihre Töchter und ihre Frauen hatten. Heinrich Manns Romanfigur Diederich Heßling, »Der Untertan«, gibt eine präzise literarische Diagnose dieses Sozialcharakters. Polizeileutnant der eine, Installateurmeister der andere – mit ihrem sozialen Aufstieg beschäftigt, waren auch die Väter der beiden Lenis vermutlich solche Persönlichkeiten. Sie warteten vor allem auf den Stammhalter zur Sicherung des Besitzes oder der errungenen gesellschaftlichen Position.

Mag es sie im Kaiserreich auch millionenfach gegeben haben, hinzu kommt, daß solche Väter in *Berlin* in einem anderen gesellschaftlichen Kontext agierten als in der Provinz. Hier zeigte sich besonders nachhaltig eine der bedeutsamsten Veränderungen jener Zeit, nämlich eine generelle Lockerung der *Sexualmoral*. Die bürgerlich-wilhelminische Moral des 19. Jahrhunderts war zunächst noch eine männlich dominierte, die von der Ehefrau sexuelle Zurückhaltung und Treue forderte, dem Mann aber Pornographie, Bordellbesuche und außereheliche Verhältnisse erlaubte. In den 20er Jahren des zwanzigsten Jahrhunderts beanspruchte nun auch die »neue Frau« alle sexuellen Freiheiten. Zunächst änderte sich die Mode, Korsetts und lange Röcke wurden durch seidene Unterwäsche und kürzere Kleider ersetzt. Frauen waren zunehmend über Sexualpraktiken, Verhütung und Schwangerschaftsabbruch informiert, sie nahmen sich das Recht auf sexuelle Beziehungen vor und außerhalb der Ehe (vgl. dazu Kuhn & Koser-Spohn, 2001). So sollen 1932 nur zehn Prozent aller ledigen Frauen abstinent gelebt haben (Haustedt, 2002, S. 170). Busen- und Wadenwettbewerbe, Nackttänzerinnen, Damenclubs für lesbische Frauen, Eintänzer: Berlin war in den 20er Jahren zweifelsfrei der Mittelpunkt einer sexuellen Revolution in Deutschland – und es war vor allem eine Revolution der Frauen.

Berlin war aber zugleich der Mittelpunkt des deutschen »Showbusiness«, und vor allem hier begann der Aufstieg des Films in Deutschland. Natürlich trug die seit langem vorhandene Vergnügungsindustrie nicht wenig zu diesem Trend bei. Animierkneipen und Kaffeehäuser, Kabaretts und Varietépaläste, Boulevardtheater und Ballhäuser, Panoramen und Wachsfigurenkabinette hatten ihm seit Mitte des 19. Jahrhunderts angekündigt, den »Aufstieg der Massenkultur« (Maase, 1997). Aber am Ende des Jahrhunderts ging es dann richtig los, am 1. November 1895 führten die Brüder Skladanowsky im Berliner Winterpalast weltweit erstmals öffentlich Kinematographenfilme vor. Und das neue Medium kam an: Mußte es sich die ersten zehn Jahre seiner Existenz noch auf Jahrmärkten, in Varietés und in Vorstadtkneipen herumdrücken, so gab es schon 1905 die ersten festen Kinobauten, meist in ehemaligen Geschäften oder Gaststätten. Weitere sieben Jahre später existierten schon 3.000 solcher Ladenkinos in Deutschland, sie zogen *täglich* 1,5 Millionen Besucher an (Hoffmann, 2002). Ab 1906 bezauberte das Kino mit anspruchsvolleren Filmtheatern in zentralen Lagen nun auch das bürgerliche Publikum. In Berlin wurde 1909 am Alexanderplatz das Union-Theater als erstes Kino für die gehobenen Sozialschichten eröffnet, andere folgten nach: Rund 2.500 Kinos mit je 200 bis 400 Plätzen waren es zu Kriegsbeginn. Die Preise waren moderat, zehn bis zwanzig Pfennige, Kinder zahlten die Hälfte.

Für Berlin hatte auch – zunächst in Tempelhof, dann in Babelsberg – die größte deutsche Filmgesellschaft, die Universum-Film-Aktiengesellschaft (UfA), ihren Firmensitz. Im Dezember 1917 auf Initiative der Obersten Heeresleitung von der deutschen Großfinanz und der Reichsregierung zur Hebung der Moral der kriegsmüden Bevölkerung gegründet, hatte sie in den 20er Jahren die berühmtesten Autoren, Kameramänner, Regisseure und Schauspieler der deutschen Filmindustrie unter Vertrag. Filme wie *Das Cabinet des Dr. Caligari* (1919, Regie: Robert Wiene), *Nosferatu – Eine Symphonie des Grauens* (1922, Regie: Friedrich Wilhelm Murnau) und *Metropolis* (1927, Regie: Fritz Lang) entstanden hier. Die Jahre bis zur Übernahme durch den Hugenberg-Konzern im Jahre 1927 waren die Glanzzeit der UfA (Greschik & Grob, 2002).

In dieser Welt entstanden, aus ihr stammten die Träume der beiden Lenis. Hatten sie zunächst noch halbwegs bürgerliche Phantasien von einer Karriere als Geigensolistin oder als Tänzerin, so strebten sie nach deren Scheitern ohne weitere Umwege zum Film – hier wollten sie auftreten. Dafür war Berlin das richtige Umfeld, hier fanden sich zahlreiche Möglichkeiten, erste berufliche Erfahrungen als Schauspielerin zu sammeln. In der sexualisierten Atmosphäre der 20er Jahre lernten beide früh, ihre körperliche Attraktivität zielstrebig einzusetzen. Eine gemeinsame Schaltstelle im Leben der beiden Frauen war vermutlich auch der Kontakt mit Josef von Sternberg, der eine Schauspielerin für die Rolle der Lola Lola in dem UfA-Film *Der blaue Engel* suchte. Angeblich soll er sowohl Leni Riefenstahl wie Marlene Dietrich dafür in Erwägung gezogen haben. Marlene bekam sie und war damit für Deutschland verloren. Die inzwischen deutschnationale Hugenberg-UfA hatte kein Interesse an einer dauerhaften Verpflichtung der Dietrich, während ein Paramount-Vertreter nach Hollywood telegraphierte: »Sie ist sensationell, unter Vertrag nehmen!«

Unmittelbar nach der Premiere des Films am 1. April 1930 machte Marlene sich also auf nach Hollywood, einen Siebenjahresvertrag bei der Paramount in der Tasche. Leni Riefenstahl hingegen produzierte ab 1931 den Film *Das blaue Licht* mit ihr selbst in der Hauptrolle. Von da an gingen die Lebenslinien der beiden Frauen auseinander, wobei die unterschiedliche soziale Herkunft eine Rolle gespielt haben wird: Marlene Dietrich kam aus einer preußischen Offiziersfamilie und stand vermutlich schon von daher dem Emporkömmling Adolf Hitler und seinen Parvenüs fern. Genau das – der kometenhafte Aufstieg des Adolf

Schicklgruber vom erfolglosen Postkartenmaler zum strahlenden Führer des Deutschen Reichs – wiederum mag für die Tochter eines kleinbürgerlichen Installateurmeisters attraktiv gewesen sein. Wie auch immer, Leni Riefenstahl wurde das Zigeunermädchen Junta, die Dietrich die Nachtklubsängerin Lola Lola. Die in der mystischen Bergwelt der Dolomiten agierende, erotische, aber unerreichbare Junta paßte in den nationalsozialistischen Zeitgeist, die sündige, käufliche, aber letztlich auch unerreichbare Lola Lola der großen Städte nicht. Sie gefiel – nach einigen Retuschen – dafür um so besser als Vamp in Hollywood.

Ungewöhnliche Schicksale zweier letztlich vermutlich unglücklicher Frauen, die bei allen Unterschieden doch eines gemeinsam haben: Beide haben die Erfahrung großer Bindungsunsicherheit in einer medialisierten Welt gemacht, beide wurden zu histrionischen Charakteren, und beide wurden Stars. Biographische und nicht ideologische Unterschiede haben sie in ihrem politischen Engagement auf die eine oder andere Seite gebracht. Dort aber wurden beide zu millionenfach wirksamen Vorbildern, Galionsfiguren nicht nur der Unterhaltungsindustrie. Im Guten wie im Schlechten, der Histrio als politisch engagierter Star ist eine zwiespältige Figur.

Stars – Idole der Mediengesellschaft

4

Am 7. April 1930 betritt Marlene Dietrich in New York nicht nur erstmals amerikanischen Boden, sie ist auch erstmals mit einem anderen System der Filmproduktion konfrontiert. Bald schon spürt sie dessen Einfluß sehr konkret. Die Paramount will als Antwort auf den Erfolg der MGM mit Greta Garbo ein Konkurrenzprodukt »Marlene Dietrich« einführen. Marlene soll Rätselhaftigkeit, Verführung, Sehnsucht, Verwundbarkeit und Überdruß verkörpern. Das erfordert allerdings einige Korrekturen an ihrem Äußeren: Zuerst einmal wird sie um drei Jahre jünger gemacht, dann muß sie 30 Pfund abnehmen, ihre Haare blonder färben, die Augenbrauen höher legen und die Wimpern verlängern. Und als Höhepunkt soll sie sich zwei Backenzähne ziehen lassen, um ihre Wangen schmaler zu machen. Bevor sie überhaupt in den amerikanischen Kinos zu sehen ist, läßt ihr neuer Arbeitgeber schon auf Plakaten und Anzeigen verbreiten: »Der neue Star der Paramount – Marlene Dietrich« (vgl. Knopp, 2001).

Das Starsystem (»stardom«) war eine Erfindung Hollywoods. Bis zum Jahr 1909 kannte das Publikum nicht einmal die Namen der Filmschauspieler, es nannte sie nach den Studios das »Vitagraph Girl«, das »Kalem Girl« oder das »Biograph Girl«. Der Produzent Carl Laemmle, Eigentümer der *Independent Motion Picture Company (IMP)*, spürte aber schon früh das Interesse des Publikums für die Schauspieler *hinter* den Rollen. So inszenierte er im Jahr 1910 ein PR-Ereignis, das als die Geburtsstunde des *stardom*-Systems gesehen wird: Er ließ in den Zeitungen von St. Louis die Meldung verbreiten, das »IMP Girl«, dessen Namen er mit Florence Lawrence angab, sei bei einem Verkehrsunfall ums Leben gekommen. Nachdem diese Meldung gedruckt worden war, setzte er eine Anzeige in die Zeitung: Das Publikum sei einer Falschmeldung aufgesessen, tatsächlich lebe Florence Lawrence, und ihr nächster Film heiße *The broken path*. Die Zeitungen brachten ihrerseits entsprechende Meldungen, verbunden mit einem Foto von und einem Interview mit der fälschlich Totgesagten. Als Florence Lawrence danach in der Öffentlichkeit auftrat, wurde sie von der Menge gefeiert.

Der Hintergrund für das erwachende Interesse des Publikums an den Schauspielern bestand darin, daß ab 1912 zunehmend längere, abendfüllende Spielfilme produziert wurden. Damit bekamen die eingesetzten Schauspieler eine neue Funktion, der Zuschauer litt oder freute sich eine oder zwei Stunden mit ihnen. Von da an wurden die Akteure in der Filmwerbung auch namentlich genannt, was mit dazu beitrug, daß das Publikum seine Lieblinge nicht nur sehen, sondern auch etwas über deren Privatleben wissen wollte. Die Produktionsgesellschaften bemerkten anhand von Fanpost und von Autogrammwünschen das zunehmende Publikumsinteresse an den Schauspielern. Und sie begannen, daraus Kapital zu schlagen, indem sie für ihre jeweiligen Schauspieler ein ganz spezifisches Image aufbauten und vertraglich fixierten. Um den Preis höherer Gagen hatten die Schauspieler sich diesen Festschreibungen in mehrjährigen Exklusivverträgen zu fügen. Kleidung, Frisur, Lebensgewohnheiten, ja sogar die Frage einer Heirat unterlagen der Kontrolle der Produktionsgesellschaften. Durch diese Maßnahmen erhielten die Schauspieler bestimmte Eigenschaften zugewiesen, deren Gesamtheit ihr Image ausmachten und die sie in die jeweiligen Filme mit einbrachten. Das Publikum wußte so im voraus, welches emotionale Grundmuster in einem entsprechenden Film zu erwarten war.

Der erste wirklich große Star dieser Zeit war Rudolpho Alfonzo Rafaelo Pierre Filibert Guglielmi di Valentina d'Antonguolla, genannt Rudolpho Valentino. 1895 als Sohn eines italienischen Veterinärs und einer Französin geboren, muß er ein derart verzogenes Kind gewesen sein, daß er mehrfach der Schule verwiesen wurde. Immerhin erlangte er einen Diplomabschluß in Landwirtschaft, bevor er – nach einem Intermezzo in Paris – im Dezember 1913 nach New York aufbrach. Hier arbeitete er zunächst als Gogo-Boy, bis es ihn 1917 nach Hollywood zog. Dort wurde er mit dem Film *Der Scheich* zum Star und zum Sexsymbol von Millionen von Frauen. In seinen Filmen wurde er vorzugsweise als zärtlich fühlender Liebhaber mutiger, junger Frauen gezeigt, eine Mischung aus Leidenschaft und Melancholie. Die Frauen waren verrückt nach ihm, für ihn wurden die ersten Fanclubs gegründet, seinem Privatleben widmeten sich Zeitungen, Zeitschriften und Fan-Magazine in vorher nicht gekanntem Ausmaß. Die Männer fanden ihn allerdings im allgemeinen weniger beeindruckend, als »rosa Puderquaste« wurde er in einem Leitartikel der *Chicago Tribune* bezeichnet. Seine Karriere war nur kurz, denn bereits 1926, im Alter von nur 31 Jahren, starb er an einer Bauchfellentzündung. Heute kaum noch vorstellbar, aber zweihunderttausend Menschen wollten seinen Leichnam sehen, es kam zu mehreren Selbstmorden, und selbst Mussolini schickte Blumen und eine Ehrengarde von Schwarzhemden (Patalas, 1967).

Mit der Erfindung des Stars erhielten die PR-Abteilungen der Produktionsfirmen eine neue Aufgabe: Sie mußten das jeweilige Image nicht nur schaffen, sondern auch unter die Leute bringen. Dazu dienten zunächst einmal die klassischen Massenmedien wie Tageszeitungen und Wochenzeitschriften, in denen Berichte über das Privatleben und über öffentliche Auftritte der Stars gedruckt wurden. Aber mit dem Starphänomen entstanden auch spezielle Filmzeitschriften, so etwa in Berlin der *Filmkurier* (1919–1944) mit der Beilage *Illustrierter Filmkurier* und die *Licht-Bild-Bühne* (1908–1934; vgl. Kessler & Wulff, 2002). Zeitschriften dieser Art befaßten sich nahezu ausschließlich mit Filmen und Filmstars. Zusätzlich wurden Fanmagazine, Plakate, Programmhefte, Sammelbilder und Starpostkarten zu speziellen Kommunikationsmitteln zwischen den Stars und ihren Bewunderern. Öffentliche Auftritte bei gesellschaftlichen Ereignissen und vor allem bei den Uraufführungen ihrer Filme kamen hinzu.

Allerdings würde der Eindruck täuschen, Stars seien vollständig ein Produkt der Produktionsfirmen und ihrer PR-Abteilungen, kühl kalkuliert, mit Blick auf die Konkurrenz und den Zeitgeist. Es ist umgekehrt, entstanden ist der Star letztlich aus den Wünschen des Publikums. Selbst Marlene Dietrich wurde nicht über Nacht zum Star, vielmehr hat sie sich über kleine Theater- und Filmauftritte zur Rolle der Lola Lola hochgearbeitet, die offenbar besonders gut zu ihrem Typ und zum damaligen Zeitgeist gepaßt hat. Besonders gefiel sie dabei dem Vertreter der Paramount, so daß diese Produktionsfirma sie dem amerikanischen Publikum als Star angeboten hat. Das war für alle Beteiligten nicht ohne Risiko, konnte doch niemand vorhersagen, ob das Publikum diesen Frauentyp akzeptieren würde. Das Produkt »Marlene« traf offenbar den Zeitgeschmack und wurde zum Mythos. Andere Schauspieler – es ist die Mehrheit – erreichen nie den Status eines Stars, sie bleiben bestenfalls »starlets« oder Filmsternchen. Entscheidend in diesem Bedingungsgefüge ist also letztlich das Publikum, die Produktionsfirmen können bis heute nicht viel mehr tun, als immer wieder neue Starangebote auf den Markt zu bringen.

Spätestens jetzt stellt sich also die Frage, warum sich das Publikum eigentlich Stars schafft. Die Antwort liegt darin, daß Menschen unerfüllte Wünsche und Sehnsüchte in sich tragen – nach Liebe, Schönheit, Macht oder ewiger Jugend. Dieses Potential ist ausgeprägter in schwierigen historischen Epochen, wie etwa der Umbruchzeit nach dem Ersten Weltkrieg in Deutschland. Es ist auch ausgeprägter in bestimmten individuellen Lebensphasen, beispielsweise in der Adoleszenz, wenn der Mensch sich einen Platz in der Gesellschaft erwirbt. Oder in individuellen Lebenskrisen, etwa in der sogenannten *midlife crisis*, in der 40jährige Alternativen zu einem aktuell unbefriedigenden Leben erwägen.

Wenn der Mensch solche Sehnsüchte nicht realisieren kann, träumt er sich in eine Welt hinein, die ihm wenigstens zeitweise eine Erfüllung verheißt. Das kann über Tagträume oder über ein Buch oder ein Theaterstück geschehen. Tagträume verlangen eine vergleichsweise hohe eigene Aktivität, muß der Träumer seine Figuren und deren Welten doch ganz selbst erschaffen. Und bei einem Buch muß er die vorgegebenen Figuren und Kontexte ebenfalls mit seinem Leben füllen. Selbst das Theater mit seinen reduzierten Bühnenräumen fordert phantasievolle Eigenaktivität. Ganz anders der Film: Hier bekommt das Publikum eine komplette Traumwelt vorgesetzt. Der Zugang zu dieser Welt erfolgt über die darin agierenden Figuren, mit denen der Zuschauer sich – wenigstens teilweise und eine zeitlang – identifiziert. Zwei Stunden lang so stark, klug und bei den Frauen erfolgreich sein wie James Bond, einen Film lang so attraktiv sein und von Tom Cruise so begehrt werden wie Nicole Kidman. Nicht umsonst spricht man deswegen auch von der »Traumfabrik Hollywood«.

Stars sind buchstäblich Personifikationen von Träumen großer Menschengruppen, die deren Wünsche über sich selbst, ihre Idealbilder oder über die phantasierten Wunschpartner sicher und dauerhaft verkörpern. Aus diesem Grund muß auch das private Image des Stars mit seinem Starimage zur Deckung gebracht werden. Wenn beispielsweise die Garbo nach dem Film *The Temptress* in einem Interview gesagt haben soll, »Ich möchte keine alberne Verführerin sein. Ich kann keinen Sinn darin sehen, mich herauszuputzen und weiter nichts zu tun, als im Film die Männer zu verführen« (vgl. Prokop, 1995, S. 104), dann wundert es nicht, daß ihre Produktionsgesellschaft MGM ihr daraufhin mit dem Entzug der Aufenthaltsgenehmigung drohte. Sie fügte sich und gab weiterhin den Vamp. Im Starsystem müssen sich die Rollen im Film wie das Verhalten im Privatleben der mühsam aufgebauten Kunstfigur unterordnen. Das (angebliche) Privatleben von Schauspielern wird so zu einer zusätzlichen Ressource für das Starsystem.

Der Star ist also letztlich eine kollektive Projektion der vielen Unbedeutenden, in der sich deren Wünsche und Phantasien konzentrieren. Ist er aber einmal geboren, so wirkt er in vielfältiger Weise auf sein Publikum zurück. Sich wenigstens so verhalten wie er, sich ab und an so kleiden wie sie, das sind einige Mechanismen der Identifikation, die ein wenig von den Träumen in den Alltag hinübertransportieren. Um ein historisches Beispiel dafür anzufügen: 1923 wurde in dem Film *Floaming Youth* erstmals die männliche Bubikopf-Frisur gezeigt, damals noch eine Provokation. Zwei Jahre später war die Frisur in der westlichen Welt gang und gäbe (Prokop, 1995, S. 89). Kaum war das Starsystem geschaffen, ließen sich viele Stars schon damals für Modewerbung einsetzen, sie wurden früh schon zu »Idolen des Konsums« (Löwenthal, 1980, S. 267) wie der politischen Propaganda.

In Deutschland ging das Monopol der Filmstars rund 40 Jahre nach Florence Lawrence an einem unscheinbaren Dezembertag des Jahres 1952 in Pension. Am 1. Weihnachtstag 1952 nämlich begann mit einer Ansprache des Intendanten beim damaligen NWDR das regelmäßig ausgestrahlte Fernsehen. Das war auch der Geburtstag eines neuen Star-Typus, nämlich des *Fernsehstars*. Das Prinzip ist dasselbe wie bei den großen Stars, Rolle und »Personality« müssen zu einem Image zusammengefügt werden. Ein Beispiel dazu findet sich im *Spiegel* (Nr. 22 vom 23.5.03, S. 148 f.) unter der Überschrift »Die Stunde des Zwirbelbarts. Laien statt Mimenstars, Wackelkamera statt schöner Bilder, Radiodramaturgie statt kunstvoller Fernseherzählung – mit schnell gedrehten Ermittlerserien hat Sat.1 am Vorabend Erfolg«. Dort stand zu lesen: »Auf namhafte Schauspieler kann das Leichtbau-Fernsehen zwar verzichten, nicht aber auf das Starprinzip. Konsequent sollen die TV-Polizisten ›mit Personality aufgeladen werden‹.« Aber ein Serienpolizist (und ähnlich marginale Figuren) bietet kein großes Projektionspotential für die Sehnsüchte und Träume der Zuschauer: Wer möchte schon ein zwirbelbärtiger Polizist sein?

Aber es gab nun auch TV-spezifische Varianten des Stars (vgl. dazu Strobel & Faulstich, 1998): Zunächst den *Showmaster* (später: *Entertainer*) im Unterhaltungsbereich, dann auch den Starmoderator von Informationssendungen und schließlich –

zwischen Unterhaltung und Information – den Talkmaster. Frühe Vertreter der ersten Art waren etwa Peter Frankenfeld und Hans-Joachim Kulenkampff, später auch Caterina Valente, Lou van Burg, Vico Torriani, Hans Rosenthal und andere. Sie hatten nur eine Rolle zu spielen: Charmante, witzige, gelegentlich auch freche Gastgeber ihrer Show sollten sie sein, Gäste und Publikum bezaubernd durch den Abend führen – und immer bis zum nächsten Mal.

Mit dem Beginn des Privatfernsehens gewannen auch die Sprecher und Moderatoren von Nachrichtensendern einen ähnlichen Status. Ihre Aufgabe war ja zunächst die möglichst unpersönliche Weitergabe von Nachrichten, Karl-Heinz Köpke verkörperte diesen Typ ideal. Erst die Übernahme des amerikanischen Konzepts der Nachrichtenpräsentation mit einem attraktiven *anchor man* oder einer attraktiven *anchor woman* (oder beiden gemeinsam) ließ auch bei uns den *Starmoderator* vom Typ eines Ulrich Wickert entstehen.

Zwischen Kulenkampff und Köpke, zwischen Unterhaltung und Information etablierte sich 1973 mit Dietmar Schönherrs *Je später der Abend* die »Talkshow« in Deutschland. Seitdem gibt es einen weiteren Typus des TV-Stars, den *Talkmaster* – Alfred Biolek, Hans-Jürgen Rosenbauer, Wolfgang Menge u. a. waren solche Medienstars der ersten Talkshows.

Allen drei Startypen gemeinsam ist, daß sie zwischen einem Medienereignis – der Show, der Nachricht, der Gesprächsrunde – und dem Publikum im Saal bzw. im Studio und/oder an den Bildschirmen vermitteln. Im Gegensatz zum Filmstar mit seinen unterschiedlichen Rollen spielt der TV-Star also hauptsächlich eine einzige Rolle: Er soll auf dem Bildschirm und im Privatleben ein charmanter, witziger, liebenswürdiger Mensch ohne Arg und Tadel sein.

Daß Image und privates Verhalten auch hier nicht immer übereinstimmen, wurde in den frühen Tagen der Showmaster am Beispiel Lou van Burgs deutlich. Er hatte neben einer angetrauten Ehefrau eine Freundin, die er dann auch noch wegen einer Assistentin verließ. Das war eine Frau zuviel; als es herauskam, war seine Karriere beim ZDF beendet. Daß der autoritär-väterliche Robert Lembke, jahrelang erfolgreicher Moderator der Ratesendung *Was bin ich?* und zugleich Fernsehdirektor des Bayerischen Rundfunks, ebenfalls jahrelang als Ehemann ein Doppelleben geführt hatte, wurde hingegen erst kurz vor seinem Tod bekannt (vgl. Faulstich et al., 1997, S. 26).

Wegen dieser vergleichsweise schlichten Rolle ist der TV-Star auch nur als der kleine Bruder des Filmstars anzusehen. Sein Image ist einfach nicht attraktiv genug für Träume von Jugend, Glück und Liebe. Das heißt aber nicht, daß er ganz ohne Einfluß auf sein Publikum wäre. Im Gegenteil, bei ihm hat sich ein ganz besonderes Verhalten gegenüber dem Publikum entwickelt, das es nur im Fernsehen gibt: die scheinbar unmittelbare Ansprache des Publikums vor den TV-Geräten. »Guten Abend, meine Damen und Herren«, sagt inzwischen jeder Moderator in die Kamera, und der Zuschauer daheim hat das Gefühl, auch er persönlich sei gemeint.

Das bleibt nicht ohne Folgen (vgl. zum Folgenden: Übersicht bei Winterhoff-Spurk, 2004): So stimmten in einer amerikanischen Untersuchung 52% der befragten Zuschauer der Feststellung zu, daß TV-Nachrichtensprecher für sie so etwas wie alltägliche Freunde geworden seien. Einige antworten auf die einleitende Begrüßung »Good evening from NBC news in New York« mit »Good evening, John«. Ein Zuschauer bekennt: »Ich bin mit Walter Cronkite aufgewachsen ... Wir haben eine Menge miteinander durchgemacht. Menschen auf dem Mond und andere aufregende Sachen« (Levy, 1979, S. 180f., eigene Übersetzung).

Dieses eigentümliche Phänomen wurde erstmals 1956 und ausgerechnet in einer psychiatrischen Fachzeitschrift beschrieben, es wird als *parasoziale Beziehung* bezeichnet (Horton & Wohl, 1956). Durch scheinbares Anblicken und scheinbares Ansprechen und scheinbare räumliche Nähe wird beim Zuschauer der Eindruck erzeugt, er habe so etwas wie eine reale und dauerhafte soziale Beziehung zu der Person auf dem Bildschirm. In weiteren Befragungen ergab sich u.a., daß die Bindungen an bestimmte Nachrichtensprecher mit ihrer sozialen Attraktivität (»... könnte mein Freund sein«), aber auch mit deren körperlicher Attraktivität zusammenhingen. Sie werden im persönlichen Beziehungsgefüge zwischen sehr guten Freunden und guten Bekannten, neben den »guten Nachbarn« eingeordnet. Außer bei sozial isolierten älteren Menschen hängt die Ausbildung solcher parasozialen Beziehungen nicht einmal – wie man erwarten könnte – mit persönlicher Einsamkeit zusammen, sie werden vielmehr als Ergänzung der realen Sozialkontakte gesehen. Das soziale Kapital des TV-Stars ist also vor allem sein Image vom guten Nachbarn.

Der Filmstar hat aber durch das Fernsehen nicht nur einen kleineren Bruder bekommen. Das Fernsehen hat auch eine *mächtigere Variante* als den Filmstar (mit) erschaffen – den *Rock- und Popstar*. Er ist deswegen mächtiger, weil er in konzentriertester Form bietet, was das Publikum sich am meisten wünscht: den großen Auftritt. Auch hier verlief die Entwicklung langsam, die deutschen Schlagerstars Helmut Zacharias, Friedel Hensch und die Cypries oder Ilse Werner garnierten zunächst nur Quiz- und Unterhaltungssendungen (vgl. Schindler, 1999a). Im Jahr 1959 bzw. 1960 erhielten dann Vico Torriani bzw. Catarina Valente ihre eigenen Showsendungen, Stammgäste waren u.a. Peter Alexander, Billy Mo, Lolita und das Hazy-Osterwald-Sextett. Ab 1969 wurde die *Hitparade* mit dem gelernten Autoverkäufer Carl Dietrich Heckscher alias Dieter Thomas Heck für das ZDF ein Quotenbringer. Inzwischen kamen mit dem 1965 bei Radio Bremen produzierten *Beat-Club* aber auch die englischen und amerikanischen Popsongs in das deutsche Fernsehen.

Die wohl wichtigste Veränderung kam hier wiederum aus den USA: der weltweit erste kommerzielle Musikspartenkanal MTV, der ab 1981 in den USA, ab 1987 auch in Deutschland (zunächst) ausschließlich drei- bis fünfminütige Musikvideos zeigte. Dabei handelt es sich um kleine Filme, in denen ein Popstar im Mittelpunkt einer musikalischen Inszenierung steht.

Weibliche Popstars werden meistens attraktiv und sexy in Szene gesetzt, männliche im Kontext von Fun und Action gezeigt (Gleich, 1995). Sex und Gewalt sind die dominierenden Themen, vier bis fünf sexuelle und etwa drei aggressive Handlungen kommen pro Clip vor (vgl. Preston & Eden, 2002). MTV erreicht inzwischen weltweit fast 400 Millionen Haushalte in knapp 170 Ländern, das entspricht etwa einer Milliarde Zuschauer. In Deutschland macht ihm seit 1993 der deutsche Musiksender VIVA erfolgreich Konkurrenz. Mitreißender wird der große Auftritt nur noch bei Live-Konzerten inszeniert: Vorgruppen erhöhen die Spannung, die gesamte Inszenierung der Bühnenshow läuft auf den einen Moment zu – der Star ist da. In diesem dramaturgisch höchst professionell vorbereiteten Moment bricht sich die angesammelte Erregung des Publikums nahezu ekstatisch Bahn.

Der Filmstar hat also mindestens zwei Geschwister bekommen, den hinsichtlich seines Projektionspotentials für das Publikum etwas *schwächeren TV-Star* und den wegen seines Auftritts deutlich *stärkeren Popstar*. Das sind aber nicht die einzigen Mitglieder der Familie, denn in den Jahrzehnten des TV-Zeitalters hat nahezu jeder Bereich der Gesellschaft seine eigenen Stars hervorgebracht. Natürlich sind nicht alle Sektoren gleichermaßen geeignet, denn wo es weniger zu inszenieren gibt und weniger sexy zugeht, wachsen Stars nur zögerlich. Der Sport ist inzwischen aber ein vielversprechendes Gebiet geworden. Die meisten sportlichen Aktivitäten sind mindestens mit Dramatik verbunden, viele Sportarten – z. B. Leichtathletik oder Schwimmen – erlauben den Sportlern zudem eine attraktive und körperbetonte Selbstinszenierung. Auch die Politik hat inzwischen ihre Stars, den Grundstein dazu haben die ersten Fernsehdebatten zwischen Kennedy und Nixon gelegt. Selbst in so spröden Gebieten wie der Kunst (Stardirigent, Stararchitekt), der Wirtschaft und der Wissenschaft wird der Begriff inzwischen genutzt, wenngleich mit deutlich weniger Erfolg.

Darüber hinaus ist die Starfamilie auch noch weitläufig verwandt mit den *Prominenten*. »Die Prominenten‹ – das grausliche

Substantiv bezeichnet keine Eigenschaft mehr, sondern eine Kategorie, eine Steuergruppe –; sie haben dem Deutschen nach den Wirren des Umsturzes den Glauben an Ideale gerettet. Die Prominenten, das sind die Obertanen ... und zwar zumeist solche, die Zufall, Konjunktur oder Willkür der journalistischen Selbstherrscher (der Prominenten der Kritik) aus der Fülle der Untalente emporgehoben hat ... Komödianten, Filmfritzen, Kabarettfatzken, Boxer, Fußballer, Parlamentarier, Eintänzer, Damenfriseure, Literaturhistoriker, Persönlichkeiten schlechtweg – alle können prominent sein«, so beschreibt Karl Kraus (1961, S. 50f.) diese Gruppe, die ebenfalls in den 20er Jahren des vergangenen Jahrhunderts entstanden ist. Das lateinische Wort »prominere« sagt es: Es handelt sich um »herausragende« Persönlichkeiten, also um Menschen, die in der Öffentlichkeit ein besonderes Ansehen genießen. Sie sind unterhalb der Stars angesiedelt, aber Stars gehen häufig aus ihnen hervor, und verglühte Stars können durchaus weiterhin prominent bleiben.

Neu ist, daß sich diese Gruppe so unglaublich vermehrt hat, was vor allem auf den Einfluß des Fernsehens zurückzuführen ist. Mittlerweile gibt es auch hier Untergruppen – die Medienprominenz, die politische Prominenz, die künstlerische Prominenz und die Sportprominenz (Peters, 1996). Und ihre modernste Ausgabe sind Menschen, die sich durch nichts anderes mehr auszeichnen als durch die Tatsache, daß viele ihr Gesicht, ihren Busen oder ihren Namen kennen. Sie werden als *Celebrities* oder *expressive Eliten* bezeichnet.

Von Marlene Dietrich und Leni Riefenstahl zu den Filmstars, den Fernsehstars und den Prominenten – was ist das Gemeinsame an ihnen? Es ist zum einen die Konstruktion ihres Images nach den Träumen des Publikums und ihre Idolisierung durch das Publikum. Große und kleine Stars werden aus seinen Wünschen und Träumen geboren. Wenn aber die Galionsfiguren der Unterhaltungsindustrie erst einmal erschaffen sind, dann wirken sie zum anderen wieder auf den Zuschauer zurück. Was sich bei den beiden Lenis exemplarisch angedeutet hat, zeigt sich hier systematisch: Er will auch, wenigstens für eine kleine Weile, einmal ein Star oder, wenigstens einen Augenblick lang, ein wenig prominent sein.

Was sonst verführt den 79jährigen Robert Diggelmann-Ramseier aus der Schweiz dazu, vier Minuten mit einer 50-Kilo-Hantel auf den Schultern mehr Kniebeugen machen zu wollen als der amtierende Weltmeister im Gewichtheben? Welches andere Motiv treibt Bernhard Wagner aus Freiburg dazu, 25 Meter mit dem Fahrrad unter Wasser in weniger als einer Minute zu fahren? Was noch treibt Josef Schöttl aus Karlsruhe dazu, 30 verschiedene Gerichte am Geräusch erkennen zu wollen, das sie beim Braten in der Pfanne machen? Wieso, wenn nicht wegen des Auftritts, will Ralf Schäfer aus Bad Abbach unbedingt 18 Menschen bei geschlossenen Türen in einem Smart unterbringen? Und was sonst bringt Matthias Bosse und Andreas Preuss aus Hamburg dazu, unbedingt 40 verschiedene weiße Farben am Geruch erkennen zu wollen? Es war der öffentliche Auftritt in der 142. Sendung von *Wetten dass?* am 22. März 2003 in Luzern.

Und wenn es mit dem Auftritt im Fernsehen nicht klappt, bleibt ja immer noch das *Guinness Buch der Rekorde*, in das Uta Jentjens aus Krefeld mit der längsten ununterbrochenen Radiomoderation (101 Stunden), Roland Maier aus Cleebronn mit 184 Tagen und einer Stunde öffentlichem Pfahlsitzen und zwei Teams der 3. Realklasse aus Ebikon (Schweiz) mit 25 Stunden ununterbrochenem Hallenfußballspiel eingetragen wurden. Das Spiel endete übrigens 422 : 394.

Diese Sehnsucht erklärt auch den rätselhaften Erfolg der ebenfalls vom Fernsehen in den letzten Jahren produzierten *Superstars*. Da wurde ein 17jähriger Kinderpflegeschüler namens Daniel Küblböck nicht einmal Sieger des Singwettbewerbs *Deutschland sucht den Superstar*, und trotzdem verkaufte er innerhalb kurzer Zeit Hunderttausende von Schallplatten. 16.000 andere Nobodies hatten sich mit ihm um die Teilnahme beworben (*Süddeutsche Zeitung* Nr. 170 vom 26./27. Juli 2003, S. 32), im Schnitt 11,4 Millionen Zuschauer sahen die Sendungen. Das Geheimnis dieser »instant stars« ist ihre *Durchschnittlichkeit*. Sie kommen aus demselben Milieu wie ihre Fans, tragen so realitätsnah wie kein anderer Typ von Star das Versprechen in ihr Publikum: Auch Du kannst es schaffen.

Ihre Tragik besteht darin, daß sie den Sprung zum professionellen Star mit den damit verbundenen Anforderungen und Qualifikationen meistens nicht zuwege bringen und früher oder später durch andere »instant stars« verdrängt werden. Das überraschende Entdecktwerden und der rauschende Erfolg sind die Kernelemente dieses Traums, nicht aber eine bestenfalls durchschnittliche Karriere danach. So schnell wie die Bewunderung der Fans den »instant stars« zufliegt, so schnell ist sie auch wieder vorbei, denn der Traum vom Entdecktwerden verlangt immer wieder neue Superstars. Wenn es gutgeht, tingeln sie noch eine Weile durch Deutschlands Klein- und Mittelstädte, bevor sie sich wieder in eine normale Existenz finden müssen. Wer kennt denn heute noch Pierre Humphrey, den Sieger der RTL-II-Castingshow *Teenstar*, der sich inzwischen zum Musicaldarsteller ausbilden läßt? Wer erinnert sich an die Dachdeckerin Sabrina Lange, Teilnehmerin bei *Big Brother*, die nun Hypnosekurse gibt, oder Anita Ligaszewski, Siegerin der Sat.1-Sendung *Girls Camp*, die gegenwärtig eine Ausbildung zur Heilpraktikerin macht (vgl. dazu *Der Spiegel* Nr. 10, 2003, S. 172–174)? Der Erfinder des Konzepts, Simon Fuller, sagt dazu: »Popstars sind nichts als Marken, die man bis zum Letzten ausnehmen muß.« Ihm selbst soll die Idee »Land X sucht den Superstar« inzwischen mehr als 50 Millionen Dollar eingebracht haben (*Saarbrücker Zeitung* Nr. 223 vom 25. 9. 2003, S. C 5).

Wohin man auch blickt, Stars und Prominente sind zu Vorbildern der Mediengesellschaft geworden. Kein Wunder also, daß die niedersächsische Bundestagsabgeordnete Monika Griefahn, Vorsitzende des Bundestagsausschusses für Kultur und Medien, auch den deutschen Musikproduzenten Dieter Bohlen für das Bundesverdienstkreuz vorgeschlagen hat. Vom Autor dieses Buches angefragt, wie sie den Vorschlag begründe, antwortete sie am 10. Juli 2003: »Es gibt ... keinen deutschen Musikproduzenten, der mehr Menschen erreicht als er, nicht nur in

Deutschland. In 20 Ländern war er mit *Nummer 1*-Titeln vertreten und damit ein Botschafter für Deutschland. Bohlen wurde z. B. als erfolgreicher Musiker in der ehemaligen Sowjetunion ausgezeichnet. Das haben nicht einmal die Beatles oder Michael Jackson geschafft! Auch die Beatles sind für ihr Schaffen vom britischen Königshaus ausgezeichnet worden, und Paul McCartney wurde sogar in den Adelsstand erhoben ... Er zeigt, daß man mit viel harter Arbeit erfolgreich sein kann, und ich meine, in einer Zeit, in der viele dem Lustprinzip frönen, ist er damit Vorbild.«

5 Fans – Sein wollen wie ein anderer

Freitag, der 12. Dezember 1980, Ecke 72. Straße/Central Park in New York. Es ist spät, gegen 23.00 Uhr, als John Lennon mit seiner Frau Yoko Ono mit dem Taxi an seinem Wohnort, dem Apartmenthaus Dakota, vorfährt. Er steigt die Stufen zum Eingang hoch, als er hinter sich seinen Namen hört: »Mr. Lennon?« Als er sich umdreht, sieht er seinen Mörder. Mark David Chapman, ein ehemaliger Wachmann, tötet ihn mit fünf Schüssen in Kopf und Bauch. Es ist kaum zu glauben, aber Chapman war ein extremer Bewunderer seines Opfers. Er kopierte dessen Kleidungsstil und Frisur, er spielte dessen Musik, unterschrieb mit dessen Namen und heiratete – wie sein Idol – eine japanische Frau. Er wollte John Lennon sein.

Zugegeben, ein extremes Beispiel für eine Star-Fan-Beziehung. Es heißt *Stalking* (= an eine Beute heranpirschen) und meint die obsessive Fixierung auf einen Menschen, ohne daß dieser es wünscht. Aber das Beispiel ist beileibe kein Einzelfall (vgl. zum Folgenden Meyrowitz, 1994). Zwei Lennon-Fans, ein Teenager in Florida und ein 30jähriger in Utah, nahmen sich wegen dieses Mordes das Leben. John Hinckley wollte Ronald Reagan umbringen, um die von ihm verehrte Jodie Foster zu beeindrucken. Michael J. Fox erhielt über 5.000 Drohbriefe von einem Fan, der über dessen Heirat empört war. Olivia Newton-John wurde von einem psychisch kranken Verehrer bis nach Australien verfolgt. Die junge US-Schauspielerin Rebecca Schaeffer wurde 1989 von dem Stalker Robert Bardo umgebracht. Alles nur gut erfundene PR-Gags?

In Deutschland erwies sich in einer schriftlichen Befragung

der Arbeitsstelle für Forensische Psychologie an der TU Darmstadt, daß 26 von insgesamt 36 Prominenten schon einmal über längere Zeit von einem Fan verfolgt wurden (Hoffmann, 2001). Sie erhielten Liebesbriefe, schriftliche Beschimpfungen, aber auch selbstgemalte Bilder, Schmuck und in Einzelfällen mit Sperma gefüllte Kondome. Fast die Hälfte der Befragten hatten Verletzungen ihrer Privatsphäre zu ertragen, bei einer TV-Moderatorin wäre dies ums Haar schlecht ausgegangen: Der Stalker verfolgte sie bis in ihr Büro und würgte sie fast bis zur Bewußtlosigkeit. Im Großraum von Los Angeles und meist in der Nähe von Hollywood gibt es inzwischen Firmen, die sich auf die Beratung der belästigten Stars spezialisiert haben, und die Polizei von Los Angeles gründete 1990 eine Spezialeinheit für derartige Fälle (Hoffmann, 2001).

Bizarr will es einem erscheinen, was da geschieht. Gewöhnt sind wir an mildere Formen, nämlich, daß Fans für einen Star schwärmen, seine Fotos an der Wand hängen haben, möglichst alle seine Filme ansehen oder alle seine CDs kaufen, Autogramme und andere Devotionalien von ihm sammeln, Mitglied in seinem Fanclub sind, dieselbe Mode wie er tragen und das Parfum kaufen, das seinen Namen trägt. Allenfalls dürfen sie ihm noch Briefe oder E-Mails schreiben, zu seinen Auftritten reisen, vor der Bühne kreischen, um »back-stage«-Karten kämpfen oder sich ihm für eine Nacht als Groupie anbieten. Nach Untersuchungen englischer und amerikanischer Wissenschaftler sollen rund ein Drittel der von ihnen Befragten einen Star anhimmeln, ein Prozent soll zum pathologischen »Stalking«-Verhalten neigen (McCutcheon et al., 2004). Es stellt sich die Frage: Wie kommt das?

Sein wollen wie ein anderer, dieser Wunsch ist so alt wie die Menschheit selbst. Die eigenen Vorfahren, mythische Figuren, Götter und Heilige, historische Heldenfiguren gaben schon immer Orientierung in Zeiten des individuellen und gesellschaftlichen Umbruchs. Auch wurden ihre Geschichten schon immer auch durch Medien von Generation zu Generation weitergegeben. Dies alles fand aber im Kontext ausgeprägter realer sozialer

Beziehungen und realer Vorbilder in der Familie und in anderen sozialen Gruppierungen – der Dorfgemeinschaft, der Kirchengemeinde, dem Kollegenkreis – statt. Und die verwendeten Medien waren informationsarme Medien, insbesondere Schriften, Bilder und Denkmäler. So mußten die nicht aus dem persönlichen Umfeld stammenden Vorbilder im allgemeinen ziemlich distant und unrealistisch bleiben.

»Ich bin Toni Turek«, haben wir als Kinder gerufen, wenn uns das Los in das Tor der eigenen Fußballmannschaft stellte. So gab man sich und den Mitspielern Sicherheit. Jedenfalls bis zum ersten Tor der gegnerischen Mannschaft, mit ihren Fritz Walters und Helmut Rahns im Sturm. Der Karneval mit seinen Kostümierungen ist geradezu eine institutionalisierte Veranstaltung für partielle, spielerische Identifikationen. Für den Abend ist der Jecke ein Seemann, ein Räuber oder ein Clown, die Jeckin eine Prinzessin, eine Kokotte oder eine Ganovenbraut. Und junge Sozialwissenschaftler versuchen nicht selten, wenigstens so zu schreiben wie Adorno, Freud oder Bourdieu. Die temporäre, spielerische Identifikation mit einem fremden Ich fungiert in allen diesen Fällen als eine Art »Hilfs-Selbst«, das eine Zeitlang beim Vorangehen nützt, wie eine Krücke bei einem gebrochenen Bein.

Auch wenn die partiellen Identifikationen zeitlich und inhaltlich ausgedehnter werden, ist das noch ein normaler, oft wünschenswerter Vorgang. In diesem Fall spricht man von allgemeinen Ich-Idealen; Martin Luther, Alexander von Humboldt oder Albert Schweitzer waren lange Zeit geeignete Kandidaten für Jungen, Mädchen hatten hauptsächlich religiöse Vorbilder. Allgemein sind Ich-Ideale innere Wunschbilder, die jeder Mensch von sich selbst hat (vgl. Krause, 1998). Sie entstehen aus einzelnen Merkmalen geliebter, bewunderter oder auch gefürchteter Personen. Diese können real oder fiktiv sein, später im Leben können noch Erinnerungen an tatsächliche oder vermeintliche ideale Zustände hinzukommen – »bei Adolf«, »unter meinem Mann«, »als junger Bursche«. So sein wollen wie das Ich-Ideal verringert die Diskrepanz zwischen dem realen und dem idealen Selbst.

Das Starphänomen aber hat demgegenüber eine völlig neue Situation geschaffen. Nunmehr können Vorbilder marktnah hergestellt und überaus strahlend in Szene gesetzt werden. Zudem sind die elektronischen Helden unserer Tage unmittelbar präsent, beliebig verfügbar und dadurch psychologisch näher als die Heldenfiguren früherer Zeiten. Dadurch werden vorübergehende *Identifizierungen* leichter zu starren *Idolisierungen: Nur* wie und *ganz* so wie das Vorbild. Solche Verhärtungen finden sich häufig bei Menschen mit einer Störung der Selbstwertregulation, sie besonders haben eine Neigung zu heftigen, zugleich aber unrealistischen Idealisierungen (Krause, 1997).

Und damit sind wir erneut, gewissermaßen von der anderen Seite, beim Histrio angelangt: Sein Grundproblem ist ja die Schwäche der eigenen Identität. Ein schwaches Ich kann nun auch dadurch stabilisiert werden, daß es sich in die Lage eines anderen hineinversetzt, die Identität eines als stabil phantasierten anderen borgt. Allerdings wird es auch hier schwierig, wenn der irritierte Histrio glaubt, er sei wirklich so wie das von ihm ausgesuchte Vorbild. Dieser Schritt ist es, der den Histrio vom psychisch Gesunden unterscheidet: Das schwache Selbst des Histrio ist nur zu gern bereit, zugunsten eines scheinbar stabileren, aber falschen Selbst in den Hintergrund zu treten. »Dies kann bis zu dem Punkt führen, wo jemand sich nicht mehr mit seinen ›gegebenen Anlagen und Lebensmöglichkeiten‹ ... identifiziert, sondern sich die charakteristischen Züge und Verhaltensweisen einer anderen Person bzw. einer Rolle in einer Weise aneignet, als seien diese seine eigenen, so daß schließlich die Rolle an die Stelle seines authentischen Seins tritt. Auf diese Weise realisiert er ein falsches Selbst ... Hysterische ... spielen immer eine Rolle. Gleichzeitig ist der Hysterische von dieser Rolle so in Anspruch genommen, daß seine eigene Person dahinter ganz verschwindet und er so agiert, als wäre er von einer ›zweiten Persönlichkeit‹ ... bestimmt«, beschreibt Kraus (1996, S. 105) diese Tendenz.

Und genau das führt zurück zum Fan. Sein Gattungsname ist etymologisch abgeleitet von (lat.) *fanaticus*; er ist »von einer

Gottheit in Begeisterung, Raserei, versetzt, schwärmend, entzückt, rasend« (Herrmann, 1982, S. 154f.). Im Medienzeitalter versetzt ihn keine Gottheit in Raserei, sondern der Star. So sein wollen wie er oder sie, dafür drei Beispiele:

- Für die Teilnahme an der Sendung *Deutschland sucht den Superstar* meldeten sich mehr als 16.000 Bewerber. Inzwischen gibt es in Deutschland rund 100 Casting-Agenturen, von denen sich 20 bis 30 auf Kinder spezialisiert haben. Nach einem Bericht der *Süddeutschen Zeitung* (Nr. 170 vom 26./27. Juli 2003, S. 32) wurden den Agenturen sogar schon Babies von ihren Müttern angeboten.
- In den USA sendete die ABC im Jahr 2003 eine neue Show *Extreme Makeover*, in der häßliche Entlein mit Hilfe von Schönheitschirurgen, Dentisten, Visagisten, Hairstylisten und Modedesignern zu schönen Schwänen gemacht werden. Die Sendung wird als »infomercial« bezeichnet, weil sie über die Möglichkeiten der individuellen Verschönerung informiert und gleichzeitig als Werbesendung für die beteiligten Berufsgruppen gilt. 20.000 Kandidaten mit Boxernasen, Hasenscharten oder Segelohren warten darauf, auf diese Weise verschönert zu werden und gleichzeitig Prominenz zu erlangen. Sie sind damit ein Teil der 6,6 Millionen Amerikaner, die sich im Jahr 2002 einer Schönheitsoperation unterzogen haben (*Saarbrücker Zeitung* Nr. 131, Pfingsten 2003, S. A 8).
- Der Film *Top Gun* war 1986 der erfolgreichste Film in den USA, er soll viele junge Amerikaner dazu gebracht haben, sich freiwillig zu den Marinefliegern zu melden. In der zweiten Hälfte der 80er Jahre folgten zahlreiche Militärfilme von *Rambo* bis zu *Iron Eagle*, mit ähnlichen Wirkungen (Dörner, 1999).

Stars ersetzen inzwischen weltweit die Vorbilder aus der unmittelbaren Lebensumwelt:

- Bei einer Befragung von über 32.000 Jugendlichen im Alter von 10 bis 17 Jahren aus Belgien, Frankreich, Italien, Niederlande, Portugal, Schweden und Deutschland ergab sich, daß schon 1969 rund 16% aller Befragten Stars, aber nur noch rund 6% die Eltern als Ideale angaben (Lutte et al., 1969).
- Amerikanische Jugendliche gaben 1980 folgende Liste von Helden an: Steve Martin, Erik Estrada, Burt Reynolds, John Wayne und Jerry Lewis. 18–24jährige Erwachsene nannten in einer repräsentativen Umfrage Clint Eastwood, Eddie Murphy, Ronald Reagan, Jane Fonda, Sally Field und Steven Spielberg. Amerikanische Studenten nennen u. a. die Rockstars Bruce Springsteen und Madonna (Strate, 1994, S. 21).
- Bei der Frage, wer sie am liebsten sein möchten, nannten über 75% der befragten (australischen) Jungen und 55% der Mädchen eine Medienfigur, nur noch 8% wählten die Eltern als Ideal. Insbesondere Kinder mit wenig Selbstvertrauen und aus gestörten Familien suchen sich Medienfiguren als Vorbilder. Teenager orientieren sich an glanzvollen Figuren außerhalb der unmittelbaren Umgebung – Fotomodelle, Popstars, Filmstars – und an quasi-realistischen TV-Figuren, die etwas älter, besser oder erfolgreicher sind als sie selbst. Auf die Frage, wie sie *nicht* sein möchten, nannten die Kinder überwiegend persönlich bekannte Figuren – Klassenkameraden, Lehrer, Eltern (Duck, 1995).
- Bei den repräsentativen Jugendstudien der Firma *Shell* in Deutschland mit jeweils rund 5.000 Befragten findet sich ebenfalls, daß nicht mehr die Personen im Nahbereich (Eltern, Lehrer), sondern die aus den Medien bekannten Personen im Fernbereich (Schauspieler, Sportler, Musiker) als Vorbilder genommen werden: 1955 stammten noch rund 75% der Vorbilder aus dem Nahbereich, 1996 waren es nur noch rund 33%. In den Daten aus dem Jahr 1999 zeigt sich ferner: Wer viel fernsieht und wer ein unsicheres Selbstbild hat, gibt eher an, Vorbilder zu haben. In dieser Befragung gaben übrigens auch rund ein Fünftel der Jugendlichen an, einen Beruf in den Medien anzustreben (Fritzsche, 2000b, S. 215ff.).

- Bei einer repräsentativen Umfrage unter 8.000 Kindern und Jugendlichen von zehn bis 18 Jahren in Nordrhein-Westfalen gaben 60 % der Teilnehmer an, ein Vorbild zu haben. Bei den Jungen werden zuerst Sportler wie der Fußballspieler Michael Ballack (34 %) genannt, dann erst folgen die eigenen Väter (23 %), schließlich Sänger (16 %), Schauspieler (10 %) und Bandmusiker (10 %). Bei den Mädchen kommt zuerst die eigene Mutter (27 %), dann folgen aber sogleich Sängerinnen (16 %) wie Britney Spears und Schauspielerinnen (7 %). Insgesamt stammen fast 60 % der Vorbilder aus der Medienwelt (vgl. Zinnecker et al., 2002).

»Ich möchte nicht so sein wie Mutti. Sie ist immer so launisch und denkt nur an sich statt an mich. Alles, was ich möchte, ist, geliebt zu werden. Doch nicht mal das kann sie richtig«, gab ein 14jähriges Mädchen in der oben angeführten Untersuchung aus Australien zu Protokoll (Duck, 1995, S. 172). Diese Aussage macht deutlich, warum Eltern und Lehrer ihre Funktion als Vorbilder weitgehend verloren haben. Mediale Vorbilder – Schauspieler, Musiker, Sportler – beheben den Mangel. Es fügt sich zu unseren bisherigen Überlegungen zum Thema Bindungslosigkeit, daß dieser Prozeß bei selbstunsicheren Jugendlichen aus gestörten Familien ausgeprägter ist.

Der Fan mit seinen aufgeheizten Idolisierungen ist also ein meistens noch ziemlich junger, bunter, aktiver, aber vor allem histrionischer Vogel. Sagen wir es vorsichtig: Er ist zumindest gefährdet, sich nicht mehr mit seinen eigenen Anlagen und Lebensmöglichkeiten zu identifizieren, sondern sich die charakteristischen Züge und Verhaltensweisen der Stars anzueignen. Auf diese Weise realisiert er ein falsches Selbst. Mark David Chapman ist auf diesem Weg nur noch einen Schritt weiter gegangen: Um endgültig John Lennon zu werden, mußte er konsequenterweise den Menschen, der da behauptete, er wäre der echte John Lennon, aus dem Weg räumen. Die beiden Fans, die sich wegen dieses Mordes umbrachten, waren (noch) nicht so weit mit ihrer identifikatorischen Selbstaufgabe: Für sie brach mit dem Tod von John Lennon nur das falsche Selbst zusammen, aber das schwache eigene Selbst fand sich danach nicht mehr lebenstüchtig genug.

Wenn es doch nur das wäre. Aber wie der Mensch ein Idealbild von sich selbst entwickelt, so verfügt er auch über (meist) unbewußte Vorstellungen davon, wie ideale Partner sein sollten. Partnerbezogene Idealvorstellungen können sich auf alle Bereiche der menschlichen Interaktion beziehen, seien es Erotik und Sexualität (»der ideale Liebhaber«), Ehe (»die ideale Ehefrau«), Kindererziehung (»der ideale Vater«), Arbeit (»die ideale Chefin/Kollegin«) oder Freundschaft (»der ideale Freund«). Partnerideale sind also zu Personenbildern geronnene Wunschvorstellungen davon, wie *andere* Menschen in bezug auf die eigenen Bedürfnisse sein sollten.

Entsprechend will der Fan nicht nur so sein wie der Star, er will auch jemanden für sich haben wie den Star. Stars eignen sich also ebenso zum Gebrauch als Ich- wie als Partnerideal. Bei den Partneridealen spielt vor allem die subjektive Konstruktion eines erotisch-sexuellen Partnerideals eine Rolle. Er oder sie ist der Traumpartner, den die Wirklichkeit nie bieten wird. Der Blick auf das über dem Bett – wo sonst? – hängende Poster, seine Songs, der Besuch seiner Filme oder Konzerte mögen ein Weilchen diese Illusion lebendig werden lassen.

Dieses Thema hat in dem Woody-Allen-Film *The Purple Rose of Cairo* eine wundervolle Bebilderung erfahren. Eine in armseligen Verhältnissen und einer unglücklichen Ehe lebende Serviererin namens Cecilia (gespielt von Mia Farrow) geht immer und immer wieder in den gleichnamigen Film, um den von ihr angehimmelten Filmstar Tom Baxter zu bewundern. Plötzlich passiert das völlig Unerwartete: Er spricht sie von der Leinwand herab an, steigt aus dem Bild zu ihr ins Parkett herab. Gegen den Protest der Mitspieler und der anderen Kinozuschauer fliehen beide in das wirkliche Leben, wo sie sich aber schnell an den harten Gesetzen der Realität stoßen. So fehlt das Geld, um eine Restaurantrechnung zu bezahlen, ein Fluchtauto will ohne Autoschlüssel nicht anspringen, und nach einer zärtlichen Kußszene kommt keine Abblende. Am Schluß findet Cecilia die Kraft, ihre verklärt-romantische Liebe wieder dorthin zurückzuschicken, wo sie hingehört – auf die Leinwand.

Auch das ist ja noch Film. In der »wirklichen Wirklichkeit« aber ist der Schritt von der Idealisierung zur realen Interaktion mit dem angehimmelten Star ernüchternd. Stars als Ziele erotischer Projektionen müssen unerreichbar bleiben, damit die von ihnen ausgehenden Versprechen ewiger Verliebtheit und ewigen Begehrens, letztlich unerfüllbare Träume, nicht zerstört werden. Versucht man es doch einmal, etwa als Groupie, setzt die Enttäuschung am Morgen danach ein. Angesichts vieler gescheiterter Beziehungen soll Rita Hayworth diese Erfahrung einmal mit dem Satz beschrieben haben, ihre Liebhaber seien halt mit einer Göttin ins Bett gegangen und mit einer Frau wieder aufgewacht. Staffiert sich aber der *reale* Lebenspartner nach dem medialen Vorbild aus, droht erst recht Ernüchterung: »Angetrieben von der (unbewußten) Sehnsucht, von einer anderen Person endlich geliebt zu werden, erhält man freilich statt des insgeheim Ersehnten lediglich den Duft eines Parfüms, den Geruch eines Intim-Sprays, den Blick auf tigerbedruckte Unterhosen, knapp bemessene Büstenhalter und Slips in einem den Vorbildern des Fernsehens, des Films und der Reklame nachgestellten Szenario, in welchem man dann ... sinnlos aufeinander herumturnt« (Zepf, 1993, S. 170).

Das Problem ist: Ob Ich- oder Partnerideal, wenn der Fan einen Medienstar als Ziel seiner Idealisierung auswählt, tritt er in eine histrionische Spirale ein. Er selbst hat (mindestens) eine histrionische Disposition und wählt sich nun auch noch eine Figur als Ziel seiner Idealisierungen, die histrionische Merkmale geradezu verkörpert. Anstatt daß durch die Wahl eines heilsameren Vorbildes die neurotischen Züge des Fans gemildert werden, entzündet der Star das histrionische Feuer seines Bewunderers immer wieder neu. Die Idolisierung von (histrionischen) Stars durch ihre (histrionischen) Fans verhindert geradezu die Entwicklung eines stabileren Selbstwerts. Je geringer und weniger stabil das Selbstwertgefühl ist, um so ausgeprägter muß die Identifizierung mit dem geborgten Ich-Ideal sein.

Der Fan ist aber noch in anderer Hinsicht als Fußvolk der Mediengesellschaft zu bezeichnen. Er wird ja nicht nur psychologisch, sondern auch ökonomisch ausgenutzt. So sein wollen wie der Star bleibt ja kein unsichtbarer psychologischer Vorgang. Der Histrio muß sich und anderen ja zeigen, daß er eigentlich eher John Travolta als Manfred Pumpelmus ist. Und das geschieht am einfachsten dadurch, daß er sich mit Accessoires schmückt, die diesen Eindruck befördern. Auch dafür drei Beispiele:

- Nach Angaben des Allgemeinen Deutschen Tanzlehrerverbandes wollten im Jahr 2003 rund 80.000 Kinder zwischen sieben und 17 Jahren tanzen wie die Musikstars. Ein dafür entwickeltes Programm »Dance 4 Fans« wurde in ca. 400 Tanzschulen in Deutschland angeboten. Die Firma *Nivea* warb parallel dazu für die Teilnahme an einer *Become-a-star*-Tour und einem Tanzwettbewerb, dem »*Nivea* Dance 4 Fans Deutschlandcup«.
- Der Sender *ProSieben* organisierte im Jahr 2003 zeitgleich zu der von ihm gesendeten TV-Serie *Sex and the City* eine gleichnamige »Fashion Party Tour« in München, Frankfurt, Stuttgart, Düsseldorf, Hamburg, Berlin und Dresden. Als Veranstalter fungierten neben dem *ProSieben-Club* die Zeitschrift *Cosmopolitan* sowie die Firmen *Lancia*, *Passionata* und *Paramount*. Für die Teilnahme wurden die folgenden Verhaltensempfehlungen gegeben: »Regel Nr. 1: Heiße Sex- und Flirt-Tipps aus der aktuellen *Cosmopolitan* ... Regel Nr. 2: Geh nie zu Fuß zu einem Date! Vorfahren mit den neuen *Lancia* Ypsilon ... Regel Nr. 3: Verführung pur – mit Passionata ... Regel Nr. 4: Nie ein Trend Event verpassen! Release der 4. Staffel von *Sex and the city* auf DVD!«
- Freilich muß der Histrio hinsichtlich »seines« Stars immer auf dem Laufenden sein, das erfährt er in den entsprechenden Sendungen und Zeitschriften. Die Monatszeitschrift *Joy Cele-*

brity etwa ist fast ausschließlich den Themen Stars und ihr Style, Fashion, Trends, Beauty, Living gewidmet. In der Ausgabe vom März 2004 beispielsweise werden die »looks« der Stars aus der neuen Staffel von *Sex and the city* zum »Nachstylen« gezeigt. Dazu werden die entsprechenden Produkte, deren Hersteller und die Preise angeführt. Auf den letzten Seiten der Zeitschrift findet sich ein Herstellerverzeichnis für »Fashion«, »Beauty« und »Lifestyle«.

Man sieht: Die Idolisierung ist für den Fan ein teures, für den Star und die mit ihm verbundenen Firmen hingegen ein lohnendes Geschäft. Und damit der Fan dies alles nicht so schnell durchschaut, garnieren Stars ihre ökonomischen Ziele gelegentlich mit mildtätigen oder politisch korrekten, gesellschaftlichen Aktivitäten. So hat beispielsweise Britney Spears eine eigene Britney Spears Foundation für »Children in Need«, Michael Jackson eine vom Titel her noch anspruchsvollere, ebenfalls für Kinder engagierte »Heal the World Foundation« und Elton John die »Elton John Aids Foundation« gegründet. Letztlich aber ziehen sie alle mit gut inszenierter Wohltätigkeit ihren Fans nach dem Eintrittsgeld und dem Geld für die jeweiligen Produkte auch noch das Spendengeld aus der Tasche.

Warum also kann man ganz so sein wollen wie ein anderer? Die Antwort lautet: Menschen, die dauerhaft und ganz so sein wollen wie andere, leiden unter einer chronischen Schwäche des eigenen Selbst. Sie behelfen sich aus dieser Not, indem sie sich mit einer von ihnen und ihrer Bezugsgruppe bewunderten Persönlichkeit identifizieren. Histrionische Charaktere sind dafür besonders anfällig. In der Mediengesellschaft liegt es nahe, die dafür erfundenen, sich dafür anbietenden Stars zu nutzen. Der Mensch wird zum Fan, sein Verhalten gegenüber dem Star ist Ausdruck einer starren Idealisierung. Fatal ist dieser Prozeß (auch) deswegen, weil – wie gesehen – die Stars häufig histrionische Eigenschaften und Verhaltensweisen verkörpern, selbst nicht eben selten Histrios sind. Statt durch die Wahl eines geeigneten Vorbildes ein wenig Stabilität für das schwache Selbst zu gewinnen, übernimmt der Fan nun auch noch die Verhaltensweisen seines histrionischen Vorbildes: Das ist der Beginn einer langen Inszenierungsspirale.

Fernsehfreunde – Parasoziale Beziehungen 6

Eine moderne Gespenstergeschichte: »Da lebte – oder da lebt – also eine Frau in London, eine kleinbürgerliche Hausfrau, die von einem apollohaften TV-Star derartig fasziniert war, daß sie keine Chance, ihn bei sich zu sehen, ungenutzt verstreichen ließ. Da gab es keinen Ausverkauf, der sie hätte locken, kein Drohwort ihres Mannes, das sie hätte einschüchtern können – jeden Vormittag um eine bestimmte Zeit wurde, nachdem sie sich, wenn auch nur für einen Geliebten in effigie, mit ihrer Sonntagsseife gewaschen und ihr Bestes angezogen hatte, ihre armselige Wohnküche eine himmlische Viertelstunde lang zur sturmfreien Bude; und die Sache war höchst real für sie ... Dazu kam nun aber, daß es sich um einen Liebhaber handelte, mit dessen Herrenhaftigkeit, dessen Charme, dessen immer guter Laune, dessen niemals versiegenden Flirt-Ideen in Wettbewerb zu treten, ihr wirklicher Mann (ein kleiner, geplagter Angestellter im Gaswerk, mit dem sie vorher zwar nicht gerade enthusiastisch, aber auch nicht sonderlich schlecht zusammengelebt hatte) natürlich nicht die geringste Aussicht hatte. Ehe sie begriff, wie es um sie stand, hatte dieser Wirkliche begonnen, ihr auf die Nerven zu gehen; ja, bald begann sie ihn regulär zu hassen, nicht zuletzt deshalb, weil er, offensichtlich aus Bosheit, gerade dann von der Arbeit nach Hause zu kommen und ausgehungert nach seinem Essen zu rufen pflegte, wenn ihr Geliebter ... sein Nachmittagsrendezvous gerade erst angetreten hatte.«

Diesen überaus traurigen Fall beschreibt Günther Anders in seinem Buch *Die Antiquiertheit des Menschen* (1956, S. 149 ff.), er beruht auf einem Artikel in einer Londoner Zeitung. Die

Geschichte endete *nicht* mit einem Happy-End: Der Mann schrieb einen Erpresserbrief mit einer Morddrohung an den Schauspieler und landete vor Gericht.

Es war das Jahr, in dem die amerikanischen Soziologen Donald Horton und Richard Wohl dafür den Fachbegriff der *parasozialen Beziehungen* veröffentlichten (Horton & Wohl, 1956). Und auch bei ihnen findet sich ein Beispiel ungewöhnlicher Verliebtheit, wenn eine 23jährige College-Studentin in einem Leserbrief an die *Chicago Times* am 25. Oktober 1955 schreibt: »Ich habe mich Hals über Kopf in einen lokalen TV-Star verliebt. Wir haben uns niemals persönlich gesehen, ich habe ihn nur auf dem Bildschirm und in seinen Rollen gesehen. In den letzten beiden Monaten habe ich mich mit niemandem verabredet, weil im Vergleich zu ihm alle Männer kindisch sind. Nichts interessiert mich mehr. Ich kann nicht schlafen, und mein Job langweilt mich. Bitte, geben Sie mir einen Rat« (Horton & Wohl, 1956, S. 227, eigene Übersetzung). Die Antwort der Kolumnistin Ann Landers war ziemlich ruppig: »Ich weiß ja nicht, was Sie auf dem College lernen, aber beim Kurs ›Alltagswissen‹ sind sie durchgefallen. Sie haben sich in ein Stück Film verliebt, das genauso unrealistisch ist wie ein Bild an einer Wand. Die Person, nach der sie so verrückt sind, ist ein künstlicher Charakter, und jede Ähnlichkeit zwischen ihr und einem realen Mann ist absolut unwahrscheinlich« (a.a.O., S. 227, eigene Übersetzung).

Schon früh – in den 50er Jahren – gab es in den USA Sendungen, die diesen Effekt ausgenutzt haben. In der Radiosendung *The Lonesome Gal* sprach allabendlich eine warme, erotische weibliche Stimme Monologe für die männlichen Hörer: »Liebling, Du siehst heute so müde und besorgt aus … Du machst dir Sorgen, ich fühle es. Liebster, du brauchst ein wenig Ruhe, … Ruhe und einen Menschen, der dich versteht. Komm zu mir, leg dich aufs Sofa und entspanne dich. Ich will dein Haar zärtlich streicheln … Ich bin bei dir, jetzt und für immer. Du bist nie alleine, du darfst niemals vergessen, daß du alles für mich bedeutest, und daß ich nur für dich lebe, ich, dein Lonesome Gal« (Horton & Wohl, 1956, S. 224, eigene Übersetzung). Im

Fernsehen trat seinerzeit allnächtlich um ein Uhr für fünf Minuten eine Miss Nancy Berg auf, die dabei gezeigt wurde, wie sie in einem reizvollen Negligé ihr Schlafzimmer betrat, sich reckte und streckte, mit ihrem Pudel spielte und anschließend in ihr Bett ging, nicht ohne ihren späten Zuschauern noch ein verschlafenes »Good night« zuzuflüstern.

Ein weiteres und besonders anschauliches Beispiel für solche intensiven parasozialen Beziehungen berichtet wiederum der eingangs zitierte Günther Anders: »Mir sind in den Vereinigten Staaten eine Anzahl vereinsamter alter Damen bekannt, deren Kreis, also deren ›Welt‹, sich ausschließlich aus solchen nicht existenten Wesen zusammensetzt. An deren Ergehen nehmen die Damen einen so lebhaften Anteil, daß sie, wenn eines dieser Phantomfamilienmitglieder stirbt, oder eines sich gar verlobt, um ihren Schlaf gebracht sind ... Für ihre Phantome stricken sie im Winter Handschuhe; und ist gar ein Phantombaby unterwegs, dann türmen sich in den Rundfunkhäusern Pakete voll Säuglingswäsche, gehäkelten Jäckchen und Häubchen an, die dann hinter dem Rücken der betrogenen Spenderinnen an zwar völlig unbekannte, aber doch immerhin wirkliche Babys in Heimen, weitergegeben werden« (a.a.O., S. 144 f.).

Da hier von Rundfunkhäusern die Rede ist, werden die alten Damen vermutlich auf die frühen Serien im Radio reagiert haben. Die erste regelmäßige Sendung dieser Art hieß *Ma Perkins*, sie wurde 1933 von der Waschmittelfirma Procter & Gamble produziert. Da sie und ihre vielen Nachfolger von Waschmittelwerbung eingerahmt wurden, entstand dafür die Bezeichnung *Seifenoper* (vgl. Landbeck, 2002). Im Jahr 1947 ging in den USA die erste TV-Seifenoper über den Bildschirm, *A Woman to Remember* hieß sie. Eine andere *Procter & Gamble*-Produktion, *The Guiding Light*, ist die einzige Serie, die dauerhaft den Sprung vom Radio zum Fernsehen schaffte und seit 66 Jahren – von Januar 1937 bis heute – ununterbrochen in über zehntausend Folgen läuft. Sie wird übrigens auch noch immer von Procter & Gamble Productions hergestellt.

Der große Erfolg der amerikanischen Seifenopern ließ weltweit Nachfolger und Varianten entstehen. In Deutschland waren es zunächst vergleichsweise betuliche Familienserien wie *Die Schölermanns, Die Hesselbachs* oder *Die Unverbesserlichen*. Anfang der 80er Jahre aber brachen *Dallas* und *Der Denver Clan* als eine Art Bugwelle (Hickethier, 1998, S. 463) alter und neuer amerikanischer Serien über das deutsche Fernsehpublikum herein. Einen neuen Schub erhielt das Genre mit der auf Dauer angelegten ARD-Serie *Die Lindenstraße*, die im Dezember 1985 erstmals und danach und bis heute jeden Sonntag gesendet wurde. Für das ZDF hatte die im gleichen Jahr erstmals ausgestrahlte *Schwarzwaldklinik* einen ähnlichen Erfolg.

Eine Auswirkung dieser Erfolge waren weitere Serien, nun auch in anderen beruflichen Milieus: Neben den Ärzten erschienen Kommissare und Privatdetektive, Anwälte, Pfarrer, Lehrer und Förster in entsprechenden Serien auf dem Bildschirm. 1992 schließlich wurde mit der RTL-Serie *Gute Zeiten, schlechte Zeiten* die tägliche Seifenoper für ein jüngeres Publikum fester Programmbestandteil, der sich u. a. die Serien *Marienhof, Verbotene Liebe, Jede Menge Leben* und *Unter uns* anschlossen. Seitdem sehen in Deutschland Werktag für Werktag rund 12 Millionen Zuschauer eine von rund 80 Serien!

Auch und gerade zu den Figuren aus Serien entwickeln sich also parasoziale Beziehungen, die Zuschauer denken an die Figur auch außerhalb der TV-Rezeption, sie sprechen in Gedanken mit ihr, haben sie gern bei sich zu Hause und empfinden sie als attraktiv und als guten alten Freund. In Deutschland sind dies u. a. Captain Picard, Professor Brinkmann, Derrick und andere aus Serien wie *Raumschiff Enterprise, Lindenstraße* oder eben *Derrick* (Vorderer, 1996). Diese Bindungen gelten in erster Linie der Figur in der Serie und nicht dem jeweiligen Schauspieler, was gelegentlich zu aberwitzigen Verwechslungen führt:

- Einer der Darsteller der Serie *Gute Zeiten, schlechte Zeiten* wurde in einem Supermarkt von einem wildfremden Mann umarmt und mit den Worten getröstet: »Ich kann verstehen, was Sie mitmachen!« In der Serie – und nur dort – hatte die von dem Schauspieler dargestellte Figur gerade ein Kind verloren. Interessanterweise hat dieser Effekt auch den Schauspieler selbst erwischt. Nachdem er auf eigenen Wunsch aus der Serie herausgeschrieben war, hat es ihn nach eigenen Angaben schmerzlich getroffen, als er in der Zeitung lesen mußte, daß seine (Serien-)Ex-Frau wieder neu liiert war (Landbeck, 2002).

- Ein anderes Beispiel ist der Darsteller des Professor Brinkmann in der Sendung *Schwarzwaldklinik*, Klaus-Jürgen Wussow. Er wurde angeblich von Zuschauern in Briefen um medizinischen Rat gebeten.
- Einem amerikanischen Arztdarsteller wurde sogar die Übernahme einer Praxis angeboten. Zudem erhalten die amerikanischen Produzenten von Seifenopern säckeweise Post für ihre Serienärzte oder -Anwälte mit der Bitte um medizinischen oder juristischen Rat; *Dr. Marcus Welby* beispielsweise, der Arzt einer gleichnamigen Serie, erhielt eine Viertelmillion derartiger Briefe (Meyrowitz, 1994).
- Die CBS läßt keine armen Figuren mehr in ihren Seifenopern auftreten, weil sich danach die Care-Pakete in den Redaktionen stapeln (Fowles, 1992).
- Besonders schön ist aber das Beispiel einer Schauspielerin, die in einer Seifenoper eine erfolgreiche Broadway-Schauspielerin gespielt hat. Sie erhielt einen Zuschauerbrief mit der Frage: »Haben Sie je daran gedacht, auch im wirklichen Leben Schauspielerin zu werden?« (Fowles, 1992)

Natürlich sind dies extreme Beispiele, *extreme para-sociability* haben Horton und Wohl (1956) sie genannt. Zu fragen ist daher, ob auch der durchschnittliche Zuschauer solche oder ähnliche parasozialen Bindungen entwickelt. Nach der Schilderung von Günther Anders könnte man vermuten, daß vor allem Menschen mit zu wenigen realen Sozialkontakten sich damit vor der Einsamkeit schützen wollen. Empirische Untersuchungen zeigen, daß dies bei sozial isolierten älteren Menschen in der Tat der

Fall ist. Insofern stimmt das genannte Beispiel mit der Babywäsche mit der Forschung überein.

Bei allen anderen Zuschauern aber hängt die Entwicklung parasozialer Beziehungen *nicht* vom Ausmaß der persönlichen Einsamkeit ab, allenfalls von der formalen Bildung. Besonders von Personen mit geringer formaler Bildung werden die Beziehungen zu Fernsehmoderatoren als *Ergänzung der realen Sozialkontakte* gesehen. Zwischen sehr guten Freunden und guten Bekannten, etwa auf gleicher Höhe mit den »guten Nachbarn«, werden Ulrich Wickert und seine Kollegen von den Zuschauern eingeordnet. Und das Gespräch über sie – von den Jüngeren inzwischen in eigens dafür eingerichteten Chatrooms auf den Homepages der Serien geführt – ersetzt den nachbarschaftlichen Klatsch über den Gartenzaun.

Die Gesellschaft der Quasi-Freunde aus dem Fernsehen wird also offenbar von allen Fernsehzuschauern ganz gern aufgesucht. Zwar finden sich in den extremen Beispielen auch Elemente der Beziehung des Fans zum (Film-)Star, insgesamt jedoch erscheint das Verhältnis der Zuschauer zu den Fernsehfreunden als weniger aufgeheizt. Woran liegt das?

Die Unterschiede ergeben sich aus der Häufigkeit und der Art des medialen Auftritts. Filmstars erscheinen nicht wöchentlich oder gar täglich, sondern nur gelegentlich auf der Leinwand. Ihre Rollen haben fast immer mehr Wirkung, ist doch die Rezeptionssituation im dunklen Kino und in der Gesellschaft vieler anderer Zuschauer eine ganz andere als vor dem heimischen TV-Gerät (vgl. Mikunda, 2003). Auch haben ihre öffentlichen Auftritte mehr Glamour als die von Serienschauspielern oder von Moderatoren. Filmstars sind die Götter im Medienuniversum, eine ferne Projektionsfläche für die Idealisierungswünsche ihrer Fans. Genau das macht sie für den Fan so bewundernswert: Je höher, größer und berühmter das Ich-Ideal, um so nachhaltiger ist die Wirkung für sein schwaches Ich.

Im Fernsehen treten demgegenüber die meisten Medienfiguren – Moderatoren und Serienfiguren – ohne viel Glamour auf. Dadurch sind sie zwar nicht so attraktiv wie die (Film-)

Stars, ja sie werden als potentielle Ich-Ideale sogar ein wenig unattraktiv. Aber sie bieten dem Zuschauer durch die Art und Regelmäßigkeit ihres Auftretens die Illusion der »Face-to-face«-Kommunikation. Dadurch rücken sie ihm erheblich näher, werden also zu guten Freunden und Nachbarn. Sie eignen sich hervorragend als *Partnerideale*: »... eine Medienfigur ist ein perfekter Freund – verläßlich, diskret und unkritisch«, so haben amerikanische Forscher (Perse & Rubin, 1989, eigene Übersetzung) dies einmal ausgedrückt.

Solche Art Freundschaft kommt der oberflächlichen Affektivität des histrionischen Sozialcharakters entgegen, denn parasoziale Bindungen sind weniger anstrengend als reale soziale Beziehungen: Man kann sich die passenden Typen aussuchen, sie bei Bedarf durch immer neue Figuren ersetzen und diese beliebig verfügbar halten. Beispielsweise zeigte sich bei einer 1992 durchgeführten Untersuchung (Kepplinger, & Weißbekker, 1997), daß besonders Frauen, die mit ihrem Leben unzufrieden sind, ein ausgeprägtes Interesse an sympathischen Darstellern von Seifenopern haben und sich stärker mit durchsetzungsfähigen, sozial kompetenten und zufriedenen Charakteren identifizieren. Das Risiko, in diesen Beziehungen erneut die schmerzhafte Erfahrung der Bindungsunsicherheit machen zu müssen, ist minimiert. Bei 80 täglichen Seifenopern im deutschen Fernsehen läßt sich sogar beim Ableben einer Serienfigur schnell was Neues finden. Und oft genug hat ja der Protest der Zuschauer eine bereits gestorbene Serienfigur wieder auferstehen lassen.

Es kommt hinzu, daß der Handlungsraum der Medienfreunde in den Serien dem Lebensgefühl des Histrio entgegenkommt: Sie bedienen sein Verlangen nach einer impressionistischen, nichtfaktischen und phantastischen Welt. Es ist immer was los in den Serien, und alle Akteure handeln in einem Klima aufgeheizter Emotionalität. Andererseits sind die ausgelösten Gefühle auch nicht allzu tief, denn in 45 Minuten müssen überschäumendes Glück ebenso wie tiefe Trauer abgearbeitet sein. Allenfalls ein wenig sentimentale Stimmung darf bis zur nächsten Serie, zum nächsten Event noch nachklingen. Und schließlich beglaubigen die Serienhelden auch noch das histrionische Verhalten des Zuschauers, er selbst agiert ja auch nicht anders als die Figuren auf dem Bildschirm. Darüber hinaus zeigen sie ihm aber auch neue Inszenierungsvarianten für den Alltag.

Aber es ist ja nicht so, als würde das Fernsehen nur die guten Freunde präsentieren. Es zeigt dem Zuschauer ja auch die bewunderten Stars in ihren jeweiligen Rollen im Film, auf der Bühne oder im Sport. Darüber hinaus kann er sie auch noch in den Boulevardmagazinen und Talkshows als Menschen bewundern. Anders als der Film bietet das Fernsehen dem Histrio also beides – Glamour und parasoziale Nestwärme. Aus einem breiten Starangebot kann er sich ein auf seine Bedürfnisse zugeschnittenes Ich-Ideal aussuchen und sich – je nach individueller histrionischer Färbung – mehr oder weniger intensiv mit ihm einlassen. Hinzu tritt ein umfangreiches Angebot an disponiblen Partneridealen, die das Gefühl der Bindungssicherheit hervorrufen und als Beglaubigungspotential für das eigene Verhalten dienen. Die mit dem Kino und dem von ihm erfundenen Filmstar begonnene Inszenierungsspirale dreht sich also auch durch das Fernsehen und seine Medienfreunde weiter.

7 Zuschauen – Dreieinhalb Stunden täglich

»2:05–2:01–2:15–2:38–3:05 und aktuell 3:37.« – Was sich – vorgelesen – wie eine Wasserstandsmeldung anhört, sind die durchschnittlichen täglichen TV-Nutzungszeiten deutscher Zuschauer in Stunden und Minuten, seit 1980 im Fünfjahresabstand und aus dem Jahr 2003 (*Media Perspektiven Basisdaten*, 2003; Darschin & Gerhard, 2004). Wir haben uns mittlerweile so an das Fernsehen gewöhnt, daß uns nicht mehr auffällt, was das eigentlich bedeutet: Rund dreieinhalb Stunden täglich, das sind – nach Abzug von acht Stunden Schlaf – eineinhalb Tage pro Woche, über zweieinhalb Monate im Jahr oder rund dreizehn Jahre eines durchschnittlichen Lebens ununterbrochen fernsehen!

Da kann man schon mit gutem Recht vermuten, daß es einen erheblichen Einfluß auf das Fühlen, Denken und Handeln seiner Zuschauer ausübt, also zur Bildung eines neuen Sozialcharakters beiträgt. Aber selbst der Hinweis auf die rund 13jährige TV-Nutzung ist zunächst einmal nur ein Indiz, mehr nicht. Die Behauptung vom Einfluß des Fernsehens auf den Sozialcharakter muß mit stichhaltigeren Beweisen unterfüttert werden. So ist für die Entwicklung eines neuen Sozialcharakters insbesondere die Frage nach den Sehzeiten und -präferenzen der *Kinder* und *Jugendlichen* interessant. Kinder müssen Vorstellungen über sich selbst, ihr Geschlecht und ihre Abgrenzung von den zentralen Bezugspersonen entwickeln. Kindergarten und Schule verlangen zudem das Erlernen sozialer Kompetenz. In der Jugend muß die Geschlechtsreifung bewältigt werden, darüber hinaus verlangt die Entwicklung des Selbstwertgefühls, der

Autonomie, des kognitiven und emotionalen Stils, der sozialen Interaktionen – kurz: der eigenen Identität – viel Kraft (vgl. dazu Oerter & Montada, 1995).

So ist u. a. zu fragen: Wie lange und was sehen junge Menschen, deren Identität sich ja auch durch die Wahl von Vorbildern in dieser Zeit formt? Welche Merkmale des sozialen Mileus – Bildung, Alter, Einkommen – wirken sich wie auf das TV-Verhalten aus? Aber auch auf einzelne Sendungen bezogen: Welche Sendungen kommen für die Entstehung parasozialer Beziehungen in Frage – und werden sie lange genug gesehen? So mühsam es auch ist, ein Blick in die Nutzungsstatistiken muß allen weiteren Überlegungen vorausgehen.

Zunächst also zu den *Kindern*. In der Fernsehforschung werden darunter die drei- bis 13jährigen Zuschauer verstanden (vgl. zum Folgenden Feierabend & Klingler, 2004). Angesichts der genannten Zuwachsraten und der Tatsache, daß 38% von ihnen ein eigenes Gerät auf dem Zimmer haben, gibt es hier eine Überraschung: Die Nutzungsdauer der Kinder ist seit zehn Jahren mit rund eineinhalb Stunden täglich ziemlich konstant (2003: 93 Minuten). Allerdings steigen innerhalb dieser Gruppe die TV-Zeiten mit zunehmendem Lebensalter. Die Drei- bis Fünfjährigen sahen im Jahr 2003 nur rund eine Stunde, die Sechs- bis Neunjährigen knapp eineinhalb Stunden und die Zehn- bis 13jährigen schon fast zwei Stunden zu. Insgesamt sehen sie also 566 Stunden jährlich oder (nach Abzug von 8 Stunden Schlaf) rund 35 Tage fern. Damit zählt Fernsehen zu den häufigsten Freizeitaktivitäten der Kinder, noch vor Spielen, Freunde treffen oder Radiohören.

Was aber sehen sie in dieser Zeit? Am liebsten gucken sie die privaten Sender Super RTL, RTL und RTL II, dann erst den öffentlich-rechtlichen Kinderkanal KI.KA (allerdings mit deutlich steigender Tendenz), gefolgt wiederum von den privaten Sendern ProSieben und SAT.1. Die sonstigen Öffentlich-Rechtlichen bilden das Schlußlicht in der Hit-Liste der Kinder. Mit dieser Senderwahl ist bereits eine Tendenz zu bestimmten Inhalten festgelegt. Bei ihren Lieblingssendern sehen die Kinder rund die Hälfte ihrer gesamten Nutzungszeit *Fiction* (= 229 Stunden jährlich). Die meiste Zeit davon verbringen sie mit Zeichentrickfilmen, dann Seifenopern, endlich Western, Krimis, Horrorfilmen und komödiantischen Sendungen. Mit deutlichem Abstand folgen *Information*, darunter (Kinder-)Nachrichtensendungen und Vorschulserien (= 52 Stunden jährlich). Weiter kommt *Unterhaltung* hinzu, die u. a. aus Musiksendungen und Gameshows besteht (= 48 Stunden jährlich). Den Rest bilden *Werbung* (= 45 Stunden), *Sport* (= 18 Stunden) und *Sonstiges* (= 14 Stunden). Mit zunehmendem Lebensalter nimmt das Interesse an Unterhaltung, Spannung und Komödie zu. In einer für Bayern repräsentativen Umfrage mit Kindern ergab sich, daß Mädchen vor allem Seifenopern mögen, mit Abstand am häufigsten genannt wird *Gute Zeiten, schlechte Zeiten*. Jungen hingegen sehen – je älter, um so lieber – vor allem Comedy- und Action-Serien (Theunert & Gebel, 2000).

Noch einmal für die *Jugendlichen*: Knapp drei Stunden täglich sahen die 14- bis 19jährigen im Jahr 2003 fern (= 173 Minuten; vgl. Media Perspektiven Basisdaten 2003). Hier hat sich allerdings seit 1993 eine Zunahme von 40 Minuten ergeben, und in dieser Altersgruppe verfügen bereits zwei Drittel über ein eigenes Gerät (Feierabend & Klingler, 2003b). Und was sehen die Jugendlichen am liebsten (vgl. dazu Gerhards & Klingler, 2001)? Bei ihnen finden wir nun einen deutlichen Beleg für die Behauptungen des voranstehenden Kapitels, denn bei ihnen sind die Serien (= 31%) die meistgenutzten Sendungen, gefolgt von Spielfilmen (= 15%) und Fernsehfilmen (= 3%). Nach *Fiction* folgen *Information/Infotainment* (= 19%), *Unterhaltung* (= 14%), *Werbung* (= 11%) und *Sport* (= 7%). Ein Ergebnis ist eindeutig: Die Lieblingssendungen der Jugendlichen sind die täglichen Seifenopern! Erst danach kommen Zeichentrickfilme, Sitcoms, Kriminalfilme und Musiksendungen. Auch für diese Gruppe ist Fernsehen die am häufigsten genannte Freizeitbeschäftigung, sie nutzen es meistens aus Langeweile, mit geringer Aufmerksamkeit und gemeinsam mit anderen (Egmont Ehapa Verlag, 1997).

Eine Aufgliederung der TV-Nutzungsdauer nach dem Lebensalter stellt aber nur eine erste Annäherung an die Frage des Medienkonsums dar. Gerade bei den Jugendlichen zeigen sich mit zunehmendem Lebensalter auch deutliche Unterschiede nach dem *Geschlecht*. So sehen die *Jungen* zunehmend Sportsendungen, die *Mädchen* präferieren Seifenopern, romantische Filme und *Big Brother*. Aber auch die *formale Bildung* spielt zunehmend eine Rolle. Hauptschüler interessieren sich sehr viel mehr für die Themen »Film und Filmstars« bzw. »Musikstars und Bands«, als Gymnasiasten dies tun. Sie haben übrigens auch öfter ein eigenes Fernsehgerät als Gymnasiasten (vgl. Feierabend & Klingler, 2002). Und schließlich ist die *Sozialschicht* bedeutsam: So sieht ein Arbeiterkind mit täglich fast zweieinhalb Stunden doppelt so lange fern wie ein Kind aus einem Intellektuellenhaushalt mit seiner einen Stunde und 11 Minuten (Kuchenbuch, 2003).

Es zeigt sich: Wenn man den TV-Konsum von Menschen genauer beschreiben will, muß man mehr wissen als nur deren Lebensalter. Die beiden zuletzt genannten Beispiele – Bildung und Sozialschicht – weisen auf einen Befund hin, der zu den stabilsten Effekten in der Medienforschung gehört: Das soziale Milieu, aus dem ein Zuschauer stammt, hat einen gravierenden Einfluß darauf, wie er die Medien nutzt und wie sie bei ihm wirken. Wie aber definiert man ein soziales Milieu?

Genau dies untersucht die sogenannte *Lebensstilforschung*. Das Ziel ist die genaue Erfassung der Lebenswelten von sozialen Gruppen, d.h. von allen Erlebnisbereichen, mit denen eine Person tagtäglich zu tun hat. Welche das jeweils sind – Arbeit, Familie, Freizeit, Konsum –, wird nach den jeweils interessierenden Einstellungen, Werthaltungen, und Verhaltensmustern festgelegt. Für die Untersuchung des *Medienkonsums* hat sich in den letzten Jahren ein vom Heidelberger SINUS-Institut entwickeltes Modell durchgesetzt. Es wird entsprechend als das *SINUS-Modell* bezeichnet (vgl. zum Folgenden Sinus Sociovision, 2003a, b).

Dieses Modell sortiert seine Milieus nach zwei Dimensionen:

Schicht und *materielle Grundorientierung.* Gegenwärtig werden die soziale Lage und die Grundorientierung zu jeweils drei Gruppen zusammengefaßt:

a) Schicht:
Oberschicht/obere Mittelschicht.
Mittlere Mittelschicht.
Untere Mittelschicht/Unterschicht.

b) Materielle Grundorientierung:
Traditionelle Werte (z. B. Pflichterfüllung, Ordnung).
Modernisierung I (z. B. Konsum-Hedonismus, Postmaterialismus).
Modernisierung II (z. B. Patchworking, Virtualisierung).

Das Modell befindet sich allerdings in ständiger Entwicklung, da sich auch die Lebensstile der Bevölkerung und ihre statistische Häufigkeit kontinuierlich ändern.

Daraus ergeben sich die folgenden vier Milieugruppen und zehn Milieus:

a) Gesellschaftliche Leitmilieus (= 28 % der Gesamtbevölk.)

- *Das selbsbewußte Establishment,* die *Etablierten* (= 10 %): Ihre soziale Lage ist durch einen Altersschwerpunkt von 40 bis 60 Jahren, durch ein überdurchschnittlich hohes Bildungsniveau, durch beruflich leitende Positionen und hohe sowie höchste Einkommen gekennzeichnet. Ihr Lebensstil ist durch Erfolgsethik, Machbarkeitsdenken und ausgeprägte Exklusivitätsansprüche gekennzeichnet. Sie grenzen sich bewußt nach unten ab, konsumieren edel und genießen den Luxus.
- Das *aufgeklärte Nach-68er-Milieu,* die *Postmateriellen* (= 10 %): Hier handelt es um ein Altersspektrum von 20 bis zu den »jungen Alten« mit hoher und höchster Formalbildung und gehobenen Einkommen. Es sind häufig höhere Ange-

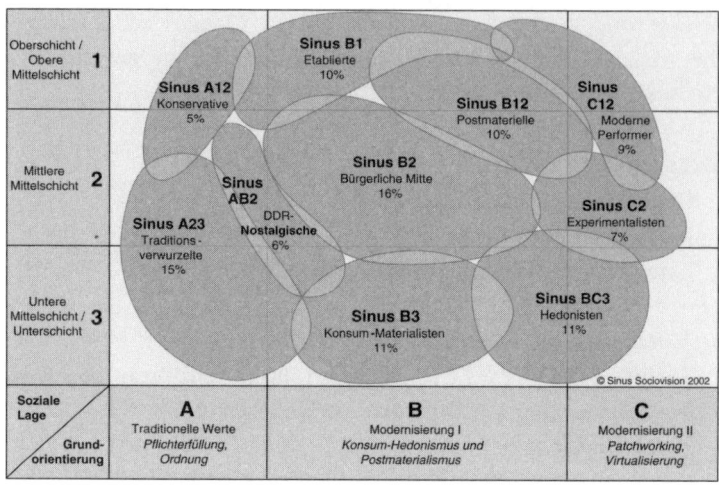

Abb. 1: SINUS-Milieumodell (Sinus Sociovision, 2002)

stellte und Beamte, Freiberufler und Studenten. Sie sind hochgebildet, kosmopolitisch und tolerant und kritisch gegenüber den negativen Folgen von Übertechnisierung und Globalisierung. Beruflicher Erfolg ist ihnen wichtig, aber nicht um jeden Preis. Sie definieren sich eher über Intellekt und Kreativität als über Besitz und Einkommen. Sie pflegen einen unabhängigen, epikureischen Lebensstil mit eher subtilen Genüssen.

- Die *junge, unkonventionelle Leistungselite*, die *modernen Performer* (= 8%): Diese Gruppe hat ihren Altersschwerpunkt unter 30 Jahren, sie verfügt über ein hohes Bildungsniveau und gehobene Einkommen. Hier finden sich viele Schüler und Studenten, aber auch Selbständige und Freiberufler, die privat wie beruflich ein intensives und flexibles Leben suchen. Sie sind ehrgeizig und wollen in »Ich-AGs« eigene Ideen realisieren. Moderne Kommunikationstechnologien zählen beruflich und privat inzwischen zum alltäglichen Handwerkszeug.

b) Traditionelle Milieus (= 26 % der Gesamtbevölkerung)

- Das *alte deutsche Bildungsbürgertum,* die *Konservativen* (= 5 %): Der Altersschwerpunkt liegt bei über 60 Jahren, viele haben akademische Abschlüsse. Während ihrer Berufstätigkeit waren sie leitende Angestellte und Beamte, Selbständige und Freiberufler, jetzt leben sie häufig im Ruhestand. Sie haben ein gehobenes Einkommen und teilweise größeres Vermögen. Ihre Lebenswelt ist durch Traditionspflege, konservative Kulturkritik, humanistisch geprägte Pflichtauffassung und gepflegte Umgangsformen beschrieben. Die Familie ist ihnen wichtig, darüber hinaus sind viele von ihnen ehrenamtlich tätig.
- Die *Sicherheit und Ordnung liebende Kriegsgeneration,* die *Traditionsverwurzelten* (= 15 %): In diesem Milieu findet sich ein hoher Frauenanteil, überwiegend Hauptschulabschlüsse und ein Altersschnitt von über 65 Jahren. Es überwiegen Rentner und Pensionäre mit kleinen bis mittleren Einkommen, die früher überwiegend kleine Angestellte und Beamte, Arbeiter und Bauern waren. Sie haben ihre Wurzeln im Kleinbürgertum und in der traditionellen Arbeiterkultur. Von daher ist ihnen Pflichterfüllung, Disziplin und Moral wichtig. Nach einem arbeitsreichen Leben konzentrieren sich ihre Interessen auf die eigene Wohnung und die Gesundheit. Sie pflegen Familien- und Nachbarschaftsbeziehungen und unterstützen insbesondere ihre Kinder und Enkel.
- Die *resignierten Wende-Verlierer,* die DDR-*Nostalgischen* (= 6 %): Der Altersschwerpunkt liegt bei über 50 Jahren, sie haben einfache bis mittlere Bildung, aber auch Hochschulabschlüsse, und waren Führungskader in Politik, Verwaltung und Wirtschaft. Heute sind sie – wenn überhaupt noch berufstätig – einfache Angestellte und Arbeiter. Sie halten an preußischen Tugenden und altsozialistischen Vorstellungen von Gerechtigkeit und Solidarität fest.

c) Mainstream-Milieus (= 27 % der Gesamtbevölkerung)

- Der *statusorientierte moderne Mainstream*, die *bürgerliche Mitte* (= 16 %): Bei einem Altersschwerpunkt von 30 bis 50 Jahren überwiegen mittlere Bildungsabschlüsse und Einkommen sowie einfache und mittlere Angestellte, Beamte und Facharbeiter. Sie sind die größte Milieugruppe und streben nach beruflicher und sozialer Etablierung, gesicherten und harmonischen Verhältnissen sowie einem kinderfreundlichen Klima. Sie wollen ein angenehmes, komfortables Leben im Kreise von gleichsituierten und -gesinnten Freunden führen und haben gelegentlich Angst vor dem sozialen Abstieg.

- Die *stark materialistisch geprägte Unterschicht*, die *Konsum-Materialisten* (= 11 %): Mit einer breiten Altersstreuung bis 60 Jahren überwiegen Hauptschulabschlüsse mit oder ohne Berufsausbildung, die zu einer Tätigkeit als Arbeiter oder Facharbeiter geführt haben. Da sich in dieser Gruppe auch viele Arbeitslose befinden, sind die Einkommen gering. Hier konzentriert sich die stark materialistisch geprägte Unterschicht. Obwohl ihre beruflichen Chancen durch Arbeitslosigkeit, Krankheit oder unvollständige Familien oft sehr eingeschränkt sind, wollen sie Anschluß an die Konsumstandards der breiten Mitte halten. Diese als Kompensation für soziale Benachteiligung gedachten Wünsche stehen oft in krassem Gegensatz zur materiellen Realität.

d) Hedonistische Milieus (= 18 % der Gesamtbevölkerung)

- Die *extrem individualistische neue Bohème*, die *Experimentalisten* (= 7 %): Sie befinden sich häufig noch in einer Ausbildung oder im Studium, deswegen liegt der Altersdurchschnitt unter 30 Jahren. Durch gutsituierte Elternhäuser und eigene Tätigkeiten haben sie aber ein überdurchschnittliches Nettoeinkommen. Dazu gehören aber auch mittlere Angestellte, kleine Selbständige und Freiberufler. Diese Gruppe will ungehindert spontan und in allen Widersprüchen leben.

Dreieinhalb Stunden täglich

Sie ist offen für unterschiedliche Lebensstile, Szenen und Kulturen. Materieller Erfolg, Status und Karriere sind weniger wichtig, sie will sich nicht auf bestimmte Berufswege festlegen. Multimedia gehört zum Alltag, in der Freizeit engagieren sich die Experimentalisten für soziale Randgruppen oder gehen kreativen Hobbys nach.

- Die *spaßorientierte moderne Unterschicht/untere Mittelschicht*, die *Hedonisten* (= 11 %): Hier handelt es sich um jüngere und mittlere Altersgruppen bis zu 50 Jahren und mit einfachen bis mittleren Bildungsabschlüssen. Es sind einfache Arbeiter und Angestellte, oft auch ohne Berufsausbildung, viele Schüler und Auszubildende und Personen ohne eigenes Einkommen. Sie sind ständig auf der Suche nach Fun und Action. Im Berufsalltag sind sie jedoch angepaßt. Sie träumen zwar von einem geordneten Leben mit Familie und geregeltem Einkommen, machen sich aber möglichst wenig Gedanken über die Zukunft. Ihr stark ausgeprägtes Unterhaltungsbedürfnis befriedigen sie oft in extremen Szenen, Clubs und Fangemeinden.

Soviel zur allgemeinen Beschreibung des Modells. Wie sieht es nun mit dem Fernsehkonsum der Kinder und Jugendlichen aus den verschiedenen Milieus aus?

Ebendies wurde im November 2000 bei Kindern von drei bis 13 Jahren untersucht (Kuchenbuch, 2003). (Dieser Studie lag eine ältere Version des SINUS-Modells zugrunde, wir überführen die Ergebnisse – soweit möglich – in die Kategorien der o.a. Version.) Dabei fanden sich bereits bei der reinen *Nutzungsdauer* interessante Unterschiede: Deutlich am wenigsten sahen die Kinder des postmateriellen Milieus fern (= 76 Minuten täglich). Mit jeweils um die 100 Minuten täglich folgen die Kinder der Experimentalisten, der Etablierten, der modernen Performer und der bürgerlichen Mitte. Jeweils rund zwei Stunden täglich sahen im November 2000 die Kinder der Konsummaterialisten und der Hedonisten. Am längsten sahen die Kinder der Traditionsverwurzelten mit 140 Minuten täglich, das ist doppelt so viel wie bei den Kindern im postmateriellen Milieu.

Hinsichtlich der gewählten *Sender* zeigt sich, daß die Kinder aller Milieus eindeutig am liebsten die privaten Sender sehen, nämlich – je nach Milieu – zwischen 67% und 83% ihrer Sehzeit. Der höchste Anteil der Sehzeit für die öffentlich-rechtlichen Sender findet sich mit 23 Minuten täglich (= 33% von deren Sehzeit) bei den Kindern aus dem postmateriellen Milieu. Den niedrigsten Anteil von 20 Minuten täglich (= 17% von deren Sehzeit) finden wir bei den Kindern der Hedonisten. Das ist eigentlich nicht verwunderlich, präferieren diese Kinder doch vor allem Zeichentrickserien und actionorientierte Kinderprogramme, die sie vorzugsweise bei den Privaten finden. Zu den *Programmsparten* ergibt sich, daß alle Kinder am liebsten, nämlich durchschnittlich 48 Minuten am Tag, Fictionprogramme sehen. Auch hier finden sich die nun schon gewohnten Unterschiede: Die Kinder der Traditonsverwurzelten sehen mit rund einer Stunde täglich davon am meisten, die Kinder aus dem postmateriellen Milieu mit etwa einer halben Stunde täglich am wenigsten. Und hinsichtlich einzelner *Sendungen* fand sich, daß *Die Sendung mit der Maus* der absolute Favorit der Kinder aus dem intellektuellen Milieu ist, keine andere Gruppe erreicht einen so hohen Anteil. Der Favorit der Kinder aus dem hedonistischen und dem modernen bürgerlichen Milieu ist die RTL-Sendung *Pokémon*.

Was nun die Frage der von den *Jugendlichen* bevorzugten TV-Inhalte angeht, so können wir dies nur indirekt, über die Milieustudien der Erwachsenen, erschließen, weil es hier noch keine entsprechende Untersuchung wie zu den Kindern gibt. Zur Mediennutzung der Erwachsenen zeigt sich (vgl. etwa Gerhards & Klingler, 2003):

a) Gesellschaftliche Leitmilieus

Die *Etablierten* betreiben einen sehr gezielten Medienkonsum. Sie lesen viel und vielseitig, Schwerpunkte sind die Themen

Politik und Wirtschaft sowie Kultur und Geschichte. Sie sehen nur unterdurchschnittlich und ebenfalls eher gezielt fern. Dabei interessieren sie sich für Nachrichten- und Informationssendungen, aber auch für Spielfilme und deutsche Serien. Sie sind überdurchschnittliche Internet-Nutzer.

Auch die *Postmateriellen* lesen viel, vor allem Belletristik, Kunst, Kultur, Reise- und Hintergrundberichte. Auch sie sehen relativ wenig, aber gezielt fern, vor allem die ARD, das ZDF und VOX. Ihre Interessen liegen bei den Informationen über das Weltgeschehen und bei anspruchsvoller Unterhaltung. Dementsprechend schalten sie gern Informationssendungen, Kunst- und Kultursendungen, Spielfilmklassiker, Kabarett- und Comedysendungen, aber auch Science-Fiction-Serien ein. Bei den Serien mögen sie besonders die (inzwischen abgesetzten) Kultserien *Ally McBeal* (VOX) und *Sex and the city* (Pro Sieben). Sie gehen gern ins Kino und nutzen ebenfalls überdurchschnittlich häufig das Internet.

Die *Modernen Performer* lesen ebenfalls viel, vor allem zur Fortbildung und zur Unterhaltung, und sehen wenig fern. Hier bevorzugen sie aktuelle amerikanische Serien, herausragende Spielfilme, Comedy- und Lifestyle-Sendungen. Auch Reality-Formate wie *Big Brother* (RTL II) finden ihr Interesse. Sie sind zugleich die intensivsten Internetnutzer. Diese drei Milieus sollten sich in größerer Zahl auch unter den Lesern dieses Buches finden.

b) Traditionelle Milieus

Die *Konservativen* sehen Nachrichten- und Informationssendungen, aber auch Volksmusik, deutsche Serien und Spielfilme.

Die *Traditionsverwurzelten* präferieren volkstümliche Musiksendungen, deutsche Serien, Quiz- und Unterhaltungssendungen und Talkshows. Sie lesen die Klatschpresse, Gesundheits- und Seniorenratgeber und haben kein Interesse am Internet.

Ähnlich, wenngleich insgesamt etwas breiter, ist das Medien-Nutzungsprofil der *DDR-Nostalgiker*, bei denen sich zudem eine deutliche Affinität zum Sender Kabel 1 zeigt. Ihre Lektüre sind Unterhaltungsmagazine, Frauen- und Rätselzeitschriften sowie allerlei Ratgeberliteratur.

c) Mainstream-Milieus

Die *Bürgerliche Mitte* sieht durchschnittlich viel fern, jedoch mit einem deutlichen Schwerpunkt im Unterhaltungsbereich. Deutsche Serien, amerikanische Serien, Spielfilme und die großen Unterhaltungsshows und Real-Life-Formate sind ihre bevorzugten Sendungen.

Die *Konsum-Materialisten* sehen gern, viel und unterhaltungsorientiert fern, insbesondere deutsche und amerikanische Seifenopern, Real-Life-Formate, Talkshows und Boulevardmagazine. Sie lesen vor allem Zeitschriften mit Unterhaltungs-, Erotik-, Auto- und TV-Themen und nutzen das Internet nur unterdurchschnittlich.

d) Hedonistische Milieus

Hier sehen die *Hedonisten* leicht unterdurchschnittlich viel fern. Sie haben aber ein sehr breites Nutzungsspektrum, von Sitcoms über amerikanische Serien und Spielfilme bis zu Comedy- und Real-Life-Formaten. Sie lesen ebenfalls vor allem Zeitschriften zu den Themen Kino, Fernsehen, Erotik, Auto und Jugendkultur, und sie sind durchschnittliche Internetnutzer.

Die *Experimentalisten* schließlich sehen gern und breit fern, von amerikanischen Serien und Filmen über Zeichentrickfilme und Comedysendungen zu Serienklassikern, Kultursendungen und zeitkritischen Sendungen. Zudem lesen sie gern und viel, vor allem Bücher über Kunst, Kultur und Musik. Sie sind überdurchschnittlich intensive Internetnutzer.

Die *Jugendlichen* sind vor allem in den Milieus der unter 30jährigen, also bei den *Modernen Performern* und den *Experimentalisten*, und in Teilen noch bei den *Hedonisten* zu finden. Die Modernen Performer sehen den größten Teil ihrer TV-Nutzung

– nämlich 40% – Fiction, bei den Experimentalisten liegt der Anteil mit 39% minimal, bei den Hedonisten mit 36% nur wenig darunter. Gesehen werden alle Arten von amerikanischen Serien: Klassiker, Kult-, Zeichentrick-, Mystery- und Science-Fiction-Serien. Die Hedonisten mögen dazu die Real-Life-Formate. Jenseits der Sehpräferenzen der jüngeren Zuschauer zeigt sich aber auch, daß – außer den Konservativen und den Traditionsverwurzelten – alle Milieus Fiction am intensivsten nutzen.

Fassen wir am Ende dieses Abschnitts alle vorgetragenen Daten unter der hier interessierenden Beweisführung zusammen:

Bei den *Kindern* zwischen drei und 13 Jahren liegen die TV-Nutzungszeiten seit Jahren relativ konstant bei etwa eineinhalb Stunden täglich. Sie sehen weitaus am liebsten Fictionsendungen, wie Zeichentrickfilme und Seifenopern, und bevorzugen eindeutig die privaten Sender. Kinder aus den gesellschaftlichen Leitmilieus sehen am wenigsten, Arbeiterkinder am längsten fern. Bei den favorisierten Fictionsendungen sehen die Arbeiterkinder täglich rund eine Stunde, die Kinder der gesellschaftlichen Leitmilieus hingegen nur eine halbe Stunde zu. Gegen Ende der Kindheit werden Geschlechterunterschiede deutlicher: Mädchen sehen dann am liebsten Seifenopern, allen voran *Gute Zeiten, schlechte Zeiten*. Bei den Jungen werden Comedy- und Action-Serien die Favoriten.

Bei den *Jugendlichen* steigen die Zeiten über die Jahre kontinuierlich an. Sie schauen gegenwärtig knapp drei Stunden täglich fern. Auch bei ihnen ist Fiction das bevorzugte Genre, die täglichen Seifenopern sind die Lieblingssendungen in dieser Zeit. Mit zunehmendem Lebensalter kommen alle Arten von Serien hinzu. Mädchen mögen dazu romantische Filme, Jungen vor allem Sportsendungen. Hauptschüler sehen fast doppelt so lange fern wie Gymnasiasten, sie interessieren sich auch stärker für die Themen Film- und Musikstars.

Für die *Erwachsenen* gilt, daß die durchschnittliche Nutzungszeit seit Jahren steigt und momentan bei etwa dreieinhalb Stunden täglich liegt. Die gesellschaftlichen Leitmilieus sehen unterdurchschnittlich viel und eher gezielt fern: die älteren Milieus eher Informationssendungen und deutsche Serien, die jüngeren eher Unterhaltungssendungen und amerikanische Serien. Die traditionellen Milieus sehen am meisten fern, ihre Favoriten sind volkstümliche Musiksendungen, deutsche Serien und Unterhaltungssendungen. Die Mainstream-Milieus sehen durchschnittlich viel und hauptsächlich Unterhaltung. Deutsche und amerikanische Serien sowie Real-Life-Formate (*Big Brother*) sind ihre Favoriten. Die hedonistischen Milieus sehen leicht unterdurchschnittlich viel, aber mit einem überdurchschnittlich breiten Nutzungsspektrum fern. Auch hier zählen amerikanische Serien und Spielfilme zu den Favoriten, aber ebenso werden Kultursendungen angesehen.

Alles in allem nimmt die Nutzung unterhaltungsorientierter Programme stetig zu. Und für die hier interessierende Frage eines neuen Sozialcharakters besonders wichtig: Bei den jungen Zuschauern sind Serien die großen Favoriten. 30 Stunden jährlich sehen sie bereits die Kinder (Feierabend & Klingler, 2004), auf rund 220 Stunden jährlich steigt es bei den Jugendlichen (Gerhards & Klingler, 2001). Auf das Schuljahr mit rund 190 Schultagen umgerechnet, entspricht letzteres rund eineinhalb Unterrichtsstunden täglich. Das ist mehr, als ein Gymnasiast an einem humanistischen Gymnasium (etwa nach der bayerischen Stundentafel) im Deutschunterricht verbringt. Was genau sehen sie da eigentlich?

Inhalte – Die Botschaften des Fernsehens 8

»*Wer die Welt und jeden Kontinent
Und die sieben weiten Meere kennt,
Ist ein Mann mit tausend Träumen,
Den man Percy Stuart nennt.
Wenn des Nachts der Mond am Himmel steht
Und der Wind um dunkle Ecken weht,
Lauert, wie das immer so war,
Im schönsten Moment die große Gefahr.
Und in 99 Prozent
Gibt es doch noch ein Happy-End.
Percy Stuart ist unser Mann,
Ein Mann, ein Mann, der alles kann.*«

Mit diesem Titelsong wurde Ende der 1960er Jahre eine Vorabendserie des ZDF zu einem Quotenrenner, der bis zu 54 % der Zuschauer erreichte (Schindler, 1999b, S. 91 f.). Schon damals waren es also nicht nur die Jungen, die sich am liebsten TV-Serien angesehen haben. »Erst Serien machten aus meinem Fernsehkonsum eine Sucht. Mit den Serien erschafft das Fernsehen fiktionale Parallelwelten zu unserem Leben, in die wir nach Bedarf eintauchen können. Bildschirmbekannte erweitern den Kreis der eigenen Freunde. Ihre Wohnungen sind unser zweiter Wohnsitz; ihre Kneipen unsere Stammkneipen«, schreibt eine 1960 geborene Dauerseherin, die später aus ihrer Sucht einen Beruf gemacht hat: Sie wurde Medienwissenschaftlerin (Bleicher, 1999).

Und heute? Nach den Daten über die TV-Nutzungszeiten aus

dem voranstehenden Kapitel haben Serien an Bedeutung eher noch zugelegt. Insgesamt haben deutsche TV-Zuschauer folgende Rangreihe der TV-Sparten (Gerhards & Klingler, 2003):
- Fiction,
- Information,
- Unterhaltung,
- Sport und
- Werbung.

Ein Argument für die hier vertretene These vom neuen Sozialcharakter wird daraus aber frühestens nach einem Blick auf die typischen Inhalte dieser Sendungen. Sie müßten in irgendeiner Beziehung zum Histrio stehen. Entsprechend soll jetzt gefragt werden: Was wird den Zuschauern gezeigt?

a) Fiction:

Zu dieser Sparte zählen vor allem
- Serien,
- Fernsehspiele und -filme sowie
- Spiel- und Kurzfilme.

Diese allgemeine Einteilung hilft noch nicht viel weiter, sind doch wenigstens bei den Serien weitere Unterteilungen nach Seifenopern, Comedy-, Action-, Krimi-, Mystery-, Kinder-, Jugend- und Familien-, Krankenhaus- und Arzt-, Science-Fiction-, Abenteuer- und Tierserien nötig. Noch einmal also, und nun spezifischer: Was sehen die Zuschauer in den diversen Serien des Fernsehens (vgl. zum Folgenden Landbeck, 2002; Theunert & Gebel, 2000)?

Allgemein unterscheiden sich *Serien* von Fernsehspielen und -filmen dadurch, daß sie auf festen Sendeplätzen mit einem weitgehend und lange Zeit unveränderten Stamm von Figuren agieren. Sie müssen sich mit immer neuen Problemen und variablen Nebenfiguren auseinandersetzen und die dadurch entstehenden Herausforderungen erfolgreich lösen. Das kann entweder in einer Folge geschehen oder sich auch über mehrere Folgen hinziehen. Ein formales Merkmal der Seifenopern ist daher der sogenannte *Cliffhanger* am Ende einer Folge, bei dem einer der Erzählstränge in einem spannenden Moment abrupt unterbrochen wird, um den Zuschauer zum erneuten Einschalten am Folgetag zu bewegen. Die nächste Folge beginnt dann mit einer Rekapitulation des bisherigen Geschehens, *Recap* genannt.

Zunächst die *Seifenopern*, als das wichtigste Teilgenre: Hauptthemen der Seifenopern sind alltägliche Probleme und Konflikte innerhalb von Familien, Wohn- und Hausgemeinschaften, Freundes- und Kollegenkreisen der oberen Mittelschicht. In vieler Hinsicht sind sie moderne Märchen: Eine junge, hübsche Frau und ein jungenhafter schöner Mann leben in trauter Zweioder – mit einer gütigen Vater- oder Großvaterfigur – in entsprechender Mehrsamkeit. Die Idylle wird durch eine von außen kommende Figur gestört, überraschend oft ist es die Stiefmutter oder die böse Mutter einer der Hauptfiguren, die ihre Kinder vor langem im Stich gelassen hat (Livingstone & Liebes, 1995).

Die Spannbreite der dabei auftretenden Probleme reicht von Generationenkonflikten, über jede Form von Beziehungsproblemen bis zu dramatischen Schicksalsschlägen und gesellschaftlichen Problemen. Zwar sind die behandelten Probleme alles anderes als harmonisch; gezeigt werden in erster Linie emotionale Probleme, gefolgt von körperlichen, selbstwert-, eigentums- sowie autoritätsbezogenen Fragen. Zu nennen sind etwa Drogensucht, künstliche Befruchtung, Frigidität, Impotenz, Inzest, Scheidung, Bigamie, uneheliche Kinder, Familien- und Berufsprobleme sowie Krankheiten. Die inszenierten Krankheiten entsprechen den in der Bevölkerung vorkommenden Leiden, die Todesursachen der »Soap-opera«-Helden sind jedoch dramatischer: Mord, Totschlag, Unfall oder Infarkt stehen hier an erster Stelle. Berufsprobleme sind überwiegend im medizinischen oder juristischen Milieu angesiedelt, Fabrikarbeiter kommen so gut wie nicht vor.

Die Akteure aber sind überwiegend attraktiv, fair und smart.

Das bevorzugte Verhalten ist die direkte, nicht aggressive und zielorientierte Aktion desjenigen, dessen Rechte bedroht sind, gefolgt von sprachlichen Lösungsversuchen. Erst an dritter Stelle werden aggressive Handlungen gezeigt. So können nahezu alle Probleme gelöst werden – und sei es unter Hinzuziehen eines Chirurgen, Rechtsanwalts oder Psychiaters. Die Rollen der Guten und der Bösen sind klar verteilt und deutlich erkennbar, alle Altersgruppen sind vertreten.

Unter der hier interessierenden Fragestellung der Charakterbildung ist ein Befund von Livingstone und Liebes (1995) interessant. Sie finden in empirischen Inhaltsanalysen von Seifenopern, daß dort so gut wie keine Mütter von Töchtern vorkommen. Wenn Mütter überhaupt auftreten, dann als Muttis von Söhnen, als böse Stiefmütter oder als Störenfriedinnen von außen. Die damit mutterlosen Frauen orientieren sich an Männern, bei denen sie Zuneigung und Geborgenheit suchen, aber nicht dauerhaft erhalten. Beziehungen und Ehen scheitern dadurch, daß andere Frauen ihnen die Männer ausspannen. Folglich wenden sich die »soap-daughters« neuen Beziehungen zu, letztlich immer auf der Suche nach der nie (mehr) erreichbaren mütterlichen Zuwendung. Die Botschaft heißt: Beziehungen zwischen Frauen sind eher unsicher als unterstützend. In Beziehungen zwischen Männern und Frauen sind die Frauen altruistisch, die Männer egoistisch, und allen Beziehungen fehlt es letztlich an Erfüllung. Präziser kann man Bindungsunsicherheit kaum beschreiben.

Comedies oder *Sitcoms* (engl. *situation comedies*) spielen in Familien, im Arbeitsleben oder in der Welt der Teenager. Hier werden alle Arten von Alltagssituationen gezeigt, deren normaler und gewohnter Ablauf durch einen Akteur oder ein Ereignis nachhaltig gestört werden. Die dadurch entstehenden Konfusionen werden durch Wortwitz und Situationskomik gelöst, so daß am Ende die Situation gerettet, der gewohnte Ablauf wiederhergestellt ist. Ein für dieses Genre typisches Merkmal ist das Lachen des unsichtbaren Publikums aus dem Hintergrund (= Off-Lacher) und die Fokussierung des Geschehens auf wenige, immer gleiche Handlungsorte wie das Wohnzimmer oder die Küche der Protagonisten.

Bei *Actionserien* ist der Kampf der Guten gegen die Bösen das immer wiederkehrende Thema. Die einzeln oder als Gruppe auftretenden Guten sorgen für Recht und Ordnung, sie schützen Unschuldige und bringen Kriminelle zur Strecke. Meist handeln sie im Auftrag einer Organisation oder eines privaten Auftraggebers und verfügen oft über außergewöhnliche Fähigkeiten oder Ausrüstungsgegenstände. Die Helden sind überwiegend Männer, die gelegentlich eine Frau als Assistentin bei sich haben. Zentrales formales Element dieser Serien sind die Aktionssequenzen, die durch schnelle Kamerafahrten und Schnitte, durch Verwendung der subjektiven Kamera, durch entsprechende Musik und/oder Geräusche sowie durch spektakuläre Einzelszenen wie Stürze oder Explosionen angeheizt werden.

In *Krimiserien* begehen häufig männliche Angehörige der Mittel- und Oberschicht planmäßig und voll zurechnungsfähig vor allem Tötungsdelikte. Deren Aufklärung durch ehrliche, effiziente und nur gelegentlich am Rande der Legalität agierende Polizeibeamte, Anwälte, Detektive oder sonstige Personen steht im Mittelpunkt des Geschehens. Höhepunkt und Ende der einzelnen Sendungen sind die Festsetzung und manchmal der Tod der Täter. Am Rande werden das Privatleben der zentralen Figuren und deren Beziehungen zu Kollegen und Vorgesetzten behandelt.

Mystery-Serien haben die Existenz von Außerirdischen, unerklärliche Phänomene und abnorme Verbrechen zum Thema. Einzelkämpfer oder Zweierteams ziehen gegen das Böse zu Felde und bedienen sich dabei ihres herausragenden Scharfsinns, ihrer Intuition oder auch paranormaler Fähigkeiten wie der Telepathie. Die Opfer kommen häufig auf besonders grausame Art um ihr Leben. Cliffhanger kommen hier selten vor, formale, spannungsfördernde Darstellungsmittel dieser Serien sind u. a. technisch verfremdete Bilder und Schockeffekte.

Familienserien spielen in Familien oder familienähnlichen

Gruppen und haben die Bearbeitung von Problemen und die Lösung von Konflikten zum Thema. Meistens stehen die Interaktionen zwischen den Ehepaaren im Mittelpunkt, außer in den Kinder- und Jugendserien, wo es um die Probleme der Heranwachsenden geht. Die Handlung spielt meist in der oberen Mittelschicht, die oft turbulenten Probleme werden fast immer in einer Folge mit Humor zu einem harmonischen Ende geführt. In den Jugendserien erzieht zumeist eine zur Mittel- und Oberschicht gehörende Familie in einem solide ausgestatteten eigenen Haus in einer Kleinstadt mittels eines unterstützenden Erziehungsstils ihre Kinder. Ein von außen herangetragener Konflikt bedroht diese Idylle und wird im Verlaufe der Sendung – häufig durch befreundete Haustiere – erfolgreich gelöst. Eine Untergruppe sind die Familien-Western, bei denen der Ort des Geschehens in den Wilden Westen verlagert ist.

Krankenhaus- und *Arztserien* haben die meist dramatischen medizinischen Probleme in Krankenhäusern und Arztpraxen ebenso wie die privaten Beziehungen und persönlichen Sorgen der handelnden Hauptpersonen zum Thema. Die vorkommenden Krankheiten entsprechen hinsichtlich ihrer Häufigkeit weitgehend den in der Bevölkerung vorkommenden Leiden. Es sind akute Erkrankungen – meistens Herzinfarkt –, die innerhalb einer Sendung geheilt werden. Der TV-Doktor lebt für seine Patienten, hat große Autorität beim restlichen medizinischen Personal, gibt vorzugsweise Mitarbeiterinnen Anweisungen und Ratschläge und hat so gut wie kein eigenes Familienleben. Er ist ehrlich, mutig, sympathisch, erfolgreich, friedlich, fair und warmherzig. Wenn doch mal jemand stirbt, so ist die Todesursache meist dramatisch, nämlich Mord, Unfall oder Infarkt.

Thema der *Science-Fiction-Serien* ist der immerwährende Kampf von Raumschiffbesatzungen gegen feindliche Umwelten, Lebensformen oder technische Probleme. In dieses Hauptthema spielen die persönlichen Beziehungen der Akteure mit hinein. Die Handlung spielt meist an Bord eines Raumschiffes oder auf fremden Planeten. Neben den paramilitärischen Raumschiffbesatzungen treten in jeder Folge seltsam aussehende Lebewesen mit Spezialbegabungen auf. Cliffhanger sind selten, zu den häufig eingesetzten formalen Merkmalen zählen aufwendige Trickaufnahmen von Kämpfen zwischen Raumschiffen.

In den *Abenteuerserien* geraten die zentralen Figuren durch böse Gegenspieler, wie Verbrecher, Monster oder Tyrannen, oder durch höhere Mächte in gefährliche Situationen, aus denen sie sich und andere mit Geschick und Mut retten. Das gute Ende ist immer sicher, auch hier sind Cliffhanger selten. In den *Tierserien* werden die Probleme der Abenteuer- oder Familienserien durch Tiere gelöst.

Dies alles zusammengenommen, zeigt sich ein immer gleiches und ziemlich simples Strickmuster: Jede Serie zeigt zu Beginn einen harmonischen Zustand, der durch Personen oder Ereignisse gestört und im Verlaufe der Sendung durch allerlei Heldenfiguren wieder hergestellt wird. Variabel in diesem Schema sind lediglich die *Akteure* (Alte oder Junge, Männer oder Frauen, Einheimische oder Fremde, Ober-, Mittel- oder Unterschichtangehörige), die *Probleme* (Familien-, Beziehungs-, Berufs- und Gesundheitsfragen, Kriminalität und andere Bedrohungen), die *Orte* (Wohnungen, Büros und Kanzleien, Krankenhäuser, fremde Städte und Länder, der Weltraum) und die *Zeiten* der Handlung (Vergangenheit, Gegenwart oder Zukunft). Daraus kann sich der Zuschauer, je nach Lust, Laune und Lebenslage, ein ganz persönliches Menü zusammenstellen. Eine Welt aus Schablone und Sensation, »das gute alte Noch-nie-dagewesene« hat Günther Anders (1961, S. 167) dies einmal genannt. Für die Sender sind sie darüber hinaus eine Maschine zum Gelddrucken: Kosten von rund 5.000,- Euro pro Sendeminuten stehen Werbeeinnahmen von über 50.000,- Euro pro Werbeminute gegenüber, hinzu kommen Einnahmen aus dem Verkauf von CDs, Büchern, Videos, T-Shirts und dergleichen mehr (Nieland & Göttlich, 1998).

b) Information:

Dazu zählen vor allem
- Nachrichten und
- Nachrichten- bzw. Boulevardmagazine.

Was sind deren Inhalte?

Bei der Beantwortung dieser Frage ist ein Blick auf die sogenannten *Nachrichtenwertfaktoren* hilfreich. Diese Faktoren beschreiben die Merkmale, die ein Ereignis haben muß, damit es im TV zur Nachricht erhoben wird. Je größer dieser Wert ist, um so größer ist auch die Wahrscheinlichkeit dafür, daß über das entsprechende Ereignis berichtet wird. Und er ist um so größer,

- je mächtiger, einflußreicher, prominenter die beteiligten Nationen, Institutionen oder Akteure sind,
- je mehr offene Konflikte oder Gewalt vorkommen,
- je kontroverser das Ereignis oder Thema ist,
- je stärker allgemein akzeptierte Werte oder Rechte bedroht sind,
- je ausgeprägter der Erfolg des Ereignisses ist,
- je größer die Tragweite des Ereignisses ist,
- je mehr das Ereignis persönliche Lebensumstände einzelner berührt,
- je näher das Ereignis in geographischer, politischer oder kultureller Hinsicht ist,
- je stärker Angehörige der eigenen Nation davon betroffen sind,
- je mehr emotionale Aspekte das Geschehen hat,
- je stärker die Nähe des Ereignisses zu den wichtigsten Themen der Zeit ist,
- je eindeutiger der Ereignisablauf ist,
- je mehr das Ereignis vorherigen Erwartungen oder der Erscheinungsperiodik der Medien entspricht,
- je ungewisser der Ereignisablauf ist und
- je überraschender das Ereignis verläuft (Schulz, 1997, S. 70 ff.).

Die Botschaften des Fernsehens 119

Empirische Inhaltsanalysen von *Nachrichtensendungen* des Fernsehens zeigen denn auch, daß Unglücke und Kriege, Katastrophen und Verbrechen einen hohen Nachrichtenwert für das Fernsehen haben. Bruns und Marcinkowski (1997) beispielsweise untersuchten die Entwicklung der Nachrichten und politischen Informationssendungen in öffentlich-rechtlichen und privaten TV-Programmen zwischen 1986 und 1994. Allgemein finden sie, daß die Nachrichten und politischen Informationssendungen des Fernsehens im Untersuchungszeitraum politischer und umfangreicher geworden sind. Politik wird allerdings zunehmend konfliktbetont dargestellt: »Was den Stellenwert des Sensationalismus und die Emotionalisierung der Berichterstattung angeht, so stimmt die Zunahme an Gewalttätigkeit bedenklich ... Gewaltthemen sind generell häufiger geworden, die Gewaltdarstellung hat sich intensiviert, vor allem im Hinblick auf ihre Bebilderung. Gewalt ist ein zunehmend präferierter Informationsanlaß und Gewalt rückt an die exponierten Stellen im Sendungskonzept« (a.a.O., 1997, S. 290f.).

Von uns selbst durchgeführte Untersuchungen der Hauptnachrichten von ARD, ZDF, RTL, SAT.1 und ProSieben in den Jahren 1996, 1998, 2000 und 2002 zeigen ebenfalls eine Zunahme von gewalthaltigen Informationen: Waren 1996 noch 10% aller Einstellungen und rund 20% der Beiträge gewalthaltig, so stiegen diese Werte bis zum Jahr 2002 auf rund 20% der Einstellungen und rund 30% der Beiträge. Darüber hinaus fanden wir im Verlaufe der Zeit eine insgesamt kürzere Einstellungsdauer, eher bildhafte Gewaltdarstellungen, eine Tendenz zu näheren Einstellungen sowie eine Tendenz zu mehr Variabilität in der Darstellung. Die privaten Sender gehen bei allen diesen Entwicklungen voran, die öffentlich-rechtlichen folgen ihnen im Abstand von etwa vier Jahren.

Offenbar sind kurze, dramatische und blutige Ereignisse tatsächlich ideale TV-Nachrichten. Allerdings besteht die Mehrzahl der täglichen Nachrichten nach wie vor aus weniger aufregenden Berichten. Der größte Teil aller Meldungen aller Sender bezieht sich nämlich auch heute noch auf die Bereiche Politik und

Wirtschaft (ca. 70%; vgl. Kamps, 1998). Sie werden immer noch überwiegend als Konferenzen, Staatsbesuche, Parteitage, Parlamentsdebatten, Wahlen etc. vorgeführt. Aber sie werden inzwischen wenigstens ein bißchen aufgeheizt: Alltägliche politische Verhandlungen werden zu Krisensitzungen stilisiert, wo erkennbar übermüdete Journalisten vor geschlossenen Türen oder fernen, erleuchteten Fensterfronten darüber spekulieren, ob heute nacht noch ein Durchbruch erzielt wird. Bei Staatsbesuchen wird die Zeit gestoppt, die ein Kanzler der Nation A mit einem Präsidenten der Nation B verbringt, und mit der Zeit irgendeines heimatlichen Kontrahenten verglichen. Bei Parteitagen informiert ein Reporter in vertraulichem, fast konspirativem Ton den Zuschauer unmittelbar vom Ort des Geschehens darüber, wieviel Prozent der Delegiertenstimmen mehr oder weniger ein Politiker X bei den Wahlen für einen Sitz im Vorstand erzielt hat. Und schließlich war das Sexualverhalten des amerikanischen Präsidenten Clinton für die Medien monatelang wichtiger als etwa dessen Ideen zur Reformierung des amerikanischen Gesundheitssystems.

Ähnliche Tendenzen finden sich auch in der Entwicklung der *politischen Magazine* (vgl. dazu Wegener, 2001). Zwischen 1985 und 1998 werden die Beiträge um durchschnittlich drei Minuten kürzer, sie werden insgesamt personenzentrierter, Visualisierungen sind häufiger, und es wird häufiger Musik eingesetzt. Politiker haben immer weniger Zeit, ihre Gedanken mitzuteilen: Waren es 1985 immerhin noch rund 92 Sekunden, so wurden daraus 1998 gerade einmal rund 23. Inhaltlich findet sich auch hier eine allgemeine Zunahme der Berichterstattung über Kriminalität, bei den öffentlich-rechtlichen sind es 1998 rund 10% aller Beiträge, bei den privaten Sendern rund 20%. Ferner sind rund 80% der Beiträge bei den Privaten ohne jeden politischen Bezug, bei den Öffentlich-Rechtlichen sind es immerhin ein Drittel. Dafür sind 34% aller Beiträge bei den Privaten gewalthaltig, gegenüber nur 12% bei den Öffentlich-Rechtlichen. Anstelle der politischen Magazine senden die Privaten vermehrt Boulevardmagazine, die nahezu ausschließlich über Kriminalität und Unglücksfälle, Prominente und das Showbusiness, Human Interest und Erotik berichten (Krüger & Zapf-Schramm, 2001). Weil sie zudem häufig im Umfeld von Serien gesendet werden, zählen gerade Jugendliche zu ihren Zuschauern; ihnen kommt auch die formale Aufbereitung der Sendungen – schnell und spannend – und der persönliche, unkonventionelle Moderationsstil der attraktiven Moderatoren und Moderatorinnen sehr entgegen.

Faßt man die vorliegenden Befunde für das Genre *Information* zusammen, so finden sich folgende Tendenzen: Zunächst einmal bläht die Zuordnung von Infotainment-Sendungen zur Kategorie Information diese nicht unerheblich auf. Es entsteht der Eindruck, die Zuschauer würden das Medium in einem durchaus beachtlichen Umfang zur Information nutzen, obwohl politische Inhalte kaum noch, Verbrechen und Unglücksfälle dafür um so häufiger gezeigt werden. Wenn aber Politik in den Nachrichten und den politischen Informationssendungen des Fernsehens dargestellt wird, so geschieht dies zunehmend personenzentriert, emotionalisiert und vor allem konfliktbetont. Diese Tendenz findet sich am deutlichsten in der allgemeinen Zunahme gewalthaltiger Beiträge wieder. Bei den Privaten gibt es nicht nur mehr Gewalt als bei den Öffentlich-Rechtlichen, sie wird auch extensiver und grausamer präsentiert. Formal werden alle Informationen schneller und mit größerer Variation in den Einstellungen gezeigt, die Redebeiträge in Interviews werden kürzer, und es kommt zunehmend Musik zum Einsatz.

c) Unterhaltung:

Zu dieser Sparte zählen
- Shows,
- Talksendungen und
- Musiksendungen.

Was wird dort gezeigt?
Zunächst zu den *Shows*. Da gibt es Spielshows, Beziehungsshows und seit neuem Shows zur Auswahl von zukünftigen

Showstars. In den *Spiel-Shows* steht die Lösung von Aufgaben oder die Beantwortung von Wissensfragen im Mittelpunkt. Die Sendungen werden entweder durch ungewöhnliche Spiele und Aufgaben oder durch bedeutende Gewinne spannend gemacht. In den *Beziehungsshows* werden reale Konflikte der Teilnehmer thematisiert, ihre Spannung erhalten diese Shows aus dem Versuch, die Konflikte im Rahmen einer Sendung zu lösen. In den letzten Jahren in Mode gekommen sind Sendungen, in denen *Showstars* gesucht (und gemacht) werden. Entweder das Publikum oder eine Jury müssen eine Tanz- und/oder Gesangsdarbietung einer großen Zahl von Bewerbern bewerten und in einer Abfolge von Präsentationen und Selektionen einen Besten ermitteln, der dann einen Plattenvertrag oder dergleichen erhält.

Auch die tägliche *Talkshow* hat viele Erscheinungsformen: In den *Affekt-Talks* stellen immer gleiche Moderatoren meist völlig unbekannte Menschen vor, die eine ungewöhnliche, ja bizarre Erfahrung gemacht haben oder eine entsprechende Eigenschaft aufweisen. Die Themen reichen von Partnerschaftsproblemen über Sexualität, Körper, Schönheit und Mode zu gesellschaftlichen Problemen, Eltern-Kind-Beziehungen, Familie und Beruf. Aufs ganze gesehen liegt der Schwerpunkt allerdings bei den persönlichen Beziehungen – Familie, Ehe, Partnerschaft –, Politik wird immer seltener, Kultur und Wissenschaft nur bei den öffentlich-rechtlichen Sendern behandelt (vgl. dazu Krüger, 2002; Paus-Haase et al., 1999). Die Sendungen werden oft mit sehr intimen Geständnissen der eingeladenen Gäste eingeleitet In den abendlichen Talkshows werden häufig auch politische und gesellschaftliche Fragen diskutiert. *Personality-Shows* sind Gespräche eines Moderators mit einem oder mehreren Prominenten über deren berufliches und privates Leben. Die Sendungen tragen meistens auch den Namen des Moderators, dessen Funktion darin besteht, sowohl das Gespräch mit und unter ihren Gästen wie auch den Dialog zwischen diesen und dem Publikum anzuregen und zu emotionalisieren. Die so inszenierten Emotionen können – je nach Zielpublikum – von getragenbetulich bis zu aggressiv gehen. Entsprechend werden die Sendungen als »confessional talk« vs. »confro talk« bezeichnet. Rund 10% der gesamten Sendezeit aller Sender geht inzwischen auf das Konto der Talkshows (Krüger, 2002).

Musiksendungen für junge Leute sind inzwischen selten geworden, da es dafür eigene Musikkanäle gibt. Die öffentlich-rechtlichen Sender pflegen allerdings für die älteren Zuschauer das Genre der *Volksmusiksendungen*. Unter der Leitung von meist älteren Moderatorinnen und Moderatoren in diversen Trachtenlookvarianten werden hier vor Bühnenbildern aus Blumenschmuck, Brunnenattrappen und Kerzen die an langen Tischen sitzenden Zuschauer aus den traditionellen Milieus von ähnlich wie die Moderatoren gewandeten Sängern mit den immer gleichen, bescheidenen musikalischen Mitteln zum Klatschen, Schunkeln oder gar Mitsingen gebracht. Für Kinder, Jugendliche und junge Erwachsene gibt es spezielle *Musikkanäle*, wie VIVA und MTV, deren Programm hauptsächlich aus Videoclips besteht. In diesen musikalischen Kurzfilmen werden von bekannten Sängern und Gruppen in einem hohen Darbietungstempo (die durchschnittliche Dauer einer Einstellung beträgt etwa drei Sekunden) bildlich und musikalisch vor allem die Themen Liebe und Trennung behandelt, beides stark mit sexuellen und aggressiven Inhalten durchsetzt. Zwischen 40% und 75% der Clips zeigen sexuelle Verhaltensweisen, vor allem Küsse, Berührungen, Umarmungen, sexuell aufreizende Bewegungen, neuerdings häufiger auch Nacktheit. Überraschend ist die konventionelle Darstellung der Geschlechterrollen: Männer werden als waghalsig, aggressiv und dominant, Frauen als liebevoll, ängstlich besorgt dargestellt. Rund die Hälfte der gezeigten Frauen (aber nur 10% der Männer) sind sexuell aufreizend angezogen. Frauen werden vor allem zur Dekoration männlicher Musiker gezeigt, sie werden von ihnen instrumentalisiert, dominiert und nicht selten attackiert. In etwa der Hälfte der Videoclips wird aggressives und anderes antisoziales Verhalten gezeigt, oft in Kombination mit sexuellen Inhalten. Daneben enthalten fast drei Viertel der Clips Konsumhinweise – Getränke, Zigaretten und Kleidung werden ebenso attraktiv wie indirekt beworben (Arnett, 2002; Englis et al., 1993; Hansen & Hansen, 2000).

Gemeinsam sind den *Unterhaltungssendungen* die Themen mediale Prominenz und der Aufbau von medialen Vorbildfiguren. Dies wird besonders in den Musiksendungen für Jugendliche deutlich. Die in den Videoclips sexuell attraktiv in Szene gesetzten Showstars werden hinsichtlich ihres Verhaltens und ihrer Kleidung nachgeahmt, die von ihnen benutzten Produkte gekauft. Eigene (MTV-)Sendungen wie *How to live like a popstar, Making the band* oder *Access all areas* machen auch dem letzten Zuschauer deutlich, wie man sich als Fan zu verhalten hat. Hinzu kommt in den Shows und den Talksendungen die Instrumentalisierung von Kandidaten für Unterhaltungszwecke, in den Spielshows darüber hinaus die Betonung von Geld oder Karrieremöglichkeiten im Showgeschäft und in den Talksendungen schließlich die Darstellung des Intimen und damit die Aufhebung der Grenze zwischen Privatem und Öffentlichem. Gemeinsam ist den verschiedenen Subgenres eine deutliche Intimisierung (Fromm, 1999): Der Moderator schafft ein Klima der Vertrautheit und der persönlichen Beziehung zu seinen Gästen, in dem vorzugsweise über private und persönliche, jedenfalls aber emotional aufgeladene Themen gesprochen wird. Dadurch und durch die parasozialen Beziehungen zum Moderator entsteht beim Zuschauer der Eindruck von Nähe und Beteiligtsein, die Talkshow wird zum parakommunikativen Beziehungsangebot.

d) Sport:

Zum *Sport* zählen alle auf sportliche Aktivitäten bezogenen Informationen in Nachrichten und Magazinen wie die Übertragungen sportlicher Ereignisse. Am häufigsten kommen Reportagen vor, gefolgt von Übertragungen und Magazinen. Rund 10% der Gesamtsendezeit aller Sender in Deutschland entfallen auf diese Kategorie, der Löwenanteil entfällt freilich auf die privaten Sportkanäle (Rühle, 2000). Dabei findet sich auf allen

Kanälen eine Konzentration auf den Hochleistungssport, allen voran Fußball, Motorsport, Leichtathletik, Wintersport und Tennis. Die Berichterstattung ist ereignis- und ergebnisorientiert, vor allem die Akteure der eigenen Nationalität, ihre Leistungen und Emotionen stehen im Mittelpunkt der Sendungen. Es sind überwiegend Männer, bei denen Kraft, Technik und Leistungswille gezeigt wird. Insgesamt ist eine Dramatisierung der Berichterstattung durch den zunehmenden Einsatz formaler Mittel wie kürzere Einstellungen, Großaufnahmen, Zeitlupen sowie Konzentration auf emotionsauslösende Situationen (Fouls, Unfälle) und Hauptpersonen, aber auch durch dramatisierende Kommentierungen festzustellen. Dies führt häufig dazu, daß in den Kommentierungen Siege übermäßig euphorisch, Niederlagen (vor-)schnell als Krisen diskutiert werden. Das Umfeld sportlicher Großereignisse bekommt mehr und mehr Unterhaltungscharakter (Ohlert, 2001; Gleich, 2000). Eine Besonderheit stellen die amerikanischen Wrestlingprogramme dar, bei denen professionelle Catcher inszenierte Wettkämpfe innerhalb und außerhalb des Rings austragen. Inhaltsanalysen dieser Programme zeigen nicht nur ein sehr hohes Maß an Gewalt, die Sendungen bestehen ja eigentlich aus nichts anderem. Bedenklich ist vielmehr, daß hier alle 36 Sekunden eine Regelübertretung gezeigt wird, bei der nicht nur der Gegner, sondern auch der Schiedsrichter oder Zuschauer aggressiv angegangen werden (Woo & Kim, 2003).

e) Werbung:

Zur *Werbung* zählen Insel- und Blockwerbung, Teleshopping und Gameshows mit Werbung, ihre Entwicklung kann so zusammengefaßt werden: »Werbung scheint in den neunziger Jahren durch die Überreizung aller Tendenzen von schrillem Humor bis lässiger Coolness, von Schockwerbung und Ästhetisierung bis zum Szenemarketing strategisch, semiotisch und narrativ erschöpft. Auch wenn (oder gerade weil) heute fast schon jedes Ereignis – von den Olympischen Spielen bis zum Streetball-Turnier – als

Werbeinszenierung erscheint, müssen die Reize immer drastischer werden, soll noch Aufmerksamkeit für Produkte, Leistungen, Personen und Botschaften geweckt werden« (Schmidt, 1999, S. 533).

Bei aller Unterschiedlichkeit der Genres findet sich doch von der täglichen Seifenoper über die klassische Nachrichtensendung bis zur Fußballreportage ein deutlicher Trend, der sich in zwei Worten zusammenfassen läßt: Fernsehen heute ist
- Personalisierung und
- Emotionalisierung.

Personalisierung heißt, daß, wo immer es möglich ist, Personen und Einzelschicksale in den Vordergrund einer Sendung gestellt werden. In den Seifenopern und Serien verfolgt der Zuschauer das alltägliche Leben der Protagonisten über einen längeren Zeitraum, in den Politik- und Informationssendungen wird ihm Politik als das Handeln prominenter Akteure vorgestellt, in den Shows und Musiksendungen agieren vertraute und bekannte Moderatoren mit anderen vertrauten und bekannten Prominenten und mit alltäglichen Glückskindern, die den Auftritt vor der Kamera erreicht haben, in den Sportsendungen werden ihm wieder unter der Anleitung bekannter Moderatoren erfolgreiche oder tragische Helden vorgeführt, in der Werbung treten ihm erneut allerlei Prominente oder (scheinbar) alltägliche Durchschnittsfiguren gegenüber. Personalisierung konkretisiert sich also in drei Personengruppen: Stars, Moderatoren und Menschen »wie du und ich«.

Emotionalisierung meint, daß das Medium bevorzugt konflikt-, gewalt- und actionhaltige Sequenzen zeigt, Schockeffekte und Tabubrüche vorführt, spektakuläre Bilder verwendet, die Emotionen der jeweiligen Akteure evoziert und sie in Großaufnahme zeigt. Zudem werden in allen Genres zunehmend kürzere Einstellungen und Redebeiträge, schnelle Kamerafahrten und subjektive Kamera, ungewöhnliche Perspektiven und Trickeffekte verwendet, dazu Geräusche und Musik auch in bisher musikfernen Genres eingesetzt.

So ganz verwunderlich ist das alles eigentlich nicht, hat doch der amerikanische Fernsehkritiker Jerry Mander die Gesetzmäßigkeiten des TV schon 1978 so beschrieben (Mander 1978, dt. 1979, S. 274f.):

»Krieg ist fernsehgerechter als Frieden ... Gewalt ist fernsehgerechter als Gewaltlosigkeit ... Oberflächlichkeit ist einfacher als Tiefe ... Kurze Themen mit einem klaren Anfang und Ende lassen sich leichter übermitteln als ausgedehnte und vielschichtige Informationen. Das Ergebnis ist einfacher als der Prozeß ... Gefühle des Konflikts und ihre Verkörperung in Handlungen eignen sich besser für das Fernsehen als Gefühle der Übereinstimmung und ihre Verkörperung in Ruhe und Einigkeit ... Lust ist fernsehgerechter als Zufriedenheit. Aufwallende Leidenschaft und Angst sind besser als Ruhe und Gelassenheit ... Eifersucht ist besser als Toleranz ... Konkurrenzverhalten ist seinem Wesen nach fernsehgerechter als Zusammenarbeit ... Materialismus, Habsucht und Ehrgeiz ... machen sich besser als Spiritualität, Zufriedenheit mit dem, was man hat, Offenheit und Nachgiebigkeit ... Handeln ist leichter zu übertragen als Sein. Aktivität wird der Inaktivität auf jedem Fall vorgezogen ... Das Laute eignet sich besser ... als das Leise. Das Nahe besser als das Ferne. Das Große besser als das Kleine ... Das Einfache ist leichter zu handhaben als das Komplexe ... Das Ausgefallene erhält im Fernsehen immer mehr Aufmerksamkeit als das Gewöhnliche ... Der Gefühlsausdruck ist besser als das Gefühl selbst, und daher ist Weinen besseres Fernsehen als Traurigkeit ... Der Tod ist leichter als das Leben.«

9   Fühlen – Über die Lust an der Erregung

Noch einmal John Lennon: Nur zwei Stunden nach seinem Tod versammelten sich Tausende Menschen vor seinem Wohnhaus und legten dort Blumen, Fotografien, Zeichnungen und Texte nieder. Radiosender rund um den Globus unterbrachen ihr Programm, spielten Musik der Beatles und öffneten ihre Mikrophone für die Trauer der Anrufer. Inzwischen ist die spontane Versammlung am Tatort, das Niederlegen von Blumen, Teddybären und anderen Devotionalien fester Bestandteil der Betroffenheitsrituale unserer Gesellschaft: Wo immer Medienfiguren oder andere, für die Medien interessante Menschen gewaltsam zu Tode gekommen sind, entstehen spontan solche Wallfahrtsorte. TV-Journalisten und betroffene Bürger können so für ein paar Tage gemeinsam ihre Trauer mediengerecht in Szene setzen.

    Szenenwechsel: Eine Kleinstadt in Oberitalien. Zwanzigtausend glückliche Menschen mit roten Hemden und roten Fahnen feiern auf der Straße. Ein KP-Funktionär aus China könnte denken, die kommunistische Partei Italiens habe überraschend eine Wahl gewonnen. Gefeiert wird jedoch etwas ganz anderes, nämlich, daß ein gelernter Kfz-Mechaniker aus Kerpen in einem Auto schneller in Kreisen herumfahren kann als andere Autofahrer: Der Mann heißt Michael Schumacher, die Autos stammen von der Firma Ferrari. Fahrer und Marke sind 2002 Weltmeister in der Formel 1 des Autorennsports geworden. Das letzte Rennen in Suzuki wurde im Fernsehen übertragen, nach seinem Sieg fanden sich die Menschen spontan vor den Toren der Automobilfabrik in Maranello zu einer gemeinsamen Jubelfeier ein. Die roten Fahnen sind die Banner der Firma Ferrari, sie hängen auch in Deutschland aus vielen Fenstern. Ob Fußball, Motorsport oder Leichtathletik, Fahnen, Autokorsi und fröhliche Menschen sind inzwischen fester Bestandteil der Jubelrituale auch im kleinsten bayerischen Dorf, wenn es denn gilt, den hier ansässigen Weltmeister im Eisstockschießen zu begrüßen.

Personalisierung und Emotionalisierung, John Lennon und Michael Schumacher, Trauer und Jubel – beide Male zeigt sich, wie Medien die Gefühle von Menschen beeinflussen. Was aber sagt die Forschung dazu, über diese Beispiele hinaus? Nach den TV-Nutzungsdaten und den TV-Sendungsinhalten muß also noch ein dritter Schritt in der Argumentationskette über den neuen, histrionischen Sozialcharakter erfolgen, die Frage nach den TV-Wirkungen. Wir beginnen mit den Gefühlen, es folgen in weiteren Kapiteln das Denken und das Verhalten der Zuschauer.

Natürlich erzeugen die Ermordung oder der Sieg eines Menschen in einem sportlichen Wettbewerb auch ohne mediale Beteiligung nachhaltige Gefühle. Diese sind aber auf eine geringere Anzahl von Menschen, auf die Beteiligten und die Augenzeugen, beschränkt. Erst die audiovisuellen Medien stecken auch weit entfernte Zuschauer affektiv an. Aber es sind nicht nur die großen Gefühle, Fernsehen ist ein Stimulator für nahezu alle Varianten emotionaler Befindlichkeit.

Da ist zunächst das emotionale Kleingeld, die *Stimmungen* (vgl. zum Folgenden Parkinson et al., 1996). Sie sind Dauertönungen des Erlebens, im allgemeinen schwächer und weniger variabel, aber länger andauernd als Emotionen. Anders als diese haben Stimmungen meist keinen klaren Bezug zum Auslöser, sie sind so etwas wie die Großwetterlage des Befindens.

Ausgelöst werden sie einerseits durch Alltagsärgernisse wie Streitigkeiten, Arbeitsanforderungen, finanzielle und gesundheitliche Probleme oder die Organisation häuslicher Pflichten. Glücklicherweiseweise gibt es dabei aber einen »Rückpralleffekt«: Schlechte Stimmung an einem Tag wirkt sich positiv auf die Stimmungslage des nächsten aus. Andererseits führen Alltagsfreuden, wie emotionale Zuwendung durch Dritte, berufliche und private Erfolge oder unerwartete Geschenke, zu guter Stimmung. Ist man gut gelaunt, gibt es keinen Rückpralleffekt, man hat sogar noch einen Puffer gegen Stimmungsverschlechterungen. Aber auch die Tageszeit, der Wochentag und das Wetter beeinflussen die Stimmungslage. So sind jüngere Erwachsene abends, ältere Erwachsene morgens besser gelaunt. Alle zusammen haben an Frei- wie Samstagen bessere Stimmung als an Montagen und Dienstagen, und bei gutem Wetter fühlen sie sich besser als bei schlechtem. Will man also einen älteren Vorgesetzten um eine Gehaltserhöhung angehen, so empfiehlt es sich, ihn an einem sonnigen Freitagmorgen darum zu bitten. Ist man zusätzlich an einem Rendezvous mit dessen Tochter interessiert, so sollte man sie gleich noch am späten Nachmittag des gleichen (und hoffentlich noch sonnigen) Tages ansprechen.

Für das Fernsehen ist ein Effekt besonders wichtig, die *Ansteckung* von Stimmungen: Die Stimmung eines Menschen löst eine identische Stimmung bei seinem Interaktionspartner aus. Zwischen Menschen, die länger miteinander zu tun haben, entwickelt sich dadurch eine synchron verlaufende Stimmungskurve. Hat der eine gute Laune, folgt der andere nach – und umgekehrt. Problematisch wird es, wenn sich einer der Partner häufig in schlechter Stimmung befindet und den anderen dauernd damit ansteckt. Die Folge ist ein destruktiver Stimmungsaustausch, der übrigens als ein Indiz für unglückliche Paarbeziehungen gilt. Interessant ist nun, daß die emotionale Ansteckung vor allem durch Personen erfolgt, die starke Emotionen haben, sie deutlich ausdrücken und auf die Gefühle anderer nur schwach reagieren. Das ist genau die Situation beim Fernsehen, die wir eben mit den beiden Stichworten Personalisierung und Emotionalisierung beschrieben haben. Emotionen von Menschen werden möglichst in Großaufnahme gezeigt. Sie sollen ja die Zuschauer anstecken. Und angesteckt werden vor allem Menschen, die anderen viel Aufmerksamkeit zuwenden, ihre eigene Identität durch Beziehungen zu anderen definieren, den Gesichtsausdruck anderer gut interpretieren können und insgesamt emotional gut ansprechbar sind. Mindestens im Punkt der unsicheren Identität ist das die Haltung vieler TV-Zuschauer.

Den Gesichtsausdruck anderer gut interpretieren können: das hier wirksame Persönlichkeitsmerkmal ist die *Empathie*: Der Betrachter muß das von seinem Gegenüber gezeigte Gefühl richtig wahrnehmen und verstehen, er muß sich in den anderen hineinversetzen, und er muß schließlich das entsprechende Gefühl auch selbst kennen. Was nun die Empathie beim Fernsehen angeht, so zeigen entsprechende Untersuchungen, daß drei- bis fünfjährige Kinder noch nicht empathisch reagieren. Bei ihnen ist die Fähigkeit zur Perspektivenübernahme noch nicht hinreichend ausgebildet. Empathische Reaktionen auf die Gefühle von Medienfiguren stellen sich erst bei Neun- und Zehnjährigen ein. Dabei macht es einen Unterschied, ob die Medienfigur positiv oder negativ bewertet wird: Mitfühlen findet nur gegenüber TV-Freunden statt. Es ist stärker, wenn der Gesichtsausdruck des Medienfreunds in Nahaufnahme gezeigt wird. Das alles funktioniert aber nur bei einem mittleren Darbietungstempo. Wird es zu schnell, verringern sich die empathischen Reaktionen der Zuschauer. Es bleibt einfach nicht genug Zeit für eine vollständige Reaktion, die Gefühle überlagern sich.

Glücklicherweise ist der Mensch seinen und fremden Stimmungen nicht hilflos ausgeliefert, vielmehr verfügt er über zahlreiche Mechanismen der *Stimmungsregulation*: Aktive Stimmungssteuerung, die Suche nach erfreulichen Aktivitäten und Ablenkungen, direkter Spannungsabbau oder Rückzug/Vermeidung und passive Stimmungssteuerung können eingesetzt werden. Dazu zählt auch das Einschalten des Fernsehgeräts. Diesen Effekt hat der amerikanische Medienpsychologe Dolf Zillmann (1988) mit seinen Arbeiten zum *Stimmungsmanagement* untersucht. Der Kerngedanke ist vergleichsweise einfach: Bei TV-Sendungen machen die Zuschauer die Erfahrung, daß eine von ihnen gewünschte Stimmung wenigstens zeitweise durch die gewählte Sendungen auch erreicht wird. Nach dieser Erfahrung werden sie auch zukünftig ihre Auswahl treffen, sie betreiben damit Stimmungsmanagement.

Empirische Untersuchungen zeigen, daß etwa schlechte Stimmungen und Ärger durch anregende, erfreuliche oder erotische TV-Unterhaltung verbessert werden können. Auch sieht, wer schlechte Laune hat, häufiger fern (Myrtek & Scharff, 2000). Interessant ist in diesem Zusammenhang, daß auch die Programmauswahl von Frauen systematisch mit deren Menstruationszyklus variiert: Zu Beginn und am Ende werden humoristische Sendungen, in der Mitte des Zyklus Dramen bevorzugt (Zillmann & Bryant, 1994). Allerdings kann das mediale Stimmungsmanagement auch mißlingen. So werden Ärger und Frustration durch ärgerliche oder durch sexuell-aggressive Szenen nicht etwa ab-, sondern weiter aufgebaut.

Allein mit dem Fernsehkonsum ist das Stimmungsmanagement aber nicht vorbei, denn es gibt Nachwirkungen. Der *exitation-transfer-effect* führt nämlich zu einer kurzfristigen Intensivierung beliebiger nachfolgender Emotionen. So kann Resterregung aus Ärger nachfolgend Furcht intensivieren, mediale Furcht kann nachfolgendes sexuelles Erleben verstärken, und medial erregte sexuelle Gefühle können nachfolgende Aggressivität verstärken. Auch diesen Effekt kann das Fernsehen verstärken. Beispielsweise sendet das britische Fernsehen am frühen Samstagabend Shows, die eine aufgeregte und lebhafte Stimmung fördern und die zu nachfolgenden Aktivitäten – dem »Saturday-night-feaver« – beitragen (Parkinson et al., 1996).

Anders als die etwas diffusen Stimmungen sind *Gefühle* zeitlich begrenzte, deutlich in körperlichen Reaktionen bemerkbare Zustände mit klaren Objektbezügen. Beispiele dafür sind Liebe, Haß, Freude, Neid und Angst. Man liebt oder haßt einen konkreten Menschen, eine konkrete Tätigkeit oder einen konkreten Gegenstand. Um ein wenig Ordnung in die vielen Gefühle zu bringen, werden in der Emotionspsychologie oft die beiden Dimensionen *Lust vs. Unlust* und *Ruhe vs. Aktivierung* verwendet (vgl. etwa Merten, 2003).

Zunächst zur *Ruhe-Aktivierungs-Dimension*: Wie Zuschauer

hier Gefühlsmanagement betreiben, läßt sich gut am Beispiel dessen, was man *Sensationslust* nennt, zeigen (vgl. Zuckerman, 1988). Sensationslust ist die angeborene Tendenz von Menschen, immer wieder nach abwechslungsreichen, neuen, komplexen Eindrücken zu suchen und dafür auch Risiken in Kauf zu nehmen. Menschen haben das Bedürfnis, kontinuierlich ein bestimmtes, aber individuell unterschiedliches Niveau interner Aktivierung aufrechtzuerhalten, sich individuell optimal zu stimulieren. Sinkt die Aktivierung unter ihr angestrebtes Niveau, so entsteht Langeweile, das Individuum sucht neuartige Reize auf (sog. *Neugierverhalten*). Geht es über ein bestimmtes Maß hinaus – z. B. durch übergroßen Lärm –, so verändert oder verläßt das Individuum die Situation, um so das erwünschte Maß wiederherzustellen. Zwillingsstudien zeigen, daß rund zwei Drittel dieser Verhaltenstendenz vererbt sind, ein Drittel durch die Umwelt geprägt ist. Ferner sind Männer stärker an Abwechslung interessiert als Frauen, Jüngere mehr als Ältere – mit einem Höhepunkt bei einem Lebensalter von 20 bis 25 Jahren.

Da die Menschen wie beim Stimmungsmanagement auch ihre Gefühle nicht nur passiv erleiden, sondern sie aktiv herzustellen versuchen, tun sie das auch bei der Sensationslust. Dafür eignet sich das Fernsehen besonders gut, wie entsprechende Untersuchungen zeigen (Zillmann, 1988). Beispielsweise lösen Naturfilme nur geringe Aktiviertheit aus, Action-Filme, Komödien, Talk- und Gameshows sind demgegenüber schon etwas aufregender, und gewalttätige, furchterregende Filme stehen am oberen Ende der Skala. Die Spitzenplätze haben nicht-fiktionales Material (Sport wie z. B. Wrestling, Nachrichtenfilme) sowie erotische Filme. Die Effekte hängen übrigens auch schlicht von der Bildschirmgröße ab: Sie sind bei größeren Bildschirmen größer als bei kleineren (Lombard et al., 2000). Das erklärt, warum die TV-Bildschirme immer größer werden.

Entsprechend mögen die »high sensation seekers« besonders Actionfilme, Horrorfilme und Pornos (Donohew et al., 1988). Ein (allerdings bedrückendes) Beispiel findet sich in einer Untersuchung zur Nachrichtenrezeption (Sparks & Spirek, 1988):

Bei den TV-Nachrichten über die »Challenger«-Katastrophe wollten die »sensation seekers« vor allem die Bilder mit den Gesichtern der Familienangehörigen während der Explosion der Rakete sehen. Entsprechend können aber auch die »low sensation seekers«, wenn ihnen einmal alles zuviel ist, sich mit Natur- und Tierfilmen wieder in einen ruhigeren Zustand versetzen.

Damit zur zweiten, der *Lust-Unlust*-Dimension. Auch hier wird das Fernsehen aktiv zum Gefühlsmanagement eingesetzt, was sich besonders gut am Beispiel der *Angst* zeigen läßt. Angst beim Fernsehen haben fast alle Kinder und Jugendliche und wohl auch nicht wenige Erwachsene schon einmal erlebt, wohl auch erleben wollen. Vorschulkinder beispielsweise empfinden Angst beim Ansehen von Puppenmonstern, von Aggressivität und Gewalttätigkeit verschiedener Art, von allgemeinen Bedrohungen, vom Leiden von Tieren und schließlich beim Ansehen langer scharfer Waffen. Jüngere Schulkinder sind darüber hinaus bei TV-Szenen vom Tod von Menschen und über Beerdigungen ängstlich. Bei Jugendlichen kommen schließlich reale Angstthemen wie Probleme der Slumbildung, sexueller Mißbrauch, Hungerprobleme in der Dritten Welt und Diskriminierung von Minderheiten hinzu (Valkenburg et al., 2000). Erklärungsbedürftig ist allerdings, warum sich junge und erwachsene Zuschauer angsterregende Bilder und Filme überhaupt ansehen, ist Angst doch auf der Unlust-Seite zu finden und normalerweise mit Flucht- und Vermeidungsreaktionen verbunden. Da niemand die Zuschauer zum Verbleiben vor dem Bildschirm zwingt, muß das Betrachten angstauslösender Reize wenigstens auch zu einem erwünschten Gefühl oder einer erwünschten Gefühlsmischung führen.

Diese Mischung gibt es, sie wird als *Angstlust* oder »thrill« bezeichnet (Balint, 2000). Angstlust entsteht durch das Bewußtsein einer realen äußeren Gefahr, der sich der Mensch willentlich in der Hoffnung aussetzt, die Gefahr durchstehen und die damit verbundene Furcht beherrschen zu können. Er vertraut darauf, nach der Gefahr wieder unverletzt in die sichere Geborgenheit zurückkehren zu können. Vereinfacht: Angstlust entsteht beim Aufgeben und Wiedererlangen von Sicherheit. Nahezu alle Menschen haben schon als Kinder Angstlust erlebt – etwa beim Versteckspielen mit Erwachsenen, die einen partout nicht finden wollten, beim Kasperletheater, wenn Kasper das anrückende Krokodil trotz lautstarker Warnungen aus dem Publikum nicht bemerkt, beim Erzählen von Gespenstergeschichten am Lagerfeuer und der anschließenden Nachtwanderung. Auch Erwachsene, jüngere mehr als ältere, genießen noch die Spannung, die das gleichzeitige Erleben von Gefahr und Geborgenheit, von Bedrohung und Rettung verursacht.

In diesem Zusammenhang ist der *Suspense-Effekt* anzuführen, bei dem der Held eines Films oder einer Sendung allerlei Gefahren ausgesetzt ist, von denen er noch nichts, der Zuschauer aber so ziemlich alles weiß. Übersteht er die Gefahr und gewinnt er am Ende noch das Herz der Schönen oder wenigstens einen ordentlichen Schatz, so löst dies am Ende auch Freude beim Betrachter aus. Die Kombination von vorhersagbarem gutem Ende und überraschenden, bedrohlichen Einschüben macht Sendungen dieser Art auch für Kinder attraktiv. Auch einfache Spannungs-Entspannungseffekte wie etwa bei einer Quizsendung oder bei einem Fußballspiel haben diese emotionale Wirkung.

Aber auch jeder »thriller« ist eine ständige Quelle solcher Gefühle. Und viele Zuschauer sagen, daß sie gerade solche Filme gerne sehen: »Oh, ich liebe Horrorfilme im TV ... Ich liebe es, wenn mir Angst gemacht wird. Wenn ich Angst habe« (Janet, 31; vgl. Taylor & Mullan, 1986, S. 54, eigene Übersetzung): Sogar extreme Horrorfilme wie *Freitag, der Dreizehnte* werden von Versuchspersonen gleichzeitig als quälend und unterhaltsam eingeschätzt (Zillmann et al., 1986). Zuschauer mögen Horror und vor allem die nachfolgende Entspannung durch ein »Happy end« – also das Aufgeben und Wiedererlangen von Sicherheit. Dabei erleben Männer stärker die Lust-, Frauen eher die Angstanteile. Auf zuviel Angst reagieren Kinder zunächst mit kognitiven Strategien, sie erinnern sich selbst daran, daß es sich um einen Film oder dgl. handelt. Es folgen physische Interventionen wie Wegsehen und erst dann Fluchtreaktionen, wie das Programm wechseln oder den Raum verlassen (Valkenburg et al., 2000).

Für die (stärkere) Lustkomponente der Angstlust sehen sich Zuschauer also Sendungen an, deren angstevozierendes Potential alleine sie normalerweise zu einem anderen Genre oder Sender bringen würde. Es gibt aber noch andere Sendungen mit angstauslösenden Inhalten. Gemeint sind die Nachrichtensendungen. Nicht alle Zuschauer mögen sich deswegen TV-Nachrichten noch antun, und diejenigen, die es wegen anderer Sehmotive (wie etwa dem Wunsch nach aktueller Information) dennoch tun, erleben sehr gemischte Gefühle. Dies zeigte sich sehr deutlich in einer von uns mit 13- bis 18jährigen Schülern durchgeführten Untersuchung (vgl. dazu Unz et al., 2002). Wir zeigten unseren Versuchspersonen ein Videoband mit gewaltfreien und gewalthaltigen Nachrichtenbeiträgen und zeichneten ihre Mimik während dessen Betrachtung auf. Die spätere Analyse der Gesichtsausdrücke zeigte, daß Zuschauer bei gewalthaltigen Themen mehr Emotionen zeigten als bei gewaltfreien und daß *Verachtung, Wut und Ekel* die am häufigsten gezeigten Emotionen waren. Intentionale Gewalt in Nachrichten ist also sicherlich aktivierend, zugleich aber auch verachtungs-, wut- und ekelerregend. Wir sehen darin eine Gefühlsmischung, die man als eine Art von sozialer Abstoßungsreaktion bezeichnen kann: In der Distanzierung stabilisiert der Zuschauer sein durch reale Gewaltdarstellungen bedrohtes Ich. »Weg von« heißt immer auch »Ohne mich«.

Es zeigt sich in beiden Fällen, daß der Zuschauer auch auf der dunklen, der »Unlust«-Seite von Gefühlen aktives Gefühlsmanagement betreibt. Bei Thrillern besteht der persönliche Nutzen im Aushalten der Angst, bei Nachrichten darüber hinaus im Eindruck von Informiertsein. Wechseln wir nunmehr von der Unlust- zur Lust-Seite der Gefühle, wenngleich positive emotionale Reaktionen beim Fernsehen überraschenderweise nicht so häufig untersucht worden sind wie negative. Was löst Freude, Heiterkeit und Glück aus?

Eine Quelle für diese Emotionen ist *Humor*, der in sehr vielen Sendungen vorkommt: Über 40% aller amerikanischen Filme und TV-Shows enthalten Humor (Zillmann & Bryant, 1991). Beispielsweise haben Vorschulkinder Spaß an visueller Komik, Nonsens-Wortspielen, Klamaukszenen, an Gaunereien, bei denen der Spieß auf einmal umgedreht wird, an Irrtümern oder der Unfähigkeit von Erwachsenen. Mit etwa fünf bis acht Jahren kommt Spaß an verbalem Humor hinzu, der bei den Acht- bis 12jährigen dann breit entwickelt ist. Jugendliche finden es zudem spaßig, wenn eine Autoritätsperson angegriffen wird.

Ein anderes Beispiel ist die *Sexualität*. Inhaltsanalysen von fast 1.000 Programmen des amerikanischen Fernsehens aus dem Jahr 2000 zeigen, daß das Thema in über zwei Dritteln, in der Primetime sogar in rund drei Viertel aller Sendungen angesprochen wird (vgl. Cope-Farrar & Kunkel, 2002; Kunkel et al., 2001). Dabei ist »angesprochen« durchaus wörtlich zu nehmen: In rund zwei Drittel der Fälle wird nur über Sexualität gesprochen, im Rest wird auch sexuelles Verhalten gezeigt. Das sexuelle Verhalten wiederum besteht zu mehr als der Hälfte aus Küssen, es folgen erotisches Flirten (= 18%), angedeuteter Geschlechtsverkehr (= 15%), Petting (= 6%), und nur in den verbleibenden 4% aller Szenen geht es dann auch auf dem Bildschirm zur Sache. Vergleicht man diese Daten mit einer zwei Jahre zuvor durchgeführten Untersuchung, so findet sich eine Zuwachsrate von 12%.

Auch hier überrascht nicht sonderlich, daß erotische Sendungen allgemeine Erregung, Neugier, Aufregung sowie sexuelle Gefühle, gelegentlich Enttäuschung und hier und da entsprechende Handlungen beim Betrachter anzuregen vermögen. Auch, daß Kinder und Jugendliche hier ihre Vorbilder für eigenes Verhalten finden, ist so ungewöhnlich nicht (Buerkel-Rothfuss & Strouse, 1993). Weniger vorhersehbar sind allerdings Befunde, nach denen Versuchspersonen, die über sechs Wochen täglich eine Stunde Sex-Videofilme gesehen hatten, mit ihren realen Sexualpartnern (im Vergleich zu einer Kontrollgruppe) unzufriedener waren. Dieser Effekt scheint sich auch schon nach kurzfristigem Anschauen erotischer oder sexueller Filme einzustellen (vgl. Übersicht bei Weaver, 1991). Ferner gibt es einen gesicherten Effekt des Betrachtens von sexueller Gewalt auf die Einstellungen der männlichen Betrachter: Sie neigen anschließend offenbar eher zur Toleranz gegenüber realer sexueller Gewalt an Frauen und zu abwertenden Einstellungen gegenüber der weiblichen Sexualität. Bei weiblichen Zuschauern stellen sich hingegen umgekehrte Effekte ein.

Mit diesem Beispiel sind wir dann schon im Übergangsbereich zu den *Affekten*. Affekte sind besonders heftige Gefühlsregungen mit einem hohen Grad an Erregung. Beispiele dafür sind etwa Wutausbrüche, Panikattacken, hemmungslose Trauer, Freudentaumel und dgl. mehr. Auch sie können durch das Fernsehen evoziert werden, wenngleich hier ein aktives Affektmanagement durch den Zuschauer schwieriger ist. Überbordende Gefühle lassen sich auch bei ungewöhnlichen Medienereignissen im eigenen Wohnzimmer nur schwer auslösen, dafür braucht es doch eher reale Ereignisse und die Anwesenheit anderer Menschen. Aber das Fernsehen kann dazu beitragen, wie das in den Eingangsbeispielen deutlich wurde. Berichte über die Ermordung John Lennons, über das Attentat vom 11. September 2001 oder über den Amoklauf von Erfurt am 26. April 2002 lösen beim Zuschauer starke Gefühle aus. Sie können sich anschließend in nicht-medialen Aktivitäten wie spontanen Trauerzügen oder Versammlungen zu Affekten der Angst, der Trauer oder auch der Wut steigern. Daß solche nicht-medialen Ereignisse dann wieder im Fernsehen gezeigt werden, dreht die Affektspirale oft genug noch eine Umdrehung weiter.

Glücklicherweise aber sind solche medialen Affektansteckungen häufiger im positiven Bereich zu finden. Sportereignisse wie der Gewinn einer Weltmeisterschaft führen inzwischen ja fast regelmäßig bei den zugehörigen Fans zu Freudenausbrüchen auf den Straßen und Plätzen der entsprechenden Stadt oder Nation. Auch sie werden vom Fernsehen (oft sogar: live) gezeigt und dadurch weiter angeheizt. Der brüllende, fahnenschwingende, singende Fan hat schließlich auch eine größere Chance, ins Bild zu kommen, als der nur stillvergnügte Zaungast. In beiden Fällen jedoch ist das Medium nicht die Ursache der Affekte, vielmehr sind dies fast immer nicht-mediale Ereignisse. Aber es trägt durch die Art und Weise der Berichterstattung über das Ereignis wie über die Reaktionen der Menschen dazu bei, daß aus starken Gefühlen Affekte werden.

Fernsehen hat also einen erheblichen Einfluß auf die Stimmungen, Gefühle und Affekte der Zuschauer. Diese wissen und nutzen das aktiv zum Management ihrer Stimmungen und Gefühle und, in gewissem Maße, auch ihrer Affekte. Inzwischen ist Fernsehen sogar in erster Linie ein emotionales Erleben geworden, das insbesondere den jüngeren Zuschauern vor allem Spaß, Spannung und Entspannung vermitteln soll. Allerdings sind sie dabei alles andere als die Herren des Verfahrens, vielmehr unterliegen sie dabei – ungewollt und unbemerkt – einem subtilen Einfluß des Mediums, und zwar je mehr sie fernsehen um so intensiver (Dehm, 2003). Als Personalisierung und Emotionalisierung hatten wir die Entwicklungstrends des Mediums allgemein bestimmt, sie sind auch die Leitsätze der heimlichen *éducation sentimentale* seiner Zuschauer.

Und diese können wir nun noch etwas genauer beschreiben. TV dramatisiert, liebt theatralisches Verhalten, drückt Gefühle übertrieben aus, ist ständig auf der Suche nach Sensationen, zeigt und evoziert viele, schnell wechselnde Emotionen, ist stark sexualisiert und bevorzugt attraktive Medienpersonen. Erinnerlich erfolgt auch die emotionale Ansteckung vor allem durch Personen, die starke Emotionen deutlich ausdrücken; angesteckt werden u. a. Menschen, die ihre eigene Identität durch Beziehungen zu anderen definieren. Es findet sich (inzwischen) Altbekanntes: Dramatisierung, theatralisches Verhalten, übertriebener Ausdruck von Gefühlen, andauerndes Verlangen nach Aufregung, oberflächliche und labile Affektivität, unangemessen verführerische Erscheinung sowie übermäßiges Interesse an körperlicher Attraktivität, das waren auch die emotionalen Eigenschaften des Histrio. So muß man denn sagen: Hinsichtlich der

Behandlung von Emotionen ist das Fernsehen ein histrionisches Medium, und in diesem Sinne prägt es auch die Stimmungen, Gefühle und Affekte seiner Zuschauer.

Denken – Heimlicher Erzieher Fernsehen   10

Am 25. Dezember 1895 brach im Indischen Salon des Grand Café am Boulevard des Capucines in Paris fast eine Panik aus. Auslöser war ein Film, der bei der weltweit ersten öffentlichen Kinovorführung der Gebrüder Lumière ebendort gezeigt wurde. Zur Aufführung kamen u. a. *La sortie des usines Lumière*, *L'arroseur arrosé* und *L'arrivé d'un train en gare*. Bei letzterem passierte das Malheur: Hier wurde nämlich unmittelbar von vorn ein in den Bahnhof La Ciotat einfahrender Zug gezeigt, und die Zuschauer glaubten, der Zug rase auf sie zu (Morin, 1958). Dieses Erlebnis führte aber keineswegs dazu, daß die nachfolgenden Aufführungen ausfallen mußten. Im Gegenteil, aus anfangs 35 zahlenden Zuschauern wurden schnell 2.500 pro Woche. Auch der fünf Jahre später vorgestellte erste Western der Filmgeschichte *The Great Train Robbery* arbeitete mit einem ähnlichen Effekt: In der Schlußszene schießt der Sheriff direkt in die Kamera, das Publikum war entsetzt, wähnte das Ziel des Schusses in seiner Mitte (Prokop, 1995).

Einen Film richtig sehen, das mußte man offenbar erst lernen. Die Zuschauer in den Kindertagen des neuen Mediums konnten das noch nicht, zumindest Fiktion und Realität konnten sie nicht richtig auseinanderhalten. Aber auch richtig fernsehen muß man erst einmal lernen. Und nicht genug damit: Hat man es erst einmal gelernt, so beeinflußt es erst recht das Denken der Zuschauer. Wie dies geschieht, ist Gegenstand dieses Kapitels. Ob es einen Zusammenhang mit histrionischem Denken gibt, wird sich am Ende zeigen.

Zunächst zum Unterschied von Realität und Fiktion: Die

perceived-reality-Forschung (vgl. Übersicht bei Shapiro & Chock, 2003) zeigt, daß eine richtige Zuordnung u.a. von Darstellungsmerkmalen, von Inhalten und Nützlichkeit des Gezeigten abhängt. So wird *Fiktion* durch formale Merkmale wie Programmgenre, Musik, Gelächter, Zeichentrick oder bühnenähnliche Auftritte der Akteure angezeigt. Andere Genres, aber auch Hintergrundgeräusche und ungefüllte Pausen gelten als Merkmale von Berichten aus der *Realität*. Außer der grundlegenden Unterscheidung von Fiktion und Realität müssen auch formale Merkmale wie Schnitte und Szenenwechsel, Einstellungsgröße, Kameraperspektive und -winkel, Zeitlupe und -raffer usw. richtig verstanden werden. Die dazu notwendigen Denkoperationen werden *televiewing schemata* genannt (Salomon, 1984), womit das Vorverständnis und die Erwartungshaltungen zum TV gemeint sind. Solche Schemata sind etwa ab dem zehnten bis zwölften Lebensjahr entwickelt, die jugendlichen Zuschauer können dann irrelevante Informationen übergehen und sich auf die wesentlichen Elemente von Sendungen konzentrieren. Ab diesem Alter gelingt dann auch die richtige Unterscheidung von Realität und Fiktion.

Wie man das lernt? Durch Fernsehen. Es trägt selbst zum Erwerb der zu seinem Verständnis notwendigen mentalen Fertigkeiten bei. Dies wurde in Untersuchungen zum Stichwort *cultivation of mental skills* (Kultivierung mentaler Fertigkeiten) nachgewiesen (Salomon, 1981). Beispielsweise sahen Schüler aus achten Klassen Filme, in denen unterschiedliche Einzelheiten von Gemälden durch Zoom-Fahrten hervorgehoben wurden. Andere Versuchspersonen erhielten dieselben Details als Abfolge von Dias präsentiert. Eine dritte Gruppe erhielt lediglich die Dias mit dem gesamten Gemälde vorgeführt. Versuchspersonen, die bereits eine hohe allgemeine Fähigkeit zur Detailwahrnehmung hatten, verbesserten weder durch die Symbolsprache des Films noch durch die entsprechende Darbietung von Dias ihre Wahrnehmung. Aber die Werte der Schüler mit einer zuvor niedrigen Fähigkeit zur Detailwahrnehmung verbesserten sich vor allem unter der filmischen Zoom-Bedingung.

Auch bei der Einführung der Sendung *Sesamestreet* in Israel wurden ähnliche Ergebnisse gefunden. Gefragt wurde bei Kindern im Vorschulalter und aus zweiten und dritten Klassen: Können sie einzelne Bilder zu stimmigen Bildfolgen ordnen? Erkennen sie einen Wechsel der Perspektive richtig? Finden sie Figuren wieder, die zuvor in einem Ganzbild gezeigt wurden? Nachdem die Sendung einige Zeit gelaufen war, wurden die Kinder erneut untersucht. Dabei fand sich ein überraschender Befund: Bei den Vorschulkindern nämlich zeigte sich überhaupt kein Zusammenhang zwischen dem Ansehen der Sendung und den untersuchten Fertigkeiten. Vermutlich verfügte diese Gruppe noch nicht über die im Test abgefragten Fertigkeiten. Die Kinder haben daher die entsprechenden Gestaltungselemente einfach ignoriert. Bei den Zweit- und Viertklässlern fanden sich hingegen deutliche Effekte. Sie waren zudem allesamt bei den Kindern aus der Mittelschicht ausgeprägter als bei den Kindern aus der Unterschicht. Festzuhalten bleibt also, daß mit Hilfe des Fernsehens spezifische mentale Fertigkeiten bei bestimmten Zuschauergruppen auch eingeübt werden, Fernsehen also bestimmte formale Aspekte des Denkens kultiviert (Salomon, 1981).

Die Idee, daß die Beschäftigung mit einer konkreten Sache zugleich auch allgemeine Aspekte des Denkens trainiere, kennt man aus der Schule. Wer Lateinunterricht gehabt hat, wird sich an die Versprechungen der Lehrer erinnern, das Fach kultiviere auch das formale Denken. (Und an die damit verbundene Frage, warum man das formale Denken nicht besser direkt schult als über einen derart mühseligen Umweg.) In der Medienwissenschaft ist mit dem Gedanken der indirekten Kultivierung mentaler Fertigkeiten ein Name besonders verbunden: Marshall McLuhan. Von dem kanadischen Medienwissenschaftler stammt der berühmte Ausspruch: »The medium is the message.« (Zur Verdeutlichung seiner Ideen tauschte er später das Wort »message« gegen »massage« aus.) Seiner Ansicht nach besteht die entscheidende Wirkung von Medien nicht in der Übermittlung bestimmter Inhalte, sondern darin, daß die Art und Weise der

Informationsübermittlung allgemein das Denken der Menschen ganzer Epochen verändert. Wie gesagt: Das Medium selbst – und nicht der Inhalt – ist die Botschaft (vgl. zum Folgenden Winterhoff-Spurk, 2001).

Seine Theorie in groben Zügen: Die Geschichte der medienspezifischen kulturellen Entwicklung beginnt mit dem analphabetischen Zeitalter der Stämme und Horden. In dieser Zeit lebt der Mensch in kleinen sozialen Einheiten, Kommunikation erfolge ausschließlich mit Hilfe der gesprochenen Sprache und unter Verwendung aller Sinnesmodalitäten. Die Kommunikation erfordert zugleich kleine Siedlungseinheiten, bei denen die Möglichkeit unmittelbarer Sozialkontakte nicht durch überlange Wege erschwert ist. Die spezifische Wirkung des Mediums Sprache besteht darin, daß sie komplexe Denkstrukturen, die Speicherung von Erfahrungen (z. B. in Begriffen) sowie deren Austausch und Diskussion ermöglicht.

Die Erfindung der Schrift – so McLuhan weiter – führt demgegenüber zu einer Dominanz des visuellen Sinnes. Nunmehr werden Informationen vorwiegend durch das Auge aufgenommen. Die Schrift macht zudem geringe Entfernungen zwischen den Kommunikationspartnern entbehrlich, da sie fixiert und über weite Entfernungen hin transportiert werden kann. Insbesondere das Alphabet erzwingt und fördert zugleich spezifische kognitive Leistungen. Informationen werden jetzt nicht mehr ganzheitlich und umfassend mitgeteilt und verstanden, vielmehr müssen sie in geordnete Serien von Elementen (Buchstaben) übersetzt werden, die für sich genommen zumeist bedeutungslos sind. Diese von der Schrift geförderte Abstraktionsleistung ist die Ursache für die rationale, analytisch-zergliedernde Denkweise bzw. für die »Linearisierung des Denkens« in den westlichen Kulturen.

Mit der Erfindung des Buchdrucks erreicht dieser Vorgang einen vorläufigen Höhepunkt, McLuhan nennt daher diese Epoche auch das Gutenberg-Zeitalter. Der Druck mit beweglichen Lettern begründet die Merkmale der Stetigkeit, Gleichförmigkeit und Wiederholbarkeit, die die Voraussetzungen für die Industrialisierung der westlichen Welt sind. Das Buch als erstes Massenprodukt der Geschichte fördert durch die Fixierung von Sprachen und Sprachgrenzen das Entstehen des Nationalismus, durch eine allgemeine Alphabetisierung werden Wissensmonopole (z. B. der Priester) gebrochen, und es führt (da Lesen und Schreiben überwiegend als Handlungen einzelner Individuen geschehen) zur Ausbildung des Individualismus.

Die Nutzung der Elektrizität für kommunikative Zwecke stellt in dieser Theorie die vorläufig letzte Stufe dar: das elektronische Zeitalter. Schon das Radio erlaubt es, jede Information über jede Entfernung zu transportieren. Ereignisse, die sich an jedem beliebigen Ort der Welt zutragen, können dem Hörer praktisch ohne Zeitverzug mitgeteilt werden. Die Geschwindigkeit der elektronischen Medien läßt die Welt wieder zu einem Dorf, dem globalen Dorf, schrumpfen. Hinzu kommt, daß das Radio sich vor allem des auditiven Kanals bedient, der auch im voralphabetischen Zeitalter schon der dominante Kanal war. Die gegenwärtig letzte Stufe in dieser Entwicklung stelle das Fernsehen dar. Seine Allgegenwart sowie die Ergänzung des auditiven durch den visuellen Kanal verstärkt die Entwicklung zum globalen Dorf und hebt die »Linearisierung des Denkens« wieder auf. Die Welt aus dem Farbfernseher zu erfahren bedeutet, eine ähnliche Weltsicht zu gewinnen wie in der vorschriftlichen Kultur: unmittelbar, ganzheitlich, über Auge und Ohr vermittelt. Soweit McLuhan.

Ergänzend muß man allerdings auch erwähnen, daß er der erste Medienwissenschaftler war, der die Medien für seine persönlichen Zwecke einzuspannen wußte: »Plötzlich bin ich ein Bestseller-Lieblingskind des College-Volks‹, vertraute Marshall McLuhan 1965 leicht verschreckt einem Freund an. Und dann, schon geschäftstüchtiger: ›Ich muß noch mehr herausschlagen, solange diese Stimmung vorhält‹« (Holert, 1991, S. 54). Mit Hilfe von zwei PR-Experten wurden Vortragsreisen organisiert, Abendessen in Nobelrestaurants angeboten und ein »McLuhan-Festival« in San Francisco aus der Taufe gehoben. Journalisten, Werbeleute, Fernsehfunktionäre gaben sich bei McLuhan die

Klinke in die Hand. Der Fernsehsender NBC produziert ein McLuhan-Feature, CBS eine Sprechplatte. Schließlich zieht auch die wissenschaftliche Welt nach: Neben anderen Angeboten wird ihm von der Fordham-University der mit 100.000 Dollar jährlich dotierte Albert-Schweitzer-Lehrstuhl für Humanwissenschaften angeboten, die Universität von Toronto richtete ihm ein eigenes Forschungsinstitut ein.

Wie so viele Medienstars hat er den Tiger nicht wirklich beherrscht, den er reiten wollte: »Je mehr Marshall McLuhan in den sechziger Jahren gefragt war, desto weniger Zeit konnte er für die Arbeit an seinen Texten erübrigen. Seine eruptiven Einfälle und skizzenhaften Gedanken diktierte er Mary Stewart, der treuen Sekretärin. Die ging dann daran, die verschlungenen Satzgebilde auf ihrem Stenoblock zu entwirren. Denn es war eine Spezialität des Professors, den Faden zu verlieren. Regelmäßig fransten seine Gedanken zu losen Enden auf.« (Holert, a.a.O., S. 60). So verwundert es nicht, daß »Kanadas intellektueller Komet« Anfang der 70er Jahre verglühte. Er projektierte zwar noch zahlreiche Bücher, schrieb einige Texte, hielt Vorträge und korrespondierte mit den Großen dieser Welt, aber die Zeit der großen Resonanz war vorüber. 1979 erlitt er einen schweren Schlaganfall, der sein Sprachzentrum weitgehend zerstörte; in der Silvesternacht 1980/81 starb er.

Aber auch wenn er sich selbst als »intellektuellen Gangster« bezeichnet hat (Holert, 1991) und auch wenn die Medien ihn zu einem Prominenten gemacht haben, kann ja doch an seinen Überlegungen vieles stimmen. Die Befunde aus der »cultivation of mental skills«-Forschung weisen in diese Richtung. Und wenn man sich nicht gleich der gewaltigen These McLuhans anschließen will, das Fernsehen hebe allgemein die Linearisierung des Denkens auf, so kann man ja bescheidener fragen, ob es wenigstens einzelne allgemeine Aspekte des Denkens prägt. Diskutiert werden dazu häufig zwei Befürchtungen: Das hohe Tempo der Informationsdarbietung im Medium führe zu einer *oberflächlicheren Informationsverarbeitung*, die Informationsfülle zu *Reizüberflutung*. »Wir informieren uns zu Tode«, hat

Postman (1992) dazu in einem Interview gesagt. Ist das wirklich so?

Die Frage wird in der Kognitionspsychologie unter dem Stichwort der *Aufmerksamkeitslenkung* behandelt: Menschen können ihre begrenzten kognitiven Ressourcen nach den jeweiligen Anforderungen flexibel einsetzen. Ist eine Aufgabe schwierig, so wird dafür der größte Teil der Verarbeitungskapazitäten gebraucht. Für die simultane Ausführung anderer Aufgaben bleibt dann nur wenig Kapazität übrig. Für die Verarbeitung visueller Informationen wurde zur Verdeutlichung dieses Vorgangs die Metapher vom »Spotlight« verwendet: Ohne besondere Anforderungen ist die Aufmerksamkeit relativ weit eingestellt, erfaßt sie einen großen Bereich der Umgebung. Die außerhalb des Lichts liegenden Reize werden nicht, die innerhalb nur schwach beleuchtet. Erst durch besondere Merkmale des Gesehenen oder aufgrund innerer Motive konzentriert sich das Licht auf einen schmalen Bereich, der dann aber intensiv ausgeleuchtet wird.

Genau diese Fähigkeit ermöglicht dem Menschen auch den Umgang mit großen Informationsmengen: So kann er bereits nach einer oberflächlichen Verarbeitung entscheiden, für bestimmte Aufgaben überhaupt keine kognitiven Ressourcen zur Verfügung zu stellen *(= aktives Vermeiden)* oder sich nur auf bestimmte Informationen zu konzentrieren (= *selektive Aufmerksamkeitszuwendung*). Er kann ferner detailreiche Informationen zu größeren Einheiten – sogenannten Schemata, Skripten, Prototypen oder Stereotype – zusammenfassen, deren erneute Identifizierung und Bearbeitung weitgehend automatisiert wird. Dadurch werden weniger kognitive Ressourcen beansprucht. Erst wenn alle diese Mechanismen nicht mehr greifen (also etwa bei sehr vielen, neuen, intensiven Informationen) und wenn zugleich die entsprechende Reizumwelt nicht ohne weiteres verlassen werden kann, erst dann entsteht Informationsstreß. Er kann – wie jede andere Art von Streß auch – im Extremfall auch den Zusammenbruch der Informationsverarbeitungskapazität auslösen.

Beim Fernsehen werden diese Prozesse gern mit Untersuchungen zum *Blickverhalten* von Zuschauern erforscht. Es sind vor allem Neuartigkeit oder Komplexität, Reizgröße und -intensität, Bewegung, Farbigkeit, Kontrast zur Umgebung, eine Position an bevorzugter Stelle des Gesichtsfeldes (z. B. links oben) oder Reize mit Signalfunktionen, die den Blick auf sich ziehen. Das Blickverhalten folgt aber auch den Einstellungen, Erwartungen und Befindlichkeiten des Wahrnehmenden selbst. Hier wirken visuelle Schemata der Zuschauer. Die Erwartungen über einen »typischen« Staatsbesuch, eine »typische« Konferenz, eine »typische« Begrüßung auf einem Flughafen leiten die Aufmerksamkeit und erleichtern das Wiedererkennen.

Empirische Studien zum »Spotlighting« beim Fernsehen wurden vor allem im Zusammenhang mit der Entwicklung der Sendung *Sesamstraße* durchgeführt. Die vom »Children's Television Workshop« 1968 erstmals produzierte Sendung hatte das Ziel, das Fernsehen zum Abbau von Bildungsdefiziten bei benachteiligten sozialen Gruppen zu nutzen. Als ein grundlegendes Problem stellte sich dabei heraus, daß die Kinder der Zielgruppe nur selten ungestört und konzentriert fernsehen können. Sie leben in familiären Umwelten, in denen immer viel los ist, in denen folglich die Aufmerksamkeit immer weit gestellt ist. Es galt also die Sendung so zu gestalten, daß von ihr Hinweisreize für eine Fokussierung der Aufmerksamkeit ausgingen. So wurde vor dem Start der Sendung in aufwendigen Experimenten untersucht, mit welchen akustischen und visuellen Gestaltungsmerkmalen die Aufmerksamkeit des Kindes immer wieder gewonnen werden konnte. Es fanden sich akustische Darstellungsmittel wie lebhafte Musik, Toneffekte, Kinderstimmen, ungewöhnliche Stimmen, nichtsprachliche Stimmäußerungen und häufige Sprecherwechsel. Ferner wirkten visuelle Darstellungsformen wie Spezialeffekte, Szenen-, Figuren- oder Themenwechsel und Inhalte wie physische Aktivität und Aktionen, Humor sowie attraktive und vertraute Akteure auf dem Bildschirm. Die Aufmerksamkeit der Kinder ging hingegen verloren, wenn Dialoge von Erwachsenen (besonders von Männern), konventionelle visuelle Darstellungsformen wie Schnitte, Zoom-Fahrten und Schwenks und lange, komplizierte Reden gezeigt wurden.

Allerdings verändert sich mit zunehmendem Lebensalter und wachsender Fernseherfahrung die Bedeutung dieser formalen Merkmale: Was für ein kleines Kind noch neu und aufregend ist, interessiert einen 16jährigen Vielseher kaum noch. Statt dessen werden inhaltliche Aspekte wichtiger, um die aktive Aufmerksamkeit des Zuschauers zu stimulieren. Dabei ist die Einstellung des Zuschauers von zentraler Bedeutung (Salomon, 1988): Schulkinder und Studenten halten das Fernsehen für ein leicht verständliches Medium, bei dessen Rezeption sie nur wenig mentale Anstrengungen zu investieren haben (= *Amount of invested mental effort).* Wenig mentale Anstrengung bewirkt, daß die Zuschauer aus TV-Sendungen auch weniger lernten als aus Printmedien. Diese Haltung variiert jedoch auch mit spezifischen Sendungstypen (z. B. Nachrichten) oder Seherhaltungen: Wer sich wegen einer speziellen Sendung oder einer entsprechenden Anweisung beim Fernsehen mental angestrengt hatte, behielt auch mehr.

Oberflächliche Informationsverarbeitung und Reizüberflutung, das waren die befürchteten mentalen Auswirkungen häufigen TV-Konsums. Was ist nunmehr dazu zu sagen? Ja, das TV stellt eine große, gelegentlich übergroße Menge an Informationen zur Verfügung, die der Zuschauer nicht alle gleichzeitig und intensiv mental verarbeiten kann. Er hat sich aber im Verlaufe seiner TV-Sozialisation daran gewöhnt und entsprechende Strategien ausgebildet. Weil das Fernsehen mit seiner zunehmenden Unterhaltungsorientierung sowieso als ein leichtes Medium angesehen wird, muß er sich auch nicht anstrengen, vielmehr kann er den Lichtkegel seiner Aufmerksamkeit weit, wenn das Fernsehen nebenbei genutzt wird, sogar sehr weit stellen. Nur gelegentlich, wenn es ganz spannend oder wichtig wird, muß er auf die Spotlight-Funktion zurückgreifen. Individuelle Reizüberflutung findet also nicht statt, besonders der jugendliche Zuschauer, inzwischen an Informationslärm gewöhnt, ertrinkt nicht in Informationen, er ignoriert sie vielmehr.

Das gelingt ihm aber nur durch oberflächliche Informationsverarbeitung. *Multi-tasking* heißt diese Fähigkeit zur parallelen, aber oberflächlichen Verarbeitung mehrerer Informationsquellen.

Aber genau dies will das Fernsehen, wie bei der Sesamstraße gesehen, ja nun gerade nicht. Die seinerzeit für das lobenswerte Motiv der Beseitigung von Bildungsunterschieden ermittelten TV-Merkmale sind inzwischen mediales Allgemeingut geworden, jeder Werbespot, jeder Videoclip und fast jeder Nachrichtenbeitrag arbeitet inzwischen mit den entsprechenden aufmerksamkeitsgenerierenden Mitteln. Da sich der Mensch aber auch daran gewöhnt, setzt sich eine mediale Reiz-Reaktionsspirale in Gang: Die formalen und inhaltlichen Sendungsmerkmale werden immer schriller, die mentale Informationsverarbeitung wird immer oberflächlicher, die Sendungsmerkmale werden noch schriller, die Informationsverarbeitung noch oberflächlicher – und so fort.

Ein heute fast rührendes Beispiel für diesen Prozeß gibt der amerikanische Psychiater Glynn: »Anfang der 40er Jahre hat ein Radioprogramm mit dem Titel *Take It Or Leave It* nationales Interesse und große Aufregung ausgelöst, dessen Höhepunkt die 64-Dollar-Frage war. In diesem Jahr (1955) war der größte Erfolg des Fernsehens die 64.000-Dollar-Frage. Rechnen Sie die Inflationsrate der letzten zehn Jahre heraus. Was dann übrigbleibt, ist eine anschauliche Zahl dazu, was die Aufregung des Zuschauers heute kostet« (vgl. Elliott, 1956, S. 181, eigene Übersetzung). Genau dies ist der zentrale Aspekt des »cultivation of mental skills« – die Kultivierung der mentalen Oberflächlichkeit.

Dieser Vorgang ist zunächst für das Fernsehen selbst relevant, betrifft es doch zuerst einmal dessen Bemühungen um die Vermittlung politischer Informationen in seinen Nachrichten- und Informationssendungen. Zumindest in Deutschland ist ja die Vermittlung von objektiven Informationen, die den Zuschauern zu einem unabhängigen Meinungsbild und zur Teilnahme am politischen Leben verhelfen sollen, eine gesetzlich festgeschriebene Aufgabe öffentlich-rechtlicher Sendeanstalten. Damit dies geschehen kann, muß der Zuschauer aus der Fülle des ihm in den Nachrichten präsentierten Materials die für ihn relevanten Nachrichten selektieren (= *selective scanning*). Ferner muß er die herausgefilterten Informationen aktiv und intensiv auf ihren Nutzen für ihn prüfen (= *active processing*) und die Informationen vor dem Hintergrund seines individuellen Wissens und seiner individuellen Interessen auch noch reflektieren (= *reflective integration*; vgl. McLeod et al., 1994).

Wenn er das Medium Fernsehen insgesamt für ein leichtes Medium hält und wenn sich die Informationssendungen zunehmend unterhaltungsorientiert darstellen, dann laufen diese Prozesse einer gründlichen mentalen Informationsverarbeitung nicht mehr ab. Und tatsächlich: Befragt man Zuschauer danach, was sie von den Nachrichtensendungen behalten haben, so halten sie sich zwar im allgemeinen für recht gut informiert. Tatsächlich aber können sie sich in Befragungen durchschnittlich an nur 20% der Nachrichten erinnern. Und fragt man über das Behalten hinaus auch noch nach dem Verstehen, so haben höchstens bis zu der Hälfte der Zuschauer die zentralen Teile der Nachrichten auch richtig verstanden. Elisabeth Noelle-Neumann (1986) hat dies zutreffend als *Wissensillusion* bezeichnet.

Übrigens wurde unter dem Eindruck solcher Befunde in der Medienforschung lange Zeit nach formalen Gestaltungsmerkmalen gesucht, die zu besseren Behaltenswerten führen sollten (vgl. dazu etwa Brosius, 1995). So konnte zwar nachgewiesen werden, daß beispielsweise umgangssprachlich und einfach formulierte Texte, inhaltlich passendes und nicht zu emotionales Bildmaterial (»cause-and-effect«-Bilder), die Verwendung von Tabellen und Kurven, der Einsatz von Überschriften und Zusammenfassungen und ein moderates Darbietungstempo zu besseren Behaltensleistungen führten. Allerdings waren die Effekte nie sonderlich hoch, sie führten zu einer Verbesserung der Behaltensleistung in Höhe von fünf bis zehn Prozent.

Das kann nun auch nicht mehr verwundern, denn Zuschauer von TV-Nachrichten wollen gar nicht informiert, sondern vor allem unterhalten werden. Nach amerikanischen Studien (vgl. Winterhoff-Spurk, 2004) sehen zwischen 40% und 50% der Zuschauer Nachrichten aus völlig anderen Motiven: Sie finden sie unterhaltsam, bequem, entspannend und sogar billiger als andere Aktivitäten. Auch geben sie an, daß die Nachrichten kaum etwas mit ihrem persönlichen Leben zu tun hätten. Vielmehr wollen sie einen bestimmten Sprecher oder eine bestimmte Sprecherin gern wiedersehen, sie suchen Zeitvertreib und Zerstreuung, sehen Nachrichten aus Gewohnheit, wollen sich über schlechte Nachrichten aufregen, ihre Urteile und Vorurteile bestätigt sehen – und ähnliche, unterhaltungsorientierte Motive mehr. Ja, schlechte Nachrichten werden sogar lieber als gute gesehen. Wer sich also mit Hilfe von Nachrichten aufregen oder entspannen, unterhalten oder zerstreuen will, muß gar nicht selektieren, prüfen und reflektieren. Und selbst wenn er es wollte, behindern zunehmend gewalthaltige, dramatische Nachrichten die mentale Verarbeitung der Meldungen, die Dramatisierung von Nachrichten führt zu einer Simplifizierung der Gedanken über einen berichteten Sachverhalt (vgl. Newshagen & Reeves, 1992).

Dies alles gilt aber nicht für alle Zuschauer. Unter bestimmten Bedingungen können sie sehr wohl etwas aus TV-Sendungen lernen. Nachrichten beispielsweise werden besser von intelligenteren, formal besser gebildeten, politisch interessierten Zuschauern behalten, die das TV als Infoquelle ernstnehmen, hohes Themeninteresse und hohes Vorwissen zum Thema haben, die die Sendung mit großer Aufmerksamkeit verfolgen und über das Gesehene anschließend sprechen oder nachdenken. Dann können Behaltenswerte von bis zu 90% erzielt werden. Allerdings reagieren gerade diese Zuschauer auf Gewaltdarstellungen besonders intensiv. Man kann vermuten, daß die im Vergleich zu anderen Bildungsgruppen kürzere Nutzungszeit der Informationssendungen des Fernsehens durch formale höher Gebildete (vgl. dazu Klingler, 1999) wenigstens teilweise auf diese negativen Wirkungen zurückgeht: Gewalthaltige erregungsinduzierende Bilder be- oder verhindern vermutlich insbesondere bei diesen Zuschauern die kognitive Verarbeitung der dargebotenen Informationen. Sie könnten ihre mentale Aktivität für eine angemessene Selektion, Prüfung und Reflexion von TV-Nachrichten einsetzten, tun dies aber wegen der zunehmenden Dramatisierung und Boulevardisierung des Genres nicht mehr. Die Kultivierung mentaler Oberflächlichkeit durch das Fernsehen beeinflußt also Gebildete wie Ungebildete: Erstere schalten aus, letztere lernen nichts.

Aber das ist noch nicht alles. Auch wenn das Fernsehen mentale Oberflächlichkeit generiert, heißt das ja noch lange nicht, daß überhaupt nichts gelernt würde. Ganz im Gegenteil: »Fernsehen ist der gewaltigste Lieferant sozialer Images und Botschaften, den es – historisch gesehen – je gab. Es ist der *mainstream* der gemeinsamen symbolischen Umwelt, in den unsere Kinder hineingeboren werden und in dem wir alle unser Leben leben«, sagt der amerikanische Medienforscher George Gerbner (Gerbner et al., 1994, S. 17). Er hält dieses Medium – und nicht etwa das Elternhaus oder die Schule – sogar für die zentrale Erziehungsinstanz der amerikanischen Gesellschaft. Kann das nach allem wirklich stimmen?

Am Anfang steht die ziemlich triviale Erkenntnis, daß die TV-Welt ja keine unveränderte Abfilmung der realen Welt ist, sondern nahezu immer eine Veränderung, Überformung oder auch Verzerrung der Realität darstellt. Die Alltagswelt des Zuschauers und die Welt auf dem Bildschirm weisen erhebliche Unterschiede auf. Der Grundgedanke der *Kultivierungsforschung* besteht nun darin, daß besonders diejenigen Menschen, die sich dem Fernsehen sehr häufig aussetzen – die »Vielseher« –, auch ihre Beurteilung der realen Welt weitgehend aus der Welt des Fernsehens gewinnen. Sie lernen die »heimlichen Lehrpläne« des Mediums, das Fernsehen erklärt gewissermaßen dem (vielsehenden) Zuschauer die Gesetze, nach denen die Welt funktioniert.

Eine solche, fast dramatisch zu nennende Wirkungsannahme darf man nicht nur behaupten, man muß sie auch empirisch nachweisen. Dazu muß man zunächst eine Inhaltsanalyse von

TV-Sendungen hinsichtlich der Art und Häufigkeit des Auftretens bestimmter Personengruppen, Ereignisse oder Verhaltensweisen vornehmen. Die Ergebnisse dieser Analysen sind mit denselben Merkmalen der realen Welt zu vergleichen. In einem dritten Schritt müssen dann Zuschauer nach ihren Beurteilungen der realen Welt gefragt werden. Stimmt die These, so sollten Menschen, die viel fernsehen, die *reale Welt* nach den Kriterien der *TV-Welt* beurteilen.

Genau so ist Gerbner bei der ersten Überprüfung seiner Idee vorgegangen. Erst hat er Gewaltprofile des amerikanischen Fernsehens erstellt. Er fand, daß rund 70% aller Programme in der Zeit zwischen 20.00 Uhr und 23.00 Uhr Gewaltdarstellungen enthielten – mit einem Durchschnitt von 5,7 gewalthaltigen Handlungen pro Stunde. Noch höher lag die Rate in den Kindersendungen des Wochenendes: Hier werden in 92% aller Sendungen Gewaltakte gezeigt, mit einem Schnitt von 17 pro Stunde. Man muß nicht lange darüber streiten, daß beide Werte viel höher sind als die normalerweise in der Realität anzutreffende Gewalt. Gerbner vermutete, daß die vielsehenden Zuschauer die reale Welt für gefährlicher halten müßten, als diese tatsächlich ist. Um dies herauszubekommen, klassifizierte er Zuschauer auf der Basis ihrer TV-Nutzungszeiten als Wenig-, Normal- oder Vielseher. Schließlich stellte er Fragen, mit denen das Ausmaß an Ängstlichkeit und Entfremdung gegenüber der realen sozialen Welt erfaßt wurde. Und tatsächlich: Vielseher haben mehr Angst als Wenigseher, nachts allein durch die Stadt zu gehen, schützen sich häufiger als Wenigseher durch Hunde, Waffen oder neue Schlösser vor Verbrechen, halten die allgemeine politische Lage für schlechter und haben weniger Vertrauen zu Politikern als die Wenigseher. Allerdings entsprechen die medieninduzierten Ängste oft nicht den realen Gefährdungen. Glassner (1999) hat das in seinem Buch *The Culture of Fear: Why Are Americans Afraid of the Wrong Things* an der Angst vor Kriminalität, vor Drogenmißbrauch, vor Flugzeugabstürzen u.a.m. nachgewiesen. Die Ängste sind oft ausgeprägter, als sie es nach den entsprechenden Statistiken sein müßten.

Diese Theorie und die skizzierten Ergebnisse haben eine außerordentlich lebhafte Diskussion und zahlreiche Folgestudien ausgelöst. Die statistischen Zusammenhänge sind zwar nicht immer sehr groß, aber dennoch hält man heute den Kultivierungseffekt des Fernsehens für gesichert. Inzwischen wurde u. a. die Kultivierung von Geschlechterrollen, von politischen Einstellungen, von Annahmen über Minderheiten, Religion, Wissenschaft und Medizin, Familien und Berufsbilder untersucht (vgl. Übersicht von Morgan & Shanahan, 1996). Dabei zeigte sich u. a., daß Vielseher größeres Vertrauen zur Medizin, zur Polizei, zum Militär, zum Erziehungssystem, gegenüber der organisierten Religion, der Presse, dem Fernsehen und den Gewerkschaften haben als Wenigseher. Dagegen mißtrauen sie großen Firmen und der Wissenschaft. Vielseher überschätzen ferner die Häufigkeit von Doktoren, Rechtsanwälten und Geschäftsleuten in der Bevölkerung ebenso wie das Auftreten bestimmter Krankheiten (etwa Infarkt und Krebs), von Scheidungen und Haftstrafen und träumen eher von einer romantischen Ehe.

Auch bei Vielsehern bestimmter Sendungen zeigen sich entsprechende Effekte. So haben (amerikanische) Vielseher des Musiksenders MTV andere Einstellungen zur Sexualität als entsprechende Vergleichsgruppen. Sie überschätzen die Häufigkeit bestimmter Sexualpraktiken in der realen Welt, sind gegenüber Varianten des Sexualverhaltens permissiver, stören sich weniger an sexueller Belästigung. Bei weiblichen Zuschauern gibt es ferner einen Zusammenhang mit dem Wunschbild vom eigenen Körper: Wer viele Sendungen mit schlanken Frauen sieht, wie etwa MTV, wünscht sich auch selbst stärker eine schlanke Figur (Bissell & Zhou, 2004; Greenberg & Hofschire, 2000; Hansen & Hansen, 2000). Dies gilt ähnlich auch für die Vielseher von Seifenopern. Sie glauben, daß alleinstehende Mütter ein vergleichsweise angenehmes Leben führen, ferner halten sie Sexualität außerhalb der Ehe für positiver als innerhalb. Heirat und Ehe werden für weniger wichtig gehalten, zugleich aber mit unrealistisch großen romantischen Erwartungen versehen (Segrin & Nabi, 2002). Vielseherinnen sind aber meistens mit ihrer eigenen Figur weniger zufrieden als die entsprechenden Vergleichsgruppen (Wartella et al., 2000). Letzteres konnte auch für das Ansehen von Werbung nachgewiesen werden. Mädchen, die Werbung für Kosmetik vorgeführt bekamen, hielten am Ende körperliche Attraktivität für wichtiger als Mädchen, die nur neutrale Werbung sahen. In einer anderen Untersuchung schätzen Mädchen nach dem Ansehen von Kosmetikwerbung ihr eigenes Körpergewicht – wieder im Vergleich mit einer Kontrollgruppe – als größer ein. Medien beeinflussen sowohl das Schönheitsideal der Zuschauer wie das eigene Körperbild, ja sie wirken sich sogar auf das Eßverhalten aus (Botta, 1999). Amerikanische Vielseher von Talkshows überschätzen u.a. erheblich die Anzahl von Teenagern, die jährlich von zu Hause weglaufen (Schätzung: 49%, real: 8%), die Zahl von Mädchen, die vor dem 18. Lebensjahr schwanger werden (Schätzung: 55%, real: 4%), wieviel Schüler Waffen mit zur Schule bringen (Schätzung: 27%, real: 1%) sowie die Zahl untreuer Ehemänner (Schätzung: 45%, real: 20%) und Ehefrauen (Schätzung: 31%, real: 10%; vgl. Davis & Mares, 1998).

Zum Einfluß des Fernsehens auf politische Einstellungen ist darüber hinaus die sogenannte *Video-malaise*-Hypothese formuliert worden (vgl. Robinson, 1976): Danach haben Gruppen, die sich ausschließlich des Fernsehens als Quelle der politischen Information bedienten, eine sehr viel zynischere Haltung zur Politik und den Politkern. Dies tritt vor allem bei hohem Vertrauen in das Medium und einer unterhaltungsorientierten Nutzung des Fernsehens auf. Der amerikanische Politikwissenschaftler Putnam (2000) findet Zusammenhänge zwischen einer unterhaltungsorientierten TV-Nutzung und sozialen Aktivitäten: Wer viel TV-Unterhaltung sieht, nimmt weniger an Projekten der Wohngemeinde, am Vereinsleben, an sozial-karitativen Aktivitäten teil. Unterhaltungsseher haben zudem ein deutlich geringeres Interesse an Politik.

Nach allem zeigen sich hinsichtlich des Einflusses des Fernsehens auf das Denken zweierlei Tendenzen: Zum einen erzieht das Medium zur *mentalen Oberflächlichkeit*, zum anderen kultiviert es *Einstellungen und Meinungen*. Wieder drängt sich die Nähe zum Histrio auf: Sein Denken, so hatten wir oben resümiert, ist egozentrisch, oberflächlich, intuitiv, wenig strukturiert und impressionistisch. Dadurch fehlt ihm häufig ein systematisches und strukturiertes Faktenwissen. Er kann sich nicht lange konzentrieren und lebt stark im Hier-und-Jetzt. Auch neigt er zu einer seine Alltagsvorstellungen prägenden, romantisierenden Weltsicht und zu entsprechenden Idealisierungen. Schließlich ist er leicht beeindruck- und beeinflußbar. Dem kommt das Fernsehen in idealer Weise entgegen. Es ist in großen Teilen oberflächlich, intuitiv und impressionistisch. Es vermittelt kein strukturiertes Faktenwissen. Es verlangt keine lange Konzentration, sondern nur immer wieder eine Orientierungsreaktion auf das soeben Gezeigte. Es vermittelt (in Teilen) romantisierende Weltsichten, jedenfalls aber die Möglichkeit zur Idealisierung. Es will beeindrucken und beeinflussen. Wir stellen also fest, daß das Fernsehen auch hinsichtlich des Denkens ein histrionisches Medium ist – und ebendiese Art zu denken bei den Zuschauern fördert.

11   Handeln – Lernen am Modell

Am 15. November 1995 geht der 17jährige Jamie Rouse durch die Eingangshalle der Richland School, eine 22er Remington Viper im Gürtel. In der Halle stehen zwei Lehrerinnen, in ein Pausengespräch vertieft. Der Teenager nähert sich ihnen, zieht die Pistole – und schießt beiden in den Kopf. Einige Momente später kreuzt eine 16jährige Schülerin seinen Weg, ihr schießt der Junge in den Hals. Das Mädchen und eine der beiden Lehrerinnen sterben, die andere überlebt schwerverletzt.

Das ist nur ein Beispiel von rund zwanzig *school massacres* in den USA, bei denen Schüler andere Schüler, Lehrer und schließlich (oft) sich selbst in einer Orgie der Gewalt umbringen. Am bekanntesten wurde das »Columbine High School massacre« mit 15 Toten (darunter die beiden Täter) und 23 Verletzten durch den Film *Bowling for Columbine*. In Deutschland erlangte das Gutenberg-Gymnasium in Erfurt durch den Amokläufer Robert Steinhäuser traurige Berühmtheit – dort wurden 16 Menschen erschossen, bevor der Schütze sich selbst tötete.

»Der Markt ist nach unten gegangen, und ich hoffe, daß das euren Tag nicht ruiniert.« Nach diesen Worten zog der 44jährige Apotheker Mark Barton zwei Pistolen und feuerte auf die Angestellten einer Firma in Atlanta, bei der er kurz zuvor noch selbst als »Daytrader« an der Börse spekuliert hatte. Dabei hatte er sein gesamtes Vermögen verloren. Vier seiner Opfer waren sofort tot. Danach erschoß er in den Räumen einer anderen Daytradingfirma weitere fünf Angestellte. Zuvor hatte er in einem wenige Kilometer entfernten Ort seine Frau und seine beiden Kinder ermordet (vgl. Kreissl, 1999).

Ereignisse dieser Art werden in den USA als *rampage killing* bezeichnet, gemeint sind damit Verbrechen, die gezielt auf öffentlichen Plätzen begangen werden, bei denen mehrere Menschen verwundet werden und die zum Tod von mindestens einer Person führen. Die *New York Times* veröffentlicht im April 2000 eine Artikelserie über einhundert solcher Verbrechen aus den letzten fünfzig Jahren (vgl. Fessenden, 2000), dabei zeigt sich seit Beginn der 90er Jahre eine steigende Tendenz von bisher rund 20 solcher Verbrechen jährlich auf inzwischen rund 30. Die Täter sind meist Weiße, oft arbeitslos, viele von ihnen haben Collegeabschluß, manche waren lange beim Militär. Keiner war betrunken oder unter Drogeneinfluß, keiner versuchte zu flüchten. Die Hälfte von ihnen wandte am Schluß die Waffe gegen sich selbst: »Sie wollen nicht nur töten, sie wollen auch getötet werden« (Fessenden, 2000, S. 1; eigene Übersetzung).

Natürlich ist es immer und für alle traurig, wenn ein Mensch sterben will, weist es doch und besonders bei jungen Menschen in den meisten Fällen auf ein Versagen seines sozialen Umfeldes hin. Aber wenn es denn schon einmal so weit gekommen ist, warum wollen die Betroffenen dann nicht im Stillen sterben? Warum muß es der brutal inszenierte öffentliche Auftritt in der eigenen Schule oder Firma sein? Die starke Bedeutung des *Auftritts* als Rächer auf einer öffentlichen Bühne weist erneut auf den Histrio hin. Die Täter dramatisieren die eigene Person in höchster Konsequenz, sie agieren ihre Gefühle mit tödlicher Wirkung aus, stehen für kurze Zeit im Mittelpunkt des Interesses von Opfern, Behörden und – vor allem – Medien. Öffentliche Beachtung ist das Ziel des »rampage killers«, seine Tat verläuft deswegen so dramatisch, weil er schon lange vorher unter gravierenden psychischen Problemen litt und dabei nicht genügend Zuwendung erfuhr (Goodstein & Glaberson, 2000).

Nun mag es ja sein, daß bei dieser extremen Form von Gewalt der öffentliche Auftritt das entscheidende Merkmal ist. Wie aber verhält es sich bei den alltäglichen Varianten von Aggressivität? Werden sie auch durch das Fernsehen verstärkt, und welche Rolle spielt dabei eine histrionische Charakterstruktur?

Allgemein ist die Frage des Zusammenhangs von TV-Gewalt und realem aggressivem Verhalten von Zuschauern die am intensivsten untersuchte Frage der Medienwirkungsforschung. Beispielsweise wurden in den USA 1972 und 1982 zwei zusammenfassende Untersuchungen vorgelegt, der *Surgeon General's Report on Televison and Social Behavior* (Surgeon General's Scientific Advisory Committee, 1972) und der Bericht »Television and Behavior: Ten Years of Scientific Progress and Implications for the Eighties« (Pearl et al., Bouthilet & Lazar, 1982). Danach zeigte sich: Das sporadische Sehen aggressiver Medieninhalte allein hat kaum Auswirkungen auf das Verhalten der Zuschauer. Wenn die befürchteten Wirkungen auftreten, dann durch kontinuierlichen, häufigen Konsum und im Zusammenhang mit Umweltfaktoren, wie etwa Konflikten mit den Eltern, aggressiven Konfliktlösungsmustern im kulturellen und sozialen Umfeld oder in einer Lebenswelt mit hoher Kriminalität. Ferner müssen individuelle Faktoren vorliegen – wie eine aggressive Grundeinstellung des Kindes oder Persönlichkeitsstörungen. Schließlich spielen medieninterne Kontextfaktoren eine Rolle, z. B. fehlende Bestrafung aggressiven Verhaltens im Medium, besonders realistische Gewaltdarstellungen oder gerechtfertigt erscheinende Gewaltakte.

Allerdings sind die gefundenen Zusammenhänge auf den ersten Blick nicht sonderlich hoch: Sie betragen zwischen 3% und 10%. Das heißt, daß von allen Faktoren, die zur Auslösung des aggressiven Verhaltens beitragen (= 100%), drei bis 10% auf das Konto der TV-Wirkungen gehen. Treffen aber spezielle Zuschauergruppen und Medieninhalte aufeinander – etwa heranwachsende männliche Jugendliche und gewalthaltige Spielfilme –, können auch Werte bis zu 25% erreicht werden. Diese Werte sind dann doch ziemlich besorgniserregend, sie liegen auch nur wenig *unter* denen zum Zusammenhang von Rauchen und Lungenkrebs und deutlich *über* den Werten zum Zusammenhang von Passivrauchen und Lungenkrebs (vgl. Bushman & Anderson, 2001, S. 481).

Aus diesem Grund haben im Juli 2000 sechs bedeutende

amerikanische Berufsverbände – die »American Psychological Association«, die »American Academy of Child and Adolescent Psychiatry«, die »American Medical Association«, die »American Academy of Family Physicians« und die »American Psychiatric Association« – eine gemeinsame Erklärung herausgegeben, in der es u. a. heißt: »... gegenwärtig weisen über 1.000 Untersuchungen eindeutig auf einen kausalen Zusammenhang zwischen Gewalt in den Medien und aggressivem Verhalten bei einigen Kindern hin. Die auf über 30 Jahren Forschung basierende Folgerung, welche die mit öffentlicher Gesundheit befaßte Gemeinschaft daraus zieht, ist die, daß das Ansehen unterhaltender Gewalt zu einer Zunahme der aggressiven Einstellungen und Werte sowie des aggressiven Verhaltens besonders bei Kindern führt« (Amercian Academy of Pediatrics, www.aap.org/advocacy/releases/jstmtevc.htm, eigene Übersetzung).

Soweit die in der Forschung ermittelten Zusammenhänge. Es fehlt noch die psychologische Erklärung: Wie kommt es denn nun zu medial ausgelöstem, aber real gezeigtem aggressivem Verhalten? Vermutlich so: Zuschauer sehen sich (durchaus lustvoll) aggressive Verhaltensweisen an, die als mögliche Muster zukünftigen eigenen Verhaltens im Gedächtnis gespeichert werden. Dies gilt besonders für realistisches Verhalten von positiv erlebten Medienakteuren, das erfolgreich und im Dienste einer guten Sache eingesetzt wird. Unter bestimmten Umständen – der Einfluß einer Peer-Gruppe, vorangegangene Frustration, die Verfügbarkeit einer Waffe, aber auch Lärm oder Hitze – führen insbesondere impulsive und latent aggressive Individuen diese Verhaltensmuster dann auch selbst aus.

In diesem Zusammenhang sind histrionische Charaktermerkmale von Bedeutung: Insbesondere der aggressive Typ des männlichen Histrio wird seine hohe und schnell entflammbare Aggressionsbereitschaft besonders dann in reales aggressives Verhalten nach dem Vorbild seiner medialen Identifikationsfiguren umsetzen, wenn er ein entsprechendes Publikum – seine Kumpel, Mitschüler oder unbeteiligte Beobachter – hat. Dies gilt zunächst einmal nur für das, was man »alltägliche Gewalt« nennt, und allenfalls noch für kriminelle Taten wie Sachbeschädigung, Körperverletzung, Erpressung, Raub und Diebstahl. Forschungsergebnisse zu dieser Form der Jugendkriminalität in Deutschland zeigen hier einen bedeutsamen Zuwachs in den vergangenen Jahren (vgl. etwa Pfeiffer & Wetzels, 2001).

Beim »rampage killing« sind diese Tendenzen ins Extreme übersteigert. Die männlichen Täter sind u. a. gekennzeichnet durch die Persönlichkeitsmerkmale Übererregbarkeit und emotionale Labilität, Aggressivität und Halsstarrigkeit, durch Egozentrik sowie theatralisches Verhalten. Sie haben Kränkungen und Demütigungen erlebt, ihre Appelle um Zuwendung und Beachtung blieben unerhört, schließlich erzwingen sie in einer Orgie von Gewalt die öffentliche Beachtung; die verzweifelte Trauer über ihr Leben und ihre letzte Tat läßt sie den Selbstmord als eine Art von reinigender Strafe und Erlösung empfinden. Trotz weltweit steigender Zahlen bleiben aber sowohl »school massacres« wie auch das »rampage killing« glücklicherweise einstweilen noch seltene Ereignisse, an denen sich jedoch das fatale Zusammenwirken mit histrionischen Charaktereigenschaften besonders gut verdeutlichen läßt.

Glücklicherweise ist die Frage der Modellierung aggressiven Verhaltens nicht der einzige Einfluß des Fernsehens auf das reale Verhalten von Zuschauern. Hier zeigt sich aber ein besonders gravierendes Beispiel für das *Lernen am medialen Modell*. Benachbart dazu sind Forschungsergebnisse, nach denen weiße amerikanische Jugendliche, die häufig »heavy metal«-Videos auf MTV sehen, eher zu sozial auffälligem Verhalten wie Schuleschwänzen, Autofahren ohne Führerschein, Marihuanarauchen oder Stehlen neigen (Klein et al., 1993). Auch der *Werthereffekt*, die Nachahmung des Selbstmordes eines Prominenten, ist inzwischen gut belegt. Beispielsweise nahmen sich in den USA im August 1962 – nach dem Selbstmord von Marylin Monroe – 303 Menschen das Leben. Das ist gegenüber dem langjährigen Durchschnitt eine Zunahme um 12 %. Es paßt zu unseren Überlegungen, daß der Werthereffekt bei Berichten über Prominentenselbstmorde stärker ist als bei Berichten über Selbstmorde von Durchschnittsbürgern. Noch deutlicher wird der Inszenierungsaspekt in diesem Befund: Berichte über versuchte, aber erfolglose Selbstmordversuche von Prominenten finden mehr Nachahmer als solche über erfolgreiche Suizide (Stack, 2003).

Darüber hinaus lassen sich aber auch Beispiele für weniger auffällige Verhaltensweisen finden, die Ausdruck solcher partiellen identifikatorischen Prozesse sind. So zeigen inhaltsanalytische Untersuchungen, daß ab 1960 sowohl die Modelle des *Playboy* wie die Bewerberinnen zur Miss America und allgemein die Filmstars und Schauspielerinnen immer dünner und um die Hüften immer schmaler wurden (Signorelli, 1995). Es ist kaum zu glauben, aber inzwischen erfüllen zwischen 60% und 70% dieser jungen Frauen eines der Kriterien für eine Anorexia nervosa. Sie haben ein um 15% geringeres Körpergewicht als das, was nach Lebensalter und Größe durchschnittlich zu erwarten wäre. Andere Kriterien für diese Störung sind vorsätzliches Fasten, verzerrte Einstellungen gegenüber Essen und Gewicht sowie die Leugnung des Problems. Und entsprechend finden sich bei jüngeren weiblichen Zuschauern Zusammenhänge zwischen der Lektüre von Frauenzeitschriften, dem Anschauen von Seifenopern und Musikvideos und Eßstörungen (Harrison, 2000; Hofschire & Greenberg, 2002). Die Identifikation mit weiblichen Modellen und TV-Stars führt auch zur *Unzufriedenheit mit dem eigenen Körper*. Die jungen Frauen finden ihren Busen zu klein, ihre Hüften zu breit oder sich generell zu dick.

Zudem sehen sie sich dann auch noch einer ständig wachsenden Anzahl von Artikeln über Diät und sportliche Aktivitäten in den Frauenmagazinen ausgesetzt. Entsprechend mühen sie sich kontinuierlich um eine Reduktion ihres Körpergewichts, haben häufiger Anorexia nervosa sowie Bulimia nervosa, das wiederkehrende Wechselspiel von Freßanfällen und selbst herbeigeführtem Erbrechen (Hofschire & Greenberg, 2002).

Ein anderer Aspekt ist das *Rauchen*. So gibt es eine Reihe von Studien, nach denen Heranwachsende im Alter von 10 bis 14 Jahren um so eher damit anfangen, je mehr Filme mit rauchenden Stars sie gesehen haben (Dalton et al., 2003). Die amerikanische Zigarettenindustrie macht sich dies zunutze, indem sie für entsprechendes »product placement« sorgt. In etwa einem Viertel aller fiktionalen Programme der Hauptsendezeit wird geraucht – und zwar in mehr als 90 % der Fälle von den positiven Figuren (Basil, 1997). Raucher waren romantischer und erotisch aktiver als Nichtraucher, Rauchen wirkt männlich, rebellisch und/oder erotisch: So wollen die Zuschauer auch sein (McIntosh et al., 1998).

Wenn also überall in der Welt Heranwachsende ihre Vorbilder zunehmend in den Medien finden, dann muß sich der damit verbundene identifikatorische Prozeß, die »celebrity identification«, notwendigerweise auch im Verhalten zeigen. Das Lernen am Modell führt und verführt vor allem Kinder und Jugendliche dazu, es ihren medialen Vorbildern gleich tun zu wollen. Der Histrio mit seinem schwachen Selbst ist leicht beeinflußbar durch andere Personen und Umstände. Und besonders der Jugendliche sucht solche Modellpersonen, mit denen er sich identifizieren kann. Über die Untersuchungen zum aggressiven Verhalten, zu Körperbildern und Schönheitsidealen wie schließlich zum Rauchen führt die Argumentation wieder zurück zum Fan: Jetzt wundert es nicht mehr, daß 75 % der 12- bis 14jährigen so sein wollen wie Schauspieler, Sportler oder Musiker.

»Couch potatoes« – Die Prägung des histrionischen Charakters   12

»Couch potatoes« – so nennen sich Amerikaner, deren Traum vom Paradies aus einem bequemen Fernsehsessel, einer Fernbedienung, einer großen Portion Popcorn, sodann Hamburgern mit einer Tüte Pommes frites dazu, Soft Drinks oder Bier, abgedunkeltem Licht und einer Kuscheldecke besteht. So versorgt, verbringen sie Stunden nahezu bewegungslos vor dem Bildschirm und ahnen nicht, wie gefährlich dieses beschauliche Leben ist: Sie werden fett, und sie werden krank.

Dabei leben wir schon in einer Gesellschaft der Dicken. In den USA haben beispielsweise fast zwei Drittel der Menschen Übergewicht, 30% leiden unter Fettleibigkeit, weitere 5% unter schwerer Fettleibigkeit (Flegal et al., 2002). In Deutschland sind gegenwärtig 15 Millionen Menschen – 19% der Frauen und 17% der Männer – fettleibig (Gerber, 2003). Und alle Werte haben eine steigende Tendenz.

Mag sein, aber was soll das hier? Das Erschreckende an diesen Daten ist, daß die Entwicklung von immer mehr Menschen zu immer mehr Körpergewicht mit dem TV-Konsum zusammenhängt. Untersucht man nämlich die tägliche *TV-Nutzungszeit* und das *Körpergewicht* von (amerikanischen) Fernsehzuschauern, so findet sich die folgende Gesetzmäßigkeit: Eingeteilt in Zwei-Stunden-Intervalle steigt das Risiko der Fettleibigkeit bei Frauen um je 23% pro Intervall (Hu et al., 2003). Auch bei Jugendlichen hängt Übergewicht mit dem TV-Konsum zusammen. Wer täglich mehr als fünf Stunden fernsieht, hat eine 4,6fach höhere Wahrscheinlichkeit von Übergewicht gegenüber einem Altersgenossen, der nur bis zu zwei Stunden täglich zuschaut. Bei einer durchschnittlichen täglichen Nutzungszeit von etwa viereinhalb Stunden in den USA ist dieser Wert schnell erreicht.

Ähnliche Tendenzen finden sich übrigens auch anderswo, nämlich in Australien (Cameron et al., 2003) und in Thailand, wie eine vermutlich eher selten (und auch vom Autor nie wieder) zitierte Arbeit von Ruangdaraganon et al. (2002) zeigt. Natürlich macht Fernsehen selbst nicht dick, es ist aber der Auslöser für Bewegungsmangel und Kalorienzufuhr, die sich zunächst auf den Hüften, später überall zeigt.

Wenn es denn nur das wäre, aber es bleibt ja nicht bei der bloßen Fettleibigkeit. Mit dem TV-Konsum steigt auch das Risiko, eine *Typ II-Diabetes* zu bekommen. Diese Diabetesvariante wird durch langjährige Fehlernährung, Fettleibigkeit und Bewegungsmangel ausgelöst. Auch dazu gibt es erschreckende Zahlen: Rund 17 Millionen Amerikaner sollen gegenwärtig daran erkrankt sein, weitere rund 16 Millionen haben bereits eine Vorform. Das sind zusammen fast 12% der amerikanischen Bevölkerung. Wenn die Entwicklung so weitergeht, werden bald über ein Drittel der amerikanischen Jungen und Mädchen im Laufe ihres Lebens an Diabetes erkranken (Brody, 2003). In Deutschland sind die Zahlen glücklicherweise nicht ganz so dramatisch, hier sollen nach Schätzungen des Statistischen Bundesamts (1998) rund vier Millionen Menschen an Diabetes leiden. Allerdings sind das auch schon 5% der Gesamtbevölkerung.

Auch hier findet sich der eben schon genannte Zusammenhang mit dem TV-Konsum. Teilt man den TV-Konsum wiederum in Zwei-Stunden-Intervalle ein, so steigt das Diabetes-Risiko bei (amerikanischen) Frauen um jeweils 14% pro Intervall. (Amerikanische) Männer, die etwa sechs Stunden täglich vor dem Bildschirm verbringen, haben ein dreifach höheres Diabetesrisiko als Männer, die nur wenig oder gar nicht Fernsehen (Hu et al., 2001). Auch hier gilt natürlich, daß das Fernsehen selbst nicht krank macht, es ist vielmehr eine schlichte Fortsetzung des oben skizzierten Zusammenhangs: Bewegungsmangel und falsche Ernährung vor dem Fernsehapparat führen zu Fettleibigkeit, alles zusammen zu Diabetes.

Es ist also wirklich ein gefährliches Leben, das die »couch potatoes« sich da einrichten. Und inzwischen können sie sich nicht mehr damit herausreden, sie hätten es nicht gewußt, denn die amerikanische Öffentlichkeit beginnt, sich diesem Problem zuzuwenden (vgl. etwa Brody, 2003). So stellt sich schon die Frage, was Menschen dazu bringt, stundenlang nahezu bewegungslos im Halbdunklen auf einen Bildschirm zu gucken, allerlei minderwertige Nahrungsmittel und Getränke zu konsumieren und schnurstracks in die Fettleibigkeit zu marschieren?

Die Antwort lautet: *orale Regression*. Was soll das sein?

In der Psychologie ist Regression allgemein ein *Abwehrmechanismus*, bei dem die regredierende Person sich nach einer Frustration auf eine Entwicklungsstufe zurückfallen läßt, die sie eigentlich schon durchlaufen hatte. In der Psychoanalyse wird dieser allgemeine Gedanke auf die hier entwickelten Phasen der menschlichen Entwicklung bezogen (vgl. zum Folgenden Krause, 1998): Es beginnt mit der oralen Phase des ersten Lebensjahres mit Mund und Lippen als den dominierenden Lustzonen. Es folgt die anale Phase des zweiten und dritten Lebensjahrs mit dem Anus als der dominierenden Lustzone, schließlich die phallisch-ödipale Phase des dritten bis siebten Lebensjahres mit der Entdeckung des Penis als Lustzentrum. Sie wird von der Latenzperiode abgelöst, der Zeit vom Schuleintritt bis zur Pubertät, die schließlich in die genitale Phase des geschlechtsreifen Erwachsenen mündet.

Orale Regression ist demnach ein vorübergehendes oder dauerhaftes Zurückfallen in die orale Entwicklungsphase. Der nur zeitweilig regredierende Mensch zeigt demnach nur vorübergehend Verhaltensweisen, wie etwas sich einverleiben wollen, etwas bekommen und ergreifen, mit jemandem verschmelzen und sich-eins-fühlen wollen. Wird die Regression chronisch, so führt sie zu Charaktereigenschaften wie Passivität, rezeptiver Abhängigkeit und dem Wunsch nach mütterlichem Umsorgtwerden, aber auch zu Gier, Ungeduld und Neid. Die Haltung gegenüber der Welt ist durch primitive Abwehr, durch simple kognitive Operationen und Strukturen, durch Projektionen und – im Extremfall – durch wahnhafte Wahrnehmungen gekennzeichnet. Ein Beispiel für eine orale Regression wäre also etwa unmäßiges Essen als Reaktion auf Liebeskummer – aber auch Fernsehen?

Gewiß, es spricht schon einiges dafür, die Fernsehgewohnheiten der »couch potatoes« als orale Regression zu interpretieren (vgl. dazu Kubey & Csikszentmihalyi, 1990, S. 102 ff.): Sie nehmen in ihren TV-Sesseln mit Vorliebe eine infantile Körperhaltung ein, sie haben sich eine warme, abgedunkelte Umgebung geschaffen und sich mit leicht und nebenbei konsumierbaren Lebensmitteln und Getränken versorgt. Das ist aber noch nicht alles. Hinzu kommt nämlich, daß das TV-Gerät sie mit einer nie endenden Zahl immer irgendwie gleicher und letztlich doch meistens glücklich endender Geschichten versorgt, die – genau wie früher die Märchen – vor dem Zubettgehen erzählt werden. Aber noch wichtiger ist dies: Die Geschichten des Fernsehens sind voll von nahezu beliebig verfügbaren, auf die individuellen Wünsche des Zuschauers zugeschnittenen Bezugspersonen! Sich etwas einverleiben wollen, etwas bekommen und ergreifen, mit jemandem verschmelzen und sich eins fühlen wollen ist hier allemal realisiert, und Eigenschaften, wie Passivität, rezeptive Abhängigkeit und der Wunsch nach mütterlichem Umsorgtwerden, werden sicher bedient.

Und so ergibt sich eine stimmige Erklärung für das eben skizzierte, eigentlich ziemlich bizarre Verhalten fernsehender Menschen: Die »couch potatoe« hat in ihren täglichen Verrichtungen innerhalb und außerhalb der Arbeit (so sie denn welche hat) mühselige und frustrierende Erfahrungen machen müssen. Da bietet das Fernsehen eine willkommene und wohl auch notwendige Gelegenheit zur Ablenkung. Sie kann die bedrückenden Gefühle und Gedanken des Alltags wenigstens eine zeitlang regredierend loswerden: Das abgedunkelte Licht läßt die Realität außerhalb des Bildschirms in den Hintergrund treten, der Lieblingsplatz auf dem TV-Sessel oder dem Sofa erfordert eine regressiv-infantile Körperhaltung, Süßigkeiten und weiche Speisen sowie Soft-Drinks erinnern an glücklichere Kinderzeiten, ein wenig Alkohol erhöht die narkotisierende Wirkung der Gesamtinszenierung. So eingestimmt, sucht und findet die »couch potatoe« ihre TV-Märchen, deren Figuren ihr – über den Mechanismus der parasozialen Bindung – endlich das geben, was sie im realen Leben nachhaltig vermißt: sich eins fühlen und umsorgt werden.

Und das zumindest gilt für die anderen Zuschauer auch: Auch ohne Popcorn und Softdrinks reichen Märchen bis zum Abwinken sowie die verläßliche Anwesenheit und nahezu totale Verfügbarkeit geliebter Bezugspersonen alleine für einen regressiven Ausflug in das verlorengegangene oder nie so recht erfahrene Paradies der Kindheit aus. Es ist ja kein Zufall, daß ältere Zuschauer ab 60 Jahren um die vier Stunden täglich fernsehen; ihr tristes, oft einsames Leben scheint keine sinnvollere, zumindest keine leichter zu realisierende Alternative zu bieten. Die TV-Nutzungszeiten in den östlichen Bundesländern sind ja auch deswegen höher als im Westen, weil dort die Arbeitslosigkeit sehr viel höher ist. Und daß Menschen, die im Laufe des Tages eine frustrierende Situation erleben mußten, abends länger fernsehen als andere, spricht auch für die regressive Funktion des Mediums (Kubey & Csikszentmihaly, 1990, S. 131 ff.). Je belastender das Alltagsleben wird, um so größer ist offenbar die Versuchung, den dadurch erlittenen Frustrationen durch orale Regression vor dem Fernsehen zu entkommen.

So plausibel dies auch erscheinen mag, eine Frage bleibt schon noch offen: Warum gerade eine Regression in die orale und nicht etwa in die anale oder phallische Phase? In der analen Phase beispielsweise könnten dies Tätigkeiten wie selber machen, basteln und sammeln oder Charaktereigenschaften wie Sparsamkeit, Geiz, Trotz und Eigensinn sein. Der Grund für die ausgeprägte kollektive Lust am Fernsehen – noch einmal: im Durchschnitt dreieinhalb Stunden täglich bei uns, viereinhalb Stunden täglich in den USA – liegt in der allen gemeinsamen

Erfahrung zunehmender Bindungsunsicherheit. Unter dem Eindruck ständig gefährdeter sozialer Beziehungen in der Familie, der Arbeit, den Vereinen und der Nachbarschaft wird der Wunsch nach sicheren Bindungen mächtig. *Bowling alone* hatte Robert D. Putnam (2000) dies mit deprimierender Präzision genannt. Wer alleine kegeln muß, sucht (para-)soziale Surrogate, die die drohende Isolation erträglicher machen. Das Fernsehen bietet sie ihm, verbunden mit dem süßen Versprechen des dauerhaften Umsorgtwerdens. Fernsehen wird so zum dominierenden Regressionsmodus der durch Bindungsunsicherheit gekennzeichneten Gesellschaften.

Aber wie in jedem anständigen Märchen gibt es immer einen Pferdefuß, wenn ein willfähriger Geist einem eine Zeitlang alle Wünsche erfüllt. Meistens verkauft man – wie ja beim Holländermichel auch – sein Herz dabei. Das ist beim Fernsehen auch nicht anders: Indem man es regressiv nutzt, prägt es zugleich das Handeln, Denken und Fühlen des Nutzers.

Bleiben wir fürs erste bei der Regression als einem Aspekt des Handelns. Sie ist ein immer nur vordergründig und zeitweilig Erleichterung verschaffender Abwehrmechanismus, der an einer insgesamt unbefriedigenden Lebenssituation nichts ändert. Insofern bedeutet regressives Handeln immer auch den Verzicht auf progressives, eine Situation dauerhaft zum Besseren veränderndes Handeln. Zwar benötigt jeder Mensch zur Lebensbewältigung seine *Abwehrmechanismen*; sind es doch »... automatische psychologische Prozesse, die die Person vor Angst und vor dem Bewußtsein innerer oder äußerer Gefahren oder Belastungsfaktoren schützen. Betroffene sind sich des Wirkens dieser Prozesse oft nicht bewußt« (Saß et al., 1996, S. 842). Aber nicht alle Abwehrmechanismen sind gleich gut. Der Saarbrücker Psychoanalytiker Rainer Krause gruppiert solche Mechanismen von »hoch adaptiv« bis »psychotisch« und »wahnhaft« (Krause, 1998, S. 220). Optimale Abwehrmechanismen sind etwa Humor, Altruismus oder Selbstbehauptung, sie entlasten das Individuum, und sie können gleichzeitig zu einer Veränderung der belastenden Situation beitragen. Leugnung, Verzerrung und wahnhafte Projektion hingegen zeigen ein Zusammenbrechen der Abwehrregulation an, in diesem Fall verzieht sich der Mensch dauerhaft in eine selbstgebaute, jedoch für ihn erträgliche Welt.

Fernsehen ist in diesem Sinne multifunktional, es kann für leichte Verzerrungen des Alltags und der darin handelnden Personen ebenso dienen wie für wahnhafte Projektionen. Zweifellos ist es gelegentlich nützlich, sich in oder nach Belastungssituationen mit Hilfe des Fernsehens auf andere Gefühle und Gedanken zu bringen, wenn man sich anschließend – so gestärkt – den Ursachen der Belastungen wieder zuwendet. Aber zugleich ist es mit seinem Angebot der oralen Regression auch ein verführerisches Medium: Wer will nicht gern eine Zeitlang wieder Kind sein? Entsprechend verordnet man sich leicht eine zu große Dosis – mit den zugehörigen Nebenwirkungen. Viele Menschen spüren dies, wenn sie nach einem langen Fernsehabend ein leichtes Schuldgefühl haben. Besonders gilt dies für Angehörige der sozialen Mittelschicht und hier wiederum vor allem für die Akademiker (Kubey & Csikszentmihaly, 1990). Ihnen dämmert womöglich früher als anderen, daß das Fernsehen als Mittel der Regression gewissermaßen nur vorübergehend und schmerzlindernd eingesetzt werden darf. Zu lange genutzt und zu hoch dosiert, dämpft es die Autonomie- und Kontrollbedürfnisse des (gebildeten) Individuums und führt zu tief in die Richtung pathologischer Abwehrmechanismen.

Neben der Gefahr der chronifizierten medialen Regression kommt ein weiterer Gesichtspunkt hinzu, der das Medium zu einem süßen Gift macht: die parasozialen Bindungen. Nochmal zur Erinnerung: Zu den Medienfiguren entwickeln sich scheinbar persönliche Beziehungen, sie werden zwischen sehr guten Freunden und guten Bekannten eingeordnet. Diese Beziehungen bieten dem Zuschauer eine verläßliche und dauerhafte Bindung, sie werden auch – und das ist das eigentliche Problem – zum Mittel der Identitätskonstruktion. Wenn die Eltern, die Verwandten, Lehrer oder Trainer als Vorbilder nicht mehr taugen, bieten sich die Medienfiguren als Ersatz geradezu an: Es ist ja nicht nur ihre verläßliche Verfügbarkeit, sondern ihr sichtbarer Erfolg, der sie für diese Funktion so nützlich macht.

Wie dies im einzelnen funktioniert, zeigt eine Studie, bei der 22 Jugendliche und ihr Medienkonsum über sechs Jahre hin begleitet wurden. Danach suchten Jugendliche in ihren Lieblingsfilmen vor allem nach Vorbildern für ihr eigenes Verhalten und nach Geschichten, in denen es um die Verläßlichkeit von Beziehungen geht (Barthelemes, 2001, S. 86): »So waren in den befragten Familien die Väter aus beruflichen Gründen häufig abwesend, ein Drittel der Mütter war allein erziehend, und es gab auch Adoptiv- oder Stiefeltern. Offenbar bewirkten die Abwesenheit der Väter sowie Erfahrungen mit Trennung und/ oder Scheidung der Eltern einen starken Wunsch nach Nähe und emotionaler Sicherheit. Der abwesende Vater ist aber um so präsenter in den Bildern, die die Jugendlichen sich machen. Was unbekannt ist, wie beispielsweise die männliche Art und Weise mit Menschen, Situationen und Dingen umzugehen, schürt Zweifel, macht Angst, und aus dieser Angst heraus suchen die Jugendlichen in den Filmen und Serien nach den verschiedenen Bildern des Männlichen: von *Rambo, Terminator, Indiana Jones* bis hin zu *Schindlers Liste, Der mit dem Wolf tanzt* oder *Star Wars*. Die beteiligten Mädchen setzten sich beispielsweise mit der Frage auseinander, welches Bild sie von sich selbst als Frau haben und welche Eigenschaften und Merkmale sie bei ihren Lieblingsstars schätzen und bewundern, aber auch, welches Verhalten und welches Aussehen sie an den weiblichen Stars überhaupt nicht mögen. Dabei stehen bei ihnen Gefühle des Mangels und des Unfertigen im Kampf mit Gefühlen der Euphorie und des Übermuts. Sie fragen, warum diese Stars so anziehend sind. Dabei geht es nicht um kritiklose Nachahmung der Frauenbilder, sondern um die Suche nach dem eigenen Geschmack und der eigenen Person bzw. Persönlichkeit. Einige der befragten Mädchen sehen beispielsweise bis zu zwanzig Mal Filme wie *Dirty Dancing, Pretty Woman, Grüne Tomaten* oder *Der Feind in meinem Bett* und setzen sich dabei mit den unterschiedlichsten Frauenbildern auseinander, indem sie immer wieder ihre Gedanken, Empfindungen, Gefühle und Einschätzungen ausloten.«

Ähnliche Befunde zeigen sich in einer Befragung von Kindern und Jugendlichen zwischen sechs und 19 Jahren, bei der es um die Motive des Ansehens von täglichen Serien ging (Götz, 2000). Die Jugendlichen nutzen die Serien, um sich mit den Problemen ihrer Pubertät auseinanderzusetzen, am Beispiel der Akteure entwickeln sie Idealvorstellungen und stilistische Modelle für ihr eigenes Verhalten. Sie schwärmen für die Stars und wollen so sein wie sie: attraktiv, selbstbewußt und gelegentlich mit Problemen konfrontiert.

Und dies alles trifft nun auf einen psycho-sozialen Nährboden, den wir oben so beschrieben hatten: Histrionische Charaktere entstehen in familiären Kontexten, die durch längere Bindungsunsicherheit und mangelnde mütterliche Zuneigung, geringe Impulskontrolle, ausweichendes Verhalten und theatralische Inszenierungen gekennzeichnet sind. Bindungsunsicherheit und mangelnde mütterliche Zuneigung sind es aber nicht alleine, die den Histrio entstehen lassen. Entscheidend ist, daß die potentiell histrionischen Charaktere Tag für Tag im Fernsehen vorgeführt bekommen, wie Menschen Aufmerksamkeit und Zuwendung, aber auch finanzielle und sexuelle Erfolge erzielen. Ob herausragende Stars oder nur »Celebrities« der zweiten Reihe – sie alle werden als Modelle für die Hoffnungen, Wünsche und Träume ihrer Bewunderer genutzt.

Und eben dadurch beschleunigt sich der Prozeß der Bildung eines histrionischen Sozialcharakters weiter, denn was für Charaktere sind es, die dem Zuschauer als Modelle dienen? Zur Beantwortung sei noch einmal an Marlene Dietrich und Leni Riefenstahl erinnert. Bei beiden lag die Diagnose eines ausgeprägten histrionischen Charakters sehr nahe, an ihnen sollte ja exemplarisch verdeutlicht werden, daß sich vor allem histrionische Charaktere in den Medien tummeln. Allerdings: Ob sie und/oder andere Filmstars wirklich Histrios waren oder nicht, war schon damals letztlich sekundär. Wichtig war, daß sie entsprechend *wirkten*, wie man an der Veränderung von Marlene

Dietrich durch ihre Filmgesellschaft Paramount sehen konnte. Aber natürlich fällt das Mittun bei solchen Inszenierungsstrategien Menschen leichter, die schon von sich aus mit Vergnügen im Mittelpunkt stehen, zu theatralischem Verhalten neigen, eine oberflächliche Affektivität aufweisen, gern verführerisch auftreten und ein großes Interesse an körperlicher Attraktivität haben – also histrionische Charaktere sind. Der Histrio ist der geborene Schauspieler, und der erfolgreiche Schauspieler ist (vermutlich) immer auch ein Histrio. Jemand, der sich selbst für unbeholfen, unattraktiv, minderwertig hält, der voller Sorge ist, in sozialen Situationen den Erwartungen anderer Menschen nicht gerecht zu werden, ständig besorgt und angespannt ist – also ein selbstunsicherer, ängstlicher Charakter (Fiedler, 1997) –, wird kaum einmal mediale Prominenz suchen oder erreichen.

Die histrionischen Charaktere sind es, die vom Zuschauer als Modelle der *celebritiy identification* gewählt werden, zu denen er parasoziale Bindungen entwickelt, denen er gleichen will. So erklärt sich auch der weitverbreitete Wunsch nach einem eigenen Auftritt in Talk-Shows und anderen »Real-Life«-Formaten: Rund 20.000 Personen jährlich – die Bevölkerung einer Mittelstadt – nutzen diese Möglichkeit in den diversen Sendungen dieses Genres. Natürlich genießen alle für eine Weile die Vorstellung eigener Prominenz. Aber auch das ist nur ein Surrogat, denn nach ihrem Auftritt fallen sie schnell wieder in jene unbedeutende Anonymität zurück, aus der sie gekommen sind. Das Fatale daran ist jedoch die Wirkung der Auftritte bei den anderen: Die 20.000 Underdogs auf dem Bildschirm vermitteln den Millionen Underdogs vor dem Bildschirm den Eindruck, auch sie selbst könnten wenigstens für eine halbe Stunde berühmt sein, wenn sie sich nur bizarr, schrill und auffällig genug inszenierten. Und so beschleunigt sich der Prozeß der Bildung des histrionischen Sozialcharakters noch einmal: Was die können, kann ich auch. Besonders problematisch sind in diesem Zusammenhang Sendungen wie die *Mini-Playback-Show*, weil sie schon bei Kindern den verführerischen Traum von Zuwendung und Beachtung durch entsprechende mediale Inszenierungen wecken. Aber auch andere Sendungen mit Zuschauerbeteiligung – wie etwa *Die Traumhochzeit, Die 100.000 DM Show* oder *Big Brother* – spielen brillant mit dem ungestillten Verlangen des Zuschauers nach eigener Prominenz.

Daß die Identifikation mit Medienfiguren jedoch notwendigerweise nur oberflächlich bleiben kann, daß in der Auseinandersetzung mit ihnen kein stabiles Selbstbild entstehen kann, darauf hat Horkheimer schon 1950 (1985, S. 16 f.) hingewiesen: »Abgesehen von der schwindenden ökonomischen Basis des verhältnismäßig unabhängigen Individuums, behindern Faktoren wie die Massenproduktion der verschiedenen Vergnügungsindustrien die Entwicklung autonomer Persönlichkeit. Die überwältigende Anzahl von Fernseh- und Radiosendungen, Filmen, Comics und Reklamen zwingt das Kind, sich mit beständig wechselnden Charakteren zu identifizieren, während nur wenige abstrakte, veräußerlichte Ideen wie Erfolg oder Stärke oder Ehe dieselben bleiben. Kurzlebige und widerspruchslose Modelle und Ideen erlauben es dem jungen Menschen nicht, die Einwirkungen weniger, konkreter Imagines so tief und anhaltend zu erfahren, daß sie das Rückrat seines Erwachsenenlebens werden können ... Deshalb werden Handlungen einer Person immer weniger deren eigener Ausdruck, sondern zu bloßen Funktionen wechselnder Situationen, gesellschaftlicher und politischer Manipulationen.« In der Entwicklungspsychologie spricht man in diesem Zusammenhang von *patchwork identity* oder *diffuser Identität*: Das Selbstwertgefühl der so Heranwachsenden ist niedrig, ihr Handeln von außen kontrolliert, das Denken impulsiv. Sie ziehen sich von den Eltern zurück und hören auf Gleichaltrige oder andere Autoritäten. Der Anteil von Jugendlichen mit dieser Identität hat sich von früher 20 % auf inzwischen 40 % erhöht (Oerter & Dreher, 1995).

Regression, »celebrity identification« und diffuse Identitäten sind nicht alles. Der willfährige Geist »Fernsehen« will nicht nur handelnd nachgeahmt werden, er prägt auch das Denken und die Gefühle der Zuschauer.

Wie sah das Denken des Histrio aus, welche Merkmale machten den »hysterischen Kognitionsstil« (Shapiro, 1991) aus? Wie oben dargelegt, sind Histrios durch eine zu hastige und unzureichende innerpsychische Organisiertheit, Differenzierung und Integration mentaler Inhalte gekennzeichnet. Der Histrio kann sich – auch bei hoher Intelligenz – nur schwer intensiv auf eine Aufgabe konzentrieren, er entwickelt selten intellektuelle Neugier, da er dem Oberflächlich-Offensichtlichen zugeneigt ist. Histrionische Denkmuster sind relativ diffus, wenig detailreich, eher impressionistisch. Der Histrio ist suggestibel und hoch beeindruckbar durch alles Lebhafte, Verblüffende oder nachdrücklich Geäußerte. An gründlichem Wissen ist er wenig interessiert, sammelt er doch eher Eindrücke als Fakten. Insgesamt ist der hysterische Kognitionsstil durch die drei Merkmale Konzentrationsunfähigkeit, Beeindruckbarkeit und Lücken im Faktenwissen gekennzeichnet. Das entspricht nicht nur zu guten Teilen den Merkmalen oral-regressiven Denkens mit seiner Tendenz zu simplen kognitiven Operationen und Strukturen, es entspricht vor allem in geradezu frappierender Weise den Eigenschaften des Mediums: Auch das Medium gibt sich lebhaft, verblüffend, nachdrücklich. Es verlangt keine Konzentration, gilt ja insgesamt als »leichtes Medium« und vermittelt eher oberflächliche Eindrücke als fundiertes Wissen. So findet sich also auch hinsichtlich des Denkens eine überraschend gute Passung von medialer und mentaler Struktur: Das Fernsehen entspricht dem Kognitionsstil des Histrio, und es prägt ihn Tag für Tag aufs neue.

Und schließlich die Gefühle: Fernsehen ist ja inzwischen ein Medium geworden, das sich insgesamt mehr an die Stimmungen, Gefühle und Affekte der Zuschauer als an deren Intellekt wendet. Formal und inhaltlich nehmen die emotionsgenerierenden Gestaltungsmittel zu; wir hatten dies am Beispiel von Nachrichtensendungen empirisch nachgewiesen. Auch hier zeigt sich, daß das Medium Emotionen nicht nur auslöst, sondern den Prozeß der emotionalen Reaktionen seiner Zuschauer auf Dauer verändert. Etwas fühlen ist ein psychischer Vorgang, der mit verschiedenen Reaktionen verbunden ist und der Zeit verbraucht. Das Fernsehen gewährt diese Zeit nicht, die Schnelligkeit der medialen Informationsdarbietung läßt tiefere, länger dauernde Gefühle nicht mehr entstehen. Das emotionale Erleben ist auf eine kurze, vor allem aktivierende Reaktion beschränkt. Und tatsächlich: Wie bereits dargelegt, verringert ein erhöhtes Darbietungstempo emotionsauslösender TV-Inhalte intensivere emotionale und besonders empathische Reaktionen von Zuschauern. Es bleibt tatsächlich nicht genug Zeit für eine vollständige emotionale Reaktion, und es kommt zu Konfundierungen zwischen verschiedenen Emotionen. Auf diese Weise löst das Fernsehen beim Zuschauer immer und immer wieder kurze Aktivierungen und allenfalls oberflächliche Gefühle aus.

Manchmal hat es das Medium allerdings leicht, dann nämlich, wenn in der Realität Dinge geschehen, die per se Emotionen auslösen. Das ist beispielsweise der Fall bei spektakulären Unglücksfällen (wie etwa dem tödlichen Unfall von Lady Di), bei Beginn von Kriegshandlungen (wie etwa dem Krieg im Irak) oder bei Terroranschlägen (wie etwa dem Anschlag vom 11. September 2001 auf das World Trade Center), bei sportlichen Großereignissen (etwa dem Finale einer Fußballweltmeisterschaft), bei besonderen politischen Begebenheiten (wie etwa der Maueröffnung im November 1989) oder einem besonderen Datum (wie etwa dem Beginn eines neuen Jahrtausends zu Silvester 1999). Bei derartigen Geschehnissen braucht es seine Kameras eigentlich nur aufzustellen, die Bilder bieten sich gewissermaßen von selbst an. Aber natürlich verzichtet das Medium auch und gerade hier nicht auf seine gewohnten Mittel; die Berichterstattung über den Anschlag vom 11. September 2001 war dafür geradezu ein Schulbeispiel. Die damals gezeigten Bilder waren voll von emotionsgenerierenden dramaturgischen Mitteln, wie Amateuraufnahmen, Nahaufnahmen, Zeitlupen, Wiederholungen, Interviews mit Angehörigen und dergleichen mehr. Allein die Aufnahmen vom Einschlagen der beiden Flugzeuge – medial gesehen, sicherlich der Höhepunkt der furchtbaren Ereignisse – wurden immer und immer wieder gezeigt.

Deutlich wurde dies auch bei der Fußballweltmeisterschaft 2002. Wie wohl nie zuvor in der Geschichte einer WM führten bereits mittelmäßige Spiele in der frühen Phase des Turniers weltweit zu überbordenden emotionalen Reaktionen insbesondere junger und zunehmend auch weiblicher Zuschauer. Fast jeder Sieg irgendeiner Nationalmannschaft führte im betroffenen Land zu Autokorsi und Freudentänzen.

In solchen Momenten zeigt sich allerdings auch, daß das Fernsehen durchaus die Macht hat, emotionales Verhalten auch außerhalb der Rezeptionssituation auszulösen. Verantwortlich dafür ist der oben schon erwähnte Effekt des »excitation transfer«, der sich in medienpsychologischen Laboruntersuchungen als vergleichsweise harmloses Aufsummieren von Aktivierung und Intensivieren beliebiger Emotionen und entsprechender Aktivitäten nach der TV-Rezeption gezeigt hat. Dieser Effekt – so ist zu vermuten – trifft den histrionischen Charakter besonders intensiv, ist er doch durch Suggestibilität, Übererregbarkeit, emotionale Labilität und vor allem aber durch theatralisches Verhalten gekennzeichnet. Jetzt kann er seiner hoch erregten Emotionalität freien Lauf lassen, sich gemeinsam mit anderen der Affektansteckung hingeben und dies alles vor seinesgleichen, einem mitagierenden Publikum, mit Genuß ausagieren. Und damit hat es dann oft auch sein Bewenden. Temporäre emotionale Gesten, flüchtige Betroffenheitsrituale, immediates Spenden, ja, das schon, aber die langfristige, distanzierte, reflektierende Analyse des Geschehens ist nicht Sache des Histrio. Man muß Sorge um die politischen Gefahren haben, die in diesem Mechanismus stecken.

Allerdings hat die zunehmende Emotionalisierung des Mediums eine fatale Nebenwirkung: Der Zuschauer gewöhnt sich daran. Was ihn heute noch aufregt, ist ihm morgen schon langweilig. Insbesondere bei fiktiven und realen Gewaltdarstellungen kann man diesen Habitualisierungseffekt beobachten. Ein Mord in einem Krimi von Francis Durbridge aus den 60er Jahren ist heute allenfalls noch erheiternde Kuriosität. Inzwischen geht es in jeder Vorabendserie dramatischer zu. Das gleiche gilt etwa für Kriegsbilder: Wer regt sich heute noch über Bilder von Leichen oder Verwundeten auf? Wenn das Fernsehen also die an Ablenkung und oberflächlicher Emotionalität interessierten Zuschauer nicht verlieren will, muß es immer neue, oft härtere Kost bieten. So setzt es sich in allen seinen Genres dauerhaft unter Zugzwang: Der emotionsgenerierende, mediale Tabubruch wird zum inhärenten Mechanismus des Affektfernsehens, da kommen spektakuläre, reale Ereignisse gerade recht. Aber auch das verbraucht sich auf die eben beschriebene Art und Weise. So zynisch es klingt, aber heute noch aktivierende Bilder langweilen die Zuschauer morgen schon. Ein weiteres Attentat auf einen Wolkenkratzer wird nicht mehr die emotionale Wirkung haben wie das erste. Um die Einschaltquoten auch weiterhin hoch zu halten, muß das Medium immer stärkere Bilder verwenden, direkt übertragene Kriegsbilder von »embedded journalists« sind etwa so ein Mittel. Die Folge ist eine *Gewaltspirale*. Das nächste Mal werden den Soldaten – und am besten gleich den Sanitätern – Kameras auf ihre Helme montiert, und der Zuschauer kann sich aussuchen, ob er lieber die Bilder von der Nord- oder von der Südfront sehen will. Die zu erwartenden Wirkungen sind mindestens Mitleidsmüdigkeit, womöglich sogar »blaming the victim« – die Opfer werden ihr Leiden irgendwie schon verdient haben. Mit dieser Dynamik von schneller, oberflächlicher Emotionalisierung, Habitualisierung, weiterer Emotionalisierung, erneuter Habitualisierung usf. wird das Medium jeden Tag aufs Neue zum Vermittler einer sehr speziellen »éducation sentimentale«: Es kultiviert eben jene Emotionalität des histrionischen Charakters – schnell erregt, flach, oberflächlich, labil, theatralisch und wenig differenziert.

Orale Regression, »celebrity identification«, histrionischer Kognitionsstil und eine entsprechende »éducation sentimentale« – das ist nun endlich der ganze Preis, den der scheinbar so gefügige Geist »Fernsehen« für seine Dienste fordert. Es ist ein hoher Preis, aber der Zuschauer zahlt ihn gerne, weiß oft nicht einmal, daß er ihn zu zahlen hat: Er kann seine innere emotionale Leere mit einem ständig fließenden Strom von Bildern und

Berichten kaschieren, findet scheinbaren Halt bei seinen treuen TV-Freunden und wird in einer Weise kognitiv und emotional versorgt, wie er es gern hat, nämlich lebhaft, verblüffend, nachdrücklich, mit einer insgesamt oberflächlichen, gelegentlich überbordenden Emotionalität. Und wenn er es weiß, will er es womöglich gar nicht so genau wissen, denn nicht nur »... fallen die Menschen, wie man so sagt, auf Schwindel herein, wenn er ihnen sei es noch so flüchtige Gratifikationen gewährt; sie wollen bereits einen Betrug, den sie selbst durchschauen; sperren krampfhaft die Augen zu und bejahen in einer Art Selbstverachtung, was ihnen widerfährt, und wovon sie wissen, warum es fabriziert wird. Uneingestanden ahnen sie, ihr Leben werde ihnen vollends unerträglich, sobald sie sich nicht länger an Befriedigungen klammern, die gar keine sind« (Adorno, 1977, S. 342).

Daraus wird auch deutlich, daß das Fernsehen nicht die Ursache für das Entstehen des histrionischen Sozialcharakters ist. Es trägt jedoch zu seiner Ausformung und Stabilisierung ganz erheblich bei, weil es dem Histrio eine ideal passende Möglichkeit bietet, seine Defizite im persönlichen Leben zu kompensieren und pathologische Fehlentwicklungen zu stabilisieren. Dadurch kultiviert es in vielfacher Weise das Entstehen eines neuen Sozialcharakters. In der Interaktion entsteht ein Typus, der leicht erregbar, suggestibel und emotional oberflächlich ist, sich als wenig interessiert, konzentrationsunfähig und ungebildet erweist, sein Verhalten an medialer Prominenz ausrichtet und sich obendrein auch noch gern aus der Realität in eine Welt oraler Regression zurückzieht. Keine schöne Vorstellung. Und erinnert das nicht ein wenig an den eingangs erwähnten Peter Munk? Auch er wollte so sein wie die lokale Prominenz, die bessergestellten Glasmänner, Uhrmacher und Flößer, tauschte darum sein warmes, lebendiges Herz gegen ein steinernes ein. Aber um welchen Preis: »... es freute ihn nichts, kein Bild, kein Haus, keine Musik, kein Tanz, sein Herz von Stein nahm an nichts Anteil und seine Augen, seine Ohren waren abgestumpft für alles Schöne. Nichts war ihm mehr geblieben als die Freude an Essen und Trinken und der Schlaf, und so lebte er, indem er ohne Zweck durch die Welt reiste, zu seiner Unterhaltung speiste und aus Langeweile schlief« (Hauff, 1989, S. 54). Ein kaltes Herz eben.

13 Vereisung –
Unterwegs in die Erlebnisgesellschaft

Sonntag, der 30. Oktober 1938. Am Abend dieses Tages konnten die Hörer des amerikanischen Senders CBS die folgende Durchsage eines Brigadegenerals namens Montgomery Smith hören: »Der Gouverneur von New Jersey hat mich gebeten, den Ausnahmezustand über die Gebiete von Mercer und Middlesex bis westlich von Princeton und östlich von Jamesbury zu verhängen. Es ist niemandem erlaubt, diese Gebiete zu betreten, es sei denn, er hat eine besondere Erlaubnis, die von den staatlichen oder den Militärbehörden ausgestellt wird. Vier Kompanien der staatlichen Miliz rücken von Trenton nach Grovers Mill vor, um bei der Evakuierung der Häuser innerhalb der Reichweite der militärischen Operationen zu helfen.«

Wer auf Empfang blieb, konnte die Erklärung eines Wissenschaftlers hören, daß in diesem Gebiet vermutlich ein größerer Meteorit niedergegangen sei. Nicht lange danach sind bereits Rundfunkreporter mit ihren Übertragungswagen am Ort des Geschehens und berichten aufgeregt in Direktübertragung, daß der Meteorit überraschenderweise aus Metall sei. »Meine Damen und Herren, das ist einmalig! ... Das ist die fürchterlichste Sache, die ich jemals erlebt habe ... Es ist das außergewöhnlichste Ereignis. Ich finde keine Worte.« So beschreibt der Sprecher den Moment, in dem sich das Metallgehäuse öffnet. Wenig später ist er tot, umgebracht bei laufender Sendung von außerirdischen Wesen, die mit ihrem Raumschiff – eben jenem Metallgehäuse – in New Jersey niedergegangen waren.

Es kommt zu panikartigen Reaktionen bei den Hörern: »Ich wußte, daß etwas Schreckliches geschah, und hatte Angst«, gibt eine Hausfrau später beispielsweise an. »Aber ich wußte nicht, was los war. Ich konnte nicht glauben, daß das Ende der Welt gekommen war. Ich habe immer gehört, wenn das Ende der Welt käme, würde es so schnell gehen, daß es niemand merken würde ... Als sie uns sagten, welche Straße wir nehmen sollten, um hinter die Berge zu kommen, und als die Kinder zu weinen anfingen, entschied sich die Familie hinauszugehen. Wir nahmen Decken mit, und meine Enkelin wollte die Katze und den Kanarienvogel tragen.« Ein anderer Betroffener berichtet: »An diesem Weltuntergangsabend kniete unsere ganze Familie nach der Hälfte der Sendezeit. Gott weiß, wie wir zu ihm beteten am letzten Sonntag. Es war für uns eine Lektion in mehr als einer Hinsicht.« Ein dritter gab zu Protokoll: »Ich schrieb gerade einen Geschichtsaufsatz. Das Mädchen von oben kam und holte mich in ihre Wohnung. Jedermann war so aufgeregt. Ich glaubte, ich würde verrückt, und sagte immer wieder: ›Was können wir tun, welchen Unterschied macht es, ob wir früher oder später sterben?‹ Alles schien angesichts des Todes unwichtig zu sein. Ich hatte Angst vorm Sterben und hörte einfach weiter zu« (alle Beispiele bei Cantril, 1973, S. 198 ff.).

Zusammen mit diesen dreien hatten sechs Millionen Rundfunkhörer *Die Invasion vom Mars* gehört; ein Hörspiel, das nach dem Buch *The War of the Worlds* von H. G. Wells (1898, dt. 1974) von dem Schauspieler Orson Welles inszeniert worden war. Mit der Bemerkung: »Leute, ich hoffe, wir haben euch nicht durcheinandergebracht. Dies ist nur ein Hörspiel!« beendete er die Sendung, offenbar nicht ahnend, was er damit angerichtet hatte: »Lange bevor die Sendung zu Ende war, beteten und weinten viele Menschen in den Vereinigten Staaten und versuchten, außer sich vor Angst zu fliehen, um dem Tod durch die Marsmenschen zu entkommen. Einige versuchten, Angehörige zu retten. Andere telephonierten, um sich zu verabschieden oder zu warnen; sie alarmierten die Nachbarn, versuchten Informationen aus den Tageszeitungen oder den Funkhäusern zu bekommen, riefen Ambulanz und Polizei an«, beschreibt der amerikanische Medienforscher Cantril (1973, S. 198 ff.) die Folgen.

Die Wirklichkeit sah anders aus: In einer 1940 vorgelegten Untersuchung (Cantril, 1973) findet sich nämlich, daß zunächst einmal nur sechs Millionen das Hörspiel gehört hatten. Von denen wiederum hatten es auch nur 1,7 Millionen als eine reale Nachrichtensendung mißverstanden. Und von diesen (fehlgeleiteten) Hörern waren wiederum nur 1,2 Millionen verängstigt oder verstört, was einem Prozentsatz von rund einem Prozent der gesamten US-Bevölkerung entsprach. Und selbst diese haben nicht allesamt panikartig reagiert. Viele informierten sich bei anderen Sendern, riefen Nachbarn oder die Polizei an oder prüften die Information schlicht durch einen Blick aus dem Fenster. Das in diesem Zusammenhang interessanteste Ergebnis ist aber, daß nicht alle sozialen Milieus gleich reagiert hatten: Nur 28% der Hörer mit einer College-Ausbildung hielten das Hörspiel für eine Nachrichtensendung, während es bei den Hörern mit Grundschulabschluß 46% waren.

Fernsehen wirkt offenbar nicht bei allen Menschen gleich, ist also (wenigstens teilweise) das, was die Zuschauer daraus machen. Folglich muß man auch fragen, wodurch die Einflüsse des Mediums hinsichtlich der Entstehung des histrionischen Sozialcharakters modifiziert werden?

In dem Eingangsbeispiel war es die formale Bildung. Dieser Befund ist inzwischen ein gesicherter Tatbestand in der Medienwirkungsforschung. Unter dem Stichwort *Wissenskluft-Hypothese* gibt es Forschungsergebnisse, nach denen die sowieso schon Gebildeten auch aus dem Fernsehen Wissensgewinne erzielen können, während die bildungsmäßig Benachteiligten auch aus dem Fernsehen nicht viel lernen. Mit anderen Worten: Kluge werden klüger, Dumme bleiben dumm. Ausgangspunkt dieser Forschungsrichtung waren Untersuchungen amerikanischer Forscher (Tichenor et al., 1970) zur Frage, wie sich das Wissen über Nachrichteninhalte in der Bevölkerung ausbreitete. Dabei zeigte sich u.a., daß gebildetere Personen aus höheren Sozialschichten über politische Ereignisse wie beispielsweise den Tod von N. Chruschtschow früher und besser informiert waren als Personen aus niedrigeren sozialen Schichten. Ähnliche Ergebnisse fanden sich auch bei allgemeineren Themen wie etwa dem Zusammenhang von Rauchen und Krebs oder der Möglichkeit einer Landung von Menschen auf dem Mond. Auch bei der Sendung *Sesamstraße*, eigentlich für die Kinder der bildungsfernen Sozialschichten produziert, stellte sich heraus, daß die Kinder der Mittel- und Oberschicht am meisten davon profitierten.

Der Bildungsstand ist aber sicherlich nicht das einzige Merkmal. Ein Vergleich der alten und jungen Milieus des SINUS-Modells liefert weitere Hinweise. Dort fanden wir: Die weniger als 30 Jahre alte, unkonventionelle Leistungselite mit hoher formaler Bildung – die Modernen Performer – sieht unterdurchschnittlich lange fern und sucht sich gezielt aktuelle amerikanische Serien, Spielfilm-Highlights, Comedy-Sendungen sowie Reality- und Lifestyle-Formate aus. Ein anderes, junges Milieu sind die Hedonisten, die moderne, spaßorientierte Unter- und Mittelschicht. Ihr TV-Konsum ist ebenfalls unterdurchschnittlich, inhaltlich sehen sie gerne amerikanische Serien und Spielfilme, Sitcoms und Comedys, Talkshows und Reality-Formate. Die Sehgewohnheiten der beiden jungen Milieus sind also ähnlich. Anders dagegen die über 60jährigen mit gehobenen Bildungsabschlüssen – die Konservativen. Sie sehen überdurchschnittlich lange fern, insbesondere Nachrichten- und Informationssendungen, Volksmusik sowie deutsche Serien und Spielfilmklassiker. Interessant daran ist, daß das junge, aber formal hoch gebildete Milieu – die Modernen Performer – andere Nutzungsschwerpunkte hat als sein älteres Gegenstück, die Konservativen. Allein von der Bildung her gesehen, sollte es eigentlich mehr dem älteren gesellschaftlichen Leitmilieu ähneln, mit einem sehr selektiven und informationsorientierten TV-Konsum. Tatsächlich aber gleicht ihr TV-Konsum der altersgleichen, von der Bildung her aber ungleichen Gruppe. Jüngere Menschen nutzen unabhängig von der formalen Bildung das Fernsehen vorzugsweise zur Unterhaltung.

Dieser Befund führt zu einem Buch mit dem Titel *Die Erlebnisgesellschaft* von Gerhard Schulze (1992). Er beschreibt darin

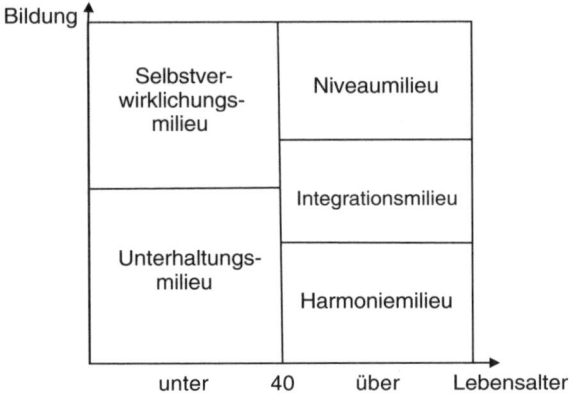

Abb. 2: Milieumodell nach Schulze (1992)

die verschiedenen sozialen Milieus in Deutschland, ein ähnliches Vorgehen wie beim SINUS-Modell. Allerdings ist hier eine sogenannte *40-Jahr-Grenze* zentral, trennt sie doch die Erlebniswelten der Älteren und Jüngeren voneinander. Der Lebensstil der Jüngeren ist durch die Suche nach spannenden Erlebnissen, durch antikonventionelle Action und Abwechslung gekennzeichnet – mit anderen Worten: sie tendieren zum *Spannungsschema*. Menschen über 40 Jahre haben demgegenüber andere Lebensziele. Die formale Bildung spielt vergleichsweise eine weniger bedeutsame Rolle.

In diesem Bezugssystem werden die folgenden drei älteren Milieus nach dem Grad ihrer formalen Bildung unterschieden:

a) *Niveaumilieu* (= 12% der Gesamtbevölkerung): Personen über 40 Jahre mit höherer Bildung in gehobenen Berufen (leitende Angestellte, Ärzte, Rechtsanwälte, Lehrer, Beamte der höheren Laufbahnen etc.).

b) *Integrationsmilieu* (= 20%): Personen über 40 Jahre mit mittlerer Bildung wie Angestellte (Sachbearbeiter, Verwaltungsangestellte, technische Zeichner und Beamte der unteren und mittleren Ebene).

c) Harmoniemilieu (= 39%): Personen über 40 Jahre mit niedriger Schulbildung (unterhalb der Mittleren Reife) und mit niedrigem beruflichen Status (Arbeiter, Hausfrauen, Rentner).

Unterhalb der 40-Jahr-Grenze kommen zwei ebenfalls nach dem Grad der formalen Bildung angeordnete Milieus hinzu:

d) Selbstverwirklichungsmilieu (= 18%): Personen unter 40 Jahren mit mittlerem und höherem Bildungsabschluß in sozialen Berufen oder in Ausbildung.
e) Unterhaltungsmilieu (= 11%): Personen unter 40 Jahren mit geringer formaler Bildung und niedrigem beruflichen Status (Kfz-Mechaniker, Fließbandarbeiter, Verkäuferinnen, Kassiererinnen).

Das theoretisch Interessante an diesem Modell ist nun, daß es seine Gruppen auf der Grundlage *existentieller Anschauungsweisen* zusammenfaßt. Das sind sehr allgemeine, gleichwohl handlungsleitende Einstellungen über die soziale Welt. Es ist also, strenggenommen, kein Milieu-, sondern ein Mentalitätsmodell. Der Medienkonsum erfolgt aus bestimmten Mentalitäten heraus, Medieninhalte wirken darauf zurück. Diese Idee ist für unsere Fragestellung besonders interessant, läßt sich die Mentalität – verstanden als Summe der Denk- und Anschauungsweisen von Menschen – doch als der kognitive Teil des Sozialcharakters interpretieren. Allgemein werden für die fünf Milieus folgende Mentalitäten identifiziert: das *Streben nach Rang* für das Niveaumilieu, nach *Konformität* für das Integrationsmilieu, nach *Geborgenheit* für das Harmoniemilieu, nach *Selbstverwirklichung* für das Selbstverwirklichungsmilieu und nach *Stimulation* für das Unterhaltungsmilieu. Dieser Hintergrund bestimmt dann auch den Medienkonsum des jeweiligen Milieus.

So ist der Medienkonsum des *Niveaumilieus* ganz auf die Hochkultur ausgerichtet. Gelesen werden überregionale Tageszeitungen, *Die Zeit* und *Der Spiegel* sowie Belletristik. Musikalisch dominiert das Interesse an klassischer Musik, allenfalls noch für Jazz. Personen dieses Milieus gehen ins Konzert, ins Theater, ins Museum, in die Oper, in Ausstellungen, Dichterlesungen und ähnliches. Auch die Fernsehpräferenzen haben einen hochkulturellen Einschlag, gesehen werden Kulturmagazine, Dokumentationen, kunsthistorische Sendungen.

Anders hingegen das *Integrationsmilieu*: Es baut seine Vorstellung von der Wirklichkeit danach auf, was sich gehört, was legitim ist, kein Aufsehen erregt. Entsprechend ist auch sein Umgang mit Kultur und Medien: Pflege der Häuslichkeit, Regionalismus, Distanz zur neuen Kulturszene, leichte Unterhaltung im Fernsehen und Radio einerseits verbinden sich mit klassischer Bildungsorientierung (Fernseh- und Hörfunkpräferenzen für Informations- und Bildungssendungen, Opern- und Konzert-, Theater- und Ausstellungsbesuche) andererseits.

Dann das *Harmoniemilieu*: In seinem Weltbild dominiert die Angst vor einer potentiell bedrohlichen Welt. Daraus entsteht die Tendenz, den Wirklichkeitshorizont überhaupt zu reduzieren. Kein Milieu tritt öffentlich weniger in Erscheinung, kein Milieu hat eine stärkere Neigung zum Rückzug in die eigenen vier Wände. Man bleibt, wo man sich am sichersten fühlt: zu Hause. Der Stiltypus dieser Gruppe ist auf das sogenannte *Trivialschema* ausgerichtet: ästhetisch konservativ und formal schlicht. Bevorzugt werden Blasmusik, deutscher Schlager, Heimatfilm, Fernsehquiz, Naturfilme, leichte Unterhaltungsmusik. Gelesen werden Simmel und Konsalik sowie Zeitschriften wie *Das Goldene Blatt, Neue Post, Frau im Spiegel* und die *Bild*. Beim Radiohören und beim Fernsehen werden regionale Themen bevorzugt.

Wechseln wir nun über die 40-Jahr-Grenze, und betreten wir die *Erlebnisgesellschaft*. Sie ist durch die enorme Ausweitung der Konsumpotentiale, den Wegfall von Zugangsbarrieren und die Erweiterung der Möglichkeiten entstanden und mit einem Wandel der Lebensauffassungen bei den Jüngeren verbunden. Für ihre Bedürfnisse hat sich ein expansiver Erlebnismarkt entwickelt: Entertainer, Animateure, Reisebegleiter, Journalisten, Diskjockeys, Unterhaltungsplauderer in Radio und Fernsehen sorgen für ununterbrochene Abwechslung. Die Erlebnisorientierung der Jüngeren bleibt nicht auf die Freizeit beschränkt, sie dringt vielmehr in immer mehr Bereiche des Lebens vor. Auch die Sozialbeziehungen, die Wohnung, der tägliche Konsum, der eigene Körper und die Psyche werden zunehmend mit Erlebnisansprüchen konfrontiert.

Das Erlebnis definiert den Sinn des Lebens, das *Spannungsschema* wird zum allgemeinen Maßstab: »Man setzt sich unter Strom, läßt sich durchschütteln und hört auf, wenn es keinen Spaß mehr macht. Man schaltet am Fernseher herum, bis man eine Verfolgungsjagd im Apparat hat, sieht sie sich eine Weile lang an und wählt dann wieder ein anderes Programm, vielleicht ohne das Ende der Verfolgungsjagd abzuwarten. Man geht in die Diskothek, taucht in ein Ambiente von Musik, Lichtreflexen, Gesprächsfetzen und ein wenig Erotik ein, um nach einer gewissen Zeit einfach wieder hinauszugehen. Die Ästhetik von Spannung als konstanter Zustand, nicht als zyklischer Prozeß, ist das Genußprinzip von Computerspielen und Fahren mit Höchstgeschwindigkeit. Auch im Bedürfnis nach Abwechslung kommt dieses Prinzip zum Ausdruck. Damit die Grundspannung erhalten bleibt, muß es immer etwas Neues geben ... so entsteht das Bild einer Grundorientierung, bei der Unruhe und erhöhtes Aktionspotential kombiniert sind mit der Bereitschaft, sich durch starke Erlebnisreize stimulieren zu lassen« (Schulze, 1992, S. 155). Welcher Medienkonsum ergibt sich aus dieser Mentalität?

Das *Selbstverwirklichungsmilieu* will vor allem eins: sich nicht festlegen. Selbstverwirklichung, Entfaltung eines inneren Kerns ist die zentrale Lebensaufgabe, aus ihr heraus definieren sich die existentiellen Anschauungsweisen: »Als gegeben gilt dabei das Ich, auf dessen vorgestellte Ordnung die Welt als variierbare Größe bezogen wird ... Sie denken: So bin ich – wie kann die Welt für mich passend gemacht werden? ... Doch ist der Innere Kern empfindlich; seine Entwicklung kann leicht gestört werden. Fast immer ist das subjektive Modell des Inneren Kerns verbunden mit Vorstellungen seiner Beschädigung ... Für ihre Entdeckung und Heilung wird Zeit und Energie aufgewendet. Viele Gespräche drehen sich vorwiegend um dieses Thema; Selbsterfahrungsgruppen sind ... im Kursangebot von Volkshochschulen zur Routine geworden; Selbstdeutungsliteratur flutet mit immer neuen Bestsellern in die Bücherregale des Milieus ... Meditationsworkshops, kreatives Malen, Yoga, Tanztherapie und zahlreiche andere Formen der Beschäftigung mit sich selbst haben sich an die ... Psychotherapie angegliedert« (Schulze, a.a.O., S. 313f.). Dieses Milieu tendiert ebenfalls eher in die hochkulturelle Richtung, präferiert aber daneben wegen der Tendenz zum Spannungsschema zugleich Diskotheken, Nachtlokale, Kneipen, Rock- und Popkonzerte, Kino etc. Dabei entstehen auch neue, unverwechselbare Formen der »Kleinkunst«. Diese Gruppe hat eine vergleichsweise große Distanz zum Fernsehen und zu Boulevardzeitungen sowie eine ausgeprägte Affinität zu überregionalen Tageszeitungen (z.B. *taz*), zur *Zeit* und zum *Spiegel* sowie zu (alternativen) Stadtmagazinen. Kennzeichnend ist auch ein ausgeprägtes psychologisches Interesse und die Teilnahme an dem, was man als »Psycho-Boom« bezeichnet.

Schließlich das *Unterhaltungsmilieu*: Seine existentielle Anschauungsweise ist wie beim Selbstverwirklichungsmilieu egozentrisch, jedoch ohne die dort vorhandene Entwicklungsperspektive. Das Unterhaltungsmilieu ist auf die Gegenwart beschränkt. Bei der Suche nach »Action« orientiert sich diese Gruppe vorzugsweise am kommerziellen Angebot der Unterhaltungsapparate: Fernsehen, Sportveranstaltungen, Volksfeste, Rockkonzerte, Diskotheken, Animateure in Ferienclubs und Spielautomaten werden als Beispiele genannt. Lektüre und Fernsehverhalten entsprechen häufig dem Unterhaltungsmilieu, von dem sich diese Gruppe vor allem durch die Suche nach Spannung unterscheidet. In diesem Milieu sind die meisten Raucher und die meisten Übergewichtigen zu finden. Interessant im gegenwärtigen Zusammenhang ist auch die ausgeprägte Körperorientierung: Man besucht häufig Bräunungsstudios und betreibt Bodybuilding.

Streben nach *Rang*, *Konformität* oder *Geborgenheit* – es leuchtet unmittelbar ein, daß die existentiellen Anschauungsweisen der Älteren kein besonders guter Nährboden für den Histrio sind. Gleichwohl stellt sich auch hier die Frage: Wie beeinflußt das Fernsehen das Niveau-, das Integrations- und das Harmoniemilieu hinsichtlich der Entwicklung des neuen Sozialcharakters?

Blicken wir zur Beantwortung dieser Frage auch hier zunächst auf die formal Hochgebildeten. Besitz und Bildung, Familienbande und Freundeskreise schützen vor dem Erlebnis der Bindungsunsicherheit. Allerdings gehören Selbstdarstellung und -inszenierung durchaus zum Rangstreben des Niveaumilieus, allerdings in einer subtilen, konservativen und hochkulturell ausgerichteten Weise. Man inszeniert sich, aber stilvoll und verhalten und vor allem in Abgrenzung von den anderen Milieus. Das Streben nach Perfektion als zentrale Lebensphilosphie hat leichte Anklänge an zwanghafte Charakterstrukturen. Da auch der TV-Konsum eher auf politische, zeitgeschichtliche und kulturelle Sendungen ausgerichtet ist, findet der histrionische Charakter in diesem Milieu nur wenig Resonanz.

Und das gilt auch für das Integrationsmilieu: Mit seinem ausgeprägten Streben nach Konformität als Lebensinhalt ist es Neuerungen gegenüber distanziert, lehnt das Spannungsschema der Jüngeren ab. In seiner Position zwischen dem Niveau- und dem Harmoniemilieu vertritt es Perfektion und Harmoniestreben als zentrale Lebensinhalte. Das soziale Leben ist nach innen gerichtet, die nette Runde im Freundeskreis ist das Muster erfüllten Lebens. Entsprechend ist der TV-Konsum: Leichte, gerne volkstümliche Unterhaltung und klassische Bildungsorientierung sind auch nicht eben Lehrfilme des histrionischen Charakters.

Die nach Innen gerichtete Lebenstendenz mit ihrer Ablehnung von Innovation und Extravaganz wird schließlich beim Harmoniemilieu am deutlichsten. Gilt bei den Jüngeren die auffallende Erscheinung als attraktiv, so ist es hier das Gegenteil: Schlicht, korrekt, dezent, unauffällig will man sein. Angst ist das vorherrschende Lebensgefühl dieser Gruppe, der man mit einer militanten Binnenorientierung und radikaler Harmoniesucht begegnet.

So scheint nach allem der Verbreitung des histrionischen Sozialcharakters nach oben, in die älteren Milieugruppen, eine deutliche Grenze gesetzt. Im Niveaumilieu ist – wie der Schweizer Psychoanalytiker Jürg Willi meint – »der anale Charakter die häufigste Charakterstruktur ... Eigenschaften wie Pünktlichkeit, Fleiß, Sauberkeit, Korrektheit, Sparsamkeit und Ordnungsliebe sind Qualitäten, die auf dem Tugendweg der Leistungsgesellschaft in besonderer Weise prämiert werden« (Willi, 1997, S. 107). Im Harmoniemilieu hingegen finden wir eher ängstlich-vermeidende Charaktertypen; hinsichtlich einer histrionischen Modifikation des Sozialcharakters sind sie nicht einmal Nachzügler. Im Integrationsmilieu finden sich beide Züge wieder. Sowohl den eher zwanghaft-analen wie den ängstlich-vermeidenden Charakteren sind aber die überbordenden Inszenierungsstrategien des Histrio allesamt ziemlich fremd.

Das muß auch so sein, handelt es sich bei allen drei Gruppen doch um Menschen, die im Jahr 1985, zum Zeitpunkt der Untersuchung von Schulze (1992), im Mittel bereits über 40 Jahre alt waren. In der Zeit vor 1945 geboren, haben sie einen völlig anderen Erlebnishintergrund als die Jüngeren. Da sie inzwischen aber ein Lebensalter von Mitte 60 erreicht haben, gehen ihr Einfluß auf die Gesellschaft und die Verbreitung der für diese Gruppen typischen Charakterstruktur quantitativ und qualitativ zurück. An ihre Stelle treten die ersten histrionisch gefärbten Milieus, die vormals unter 40 Jahre alten Gruppen.

Wie aber haben sich die Veränderungen von Mentalität und Charakter bei den Jüngeren vollzogen? Das *Spannungsschema* gibt dafür einen wichtigen Hinweis. Die ständige Reizsuche, die Unruhe, das erhöhte Aktionspotential, die expressive Betonung des eigenen Körpers, die Selbstwahrnehmung als interessant, aufregend, faszinierend und einmalig – alles Charakterisierungen der Milieugruppen unter der 40-Jahr-Grenze. Und alles nicht allzuweit entfernt von den Merkmalen, die auch den Histrio charakterisieren. Man kann also behaupten: Das Selbstverwirklichungsmilieu und das Unterhaltungsmilieu sind auch die Laichplätze des Histrio. Das leuchtet ein, war doch in dieser Nachkriegsgeneration die Erfahrung der Bindungsunsicherheit bereits ausgeprägt; von der »vaterlosen Gesellschaft« hat Mitscherlich (1963) seinerzeit geschrieben. Aber beide Milieus reagieren in ganz verschiedener Weise, jetzt nämlich in Abhängigkeit von ihrer formalen Bildung: Das besser gebildete Selbstverwirklichungsmilieu hat aus der Not der Bindungsunsicherheit eine Tugend gemacht, das ungebildete Unterhaltungsmilieu ein hedonistisches *carpe diem*.

Aus der Not eine Tugend machen – in der Psychoanalyse wird dafür der Begriff der *Rationalisierung* verwendet. Damit ist die scheinbar rationale, positive Etikettierung von unangenehmen Zuständen oder Einsichten gemeint. Rationalisierung wirkt als innere Ausrede, um sich nicht mit unangenehmen und schmerzhaften Dingen beschäftigen zu müssen. Wie verlaufen die behaupteten Rationalisierungsprozesse nun im Selbstverwirklichungsmilieu? Vermutlich so: Die Mitglieder dieses Milieus kamen im Verlaufe ihres Bildungsgangs in Kontakt mit dem Ich-Ideal der Lehrer und Professoren, allesamt Angehörige des älteren Niveaumilieus. In deren Vorstellungen klingt noch heute die Idee des allseits entfalteten, sittlich autonomen, politisch und wirtschaftlich selbstbewußten Individuums der Aufklärung und des deutschen Bildungsbürgertums nach. In diesem Konzept meint die Individualität eines Menschen seine Einzigartigkeit: »Individualität ... wird zum programmatischen Deutungsmuster zur Emanzipation befähigter rechtsgleicher Bürger. Bildung als Selbstgestaltung wird zur Signatur schöpferischer Individuen, die durch keine fremde Zwecke gegängelt werden wollen« (Meyer-Drawe, 1997, S. 703). Diese Idee geben sie explizit und implizit an die nächste Generation weiter, die diese aber aufgrund ihrer konkreten Lebenserfahrungen umformt, umformen muß. So gehört zu den Anforderungen der Nachkriegsgesellschaft – wie oben dargelegt – die ständige Bereitschaft zur Veränderung. Die Idee einer zielgerichteten Entwicklungsdynamik des Individuums mutiert in der bindungsunsicheren Generation so zum Zwang ständiger Veränderungsbereitschaft. Alles im Leben muß vorläufig, revidierbar bleiben, das Individuum kann, ja darf nicht mehr irgendwo und irgendwann ankommen.

Das Selbstverwirklichungsmilieu reagiert darauf, indem es die in allen Lebensbereichen erfahrenen Provisorien zu erstrebenswerten Zuständen erklärt: Man war und ist auf Trips – »Familientrip, Therapietrip, Eigenheimtrip, Geldtrip, Alternativtrip, Karrieretrip, Sporttrip usw.« (Schulze, 1992, S. 316) – und denkt dabei an einen vorübergehenden, wohl auch nicht ganz ernstzunehmenden Zustand. Der Begriff meint ja ursprünglich die emotionale und mentale Befindlichkeit nach Einnahme bewußtseinsverändernder Drogen. Die chronische Unbehaustheit der Nachkriegsgenerationen wird so durch den vornehmen Begriff der Selbstverwirklichung geadelt. Das arme, angestrengte Ich, das durch die Verhältnisse zu ständigen Veränderungen und Anpassungen gezwungen wird, läßt sich damit einreden, daß nur dies der Zustand sei, in dem es sich auf Dauer wohl fühle. Daß diese Sichtweise dem andauernden histrionische Verlangen nach Aufregung durchaus entgegenkommt, ändert nichts daran, daß dies letztlich eine Rationalisierungsstrategie ist.

Ein zweiter Gesichtspunkt kommt zur so verstandenen Idee von individueller Entwicklung noch hinzu: Individualität verstanden als emanzipierte *Einzigartigkeit*. Auch diese bürgerliche Tugend ist inzwischen außer Mode gekommen, einzigartig im oben skizzierten Sinne muß, ja darf der Mensch in der globalen Dienstleistungsgesellschaft gar nicht mehr sein. Hier sind hingegen gut funktionierende Selbstinszenierer gefragt. Entsprechend wird auch diese, nun altmodische Seite bürgerlicher Individualität angepaßt: Individualität meint heute eher inszenierte *Singularität*, gekonnte Dekoration ersetzt intensive Charakterbildung. Und je mehr der Mensch gehalten ist, solche Inszenierungen als Teil von Gefühlsarbeit auf dem Arbeitsmarkt der Dienstleistungsgesellschaft zu verkaufen, um so mehr muß er sich anstrengen. Veranstaltungen dieser Milieugruppen, wie etwa die Frankfurter Buchmesse oder das Berliner Filmfest, sind geradezu Mustermessen der *Inszenierungskonkurrenz*: Für Männer sind Pferdeschwänzchen und Indiana-Jones-Hüte völlig out, Glatzen und Designerbrillen noch einigermaßen en vogue, kurzgeschnittene graue Haare und schwarze Anzüge hingegen ein Muß.

In einer Hinsicht allerdings sind sich alle hochinszenierten Individualisten einig: So ausgeprägt die Konkurrenz untereinander sein mag, in der Ablehnung der bildungsmäßig unter ihnen stehenden sozialen Gruppen stehen sie zusammen. Ob es die eben aktuelle italienische Mode ist, die man kurz vor den anderen in »seiner« Boutique kauft, ob es der inzwischen in jeder niedersächsischen Mittelstadt zu findende »Italiener« ist, der nur seinen Stammgästen ein nicht auf der Karte stehendes und damit ganz individuelles Angebot offeriert, oder ob es die ausgesuchten Reiseziele der »Individual«-Reisenden sind, bei denen Touristen immer nur die anderen Reisenden sind – immer gilt die Regel: Inszenierungskonkurrenz gibt es nur untereinander, nach unten wird gemeinsam abgewehrt. Diese *soziale Grenzarbeit* (Müller, 1994) hat ja durchaus einen rationalen Kern. Die damit beschäftigten »taste maker« sichern den gemeinsamen Exklusivitätsanspruch dieser sozialen Gruppe, halten ihr mit Mühe produziertes Individualitätsrepertoire wenigstens eine Zeitlang frisch, bevor es dann, zur Massenware entwertet, im Versandhandel, beim Discounter oder im Reisebüro für alle verfügbar ist.

Bei der Grenzarbeit hat das Selbstverwirklichungsmilieu allerdings einen erheblichen strategischen Vorteil: Es stellt ja inzwischen weitgehend selbst die Berufsgruppen, in denen die jeweils aktuellen Individualitätssymbole erfunden werden. Nehmen wir nur einmal die unmittelbare Selbstdarstellung über das »Outfit«, also die Frisur, die Verwendung von modischen Accessoires und die Kleidung, als Beispiel für eine mit gesellschaftlicher Zeichenproduktion beschäftige Berufsgruppe: Designer,

Modeschöpfer und Prominentenfriseure sind ja weitgehend Menschen aus diesem Milieu. Deren Tätigkeit besteht darin, ständig neue Kostüme und Requisiten für den Markt der Selbstdarstellung zu kreieren. Nach dem Konzept der inszenierten Singularität muß es aber immer ausgefallen, originell und provozierend sein. Nichts ist so verbraucht wie die Mode vom letzten Jahr. Und was die Inszenierungsstrategien von Frauen angeht, diese müssen das sein, was ihre (immer noch überwiegend männlichen) Erfinder für erotisch halten: Die Frauenmode variiert ja häufig nur darin, welches Weiblichkeitsmerkmal in der jeweiligen Saison akzentuiert wird. Die von ihnen immer wieder neu geschaffenen Inszenierungsinventare reichen sie über Avantgarde-Design- oder Haute-Couture-Läden an Prominente aller Art, im Bereich der Mode vor allem an Moderatoren, Schauspieler, Künstler, Showstars und andere »Celebrities«, weiter. Diese zeigen sich mit den jeweils aktuellen Kollektionen und definieren so öffentlich, was jeweils »in« und was »out« ist.

Und so geht es dann weiter: Die Medien berichten unter dem Thema »Lifestyle« über die neuen Moden, zeigen die Inszenierungseliten bei ihren öffentlichen Auftritten im jeweils aktuellen »Outfit« und staffieren ihre eigenen Showstars entsprechend aus. Damit wird das ganze Inventar an die nachgeordneten Berufsgruppen der Friseure, Boutiquenbesitzer, Visagistinnen und Stylistinnen zur Verteilung über den gehobenen Markt an das eigene Milieu weitergereicht. Dort finden es dann die Trendsetter, jüngere, besser gebildete und gehobene soziale Milieus, die sich auch entsprechend inszenieren wollen. Die Zweit- und Drittverwertung erfolgt schließlich über die Versand- und Kaufhäuser; am Schluß der Verwertungskette steht dann das Sonderangebot bei ALDI – und ganz zum Schluß die Kleiderspende für Afrika.

Vor diesem soziologischen und persönlichkeitspsychologischen Hintergrund wird dann auch das Fernsehen genutzt, entfaltet es seine den Sozialcharakter prägenden Einflüsse. Eine besondere Rolle spielen hier Sendungen und Filme, die, wie man sagt, »Kult« sind. Wer auch immer dieses Prädikat verleiht, die Verwendung des Wortes »Kult« macht jedenfalls den individuellen Exklusivitätsanspruch vorzüglich deutlich. Eine überraschend erfolgreiche »low budget«-Produktion, eine gegen den Strich bürstende Serie, ein unkonventioneller Entertainer sind die bevorzugten Sendungen dieser sozialen Gruppen. Massenwirksame Genres werden allenfalls mit einer distanziert-ironischen Sicherheitsweste gesehen: Niemand darf glauben, man sehe die Sportschau, die Quizsendung oder die Seifenoper etwa gerne. Aber natürlich werden auch, womöglich gerade, in solchen Sendungen emotionale, kognitive und verhaltensbezogene Muster vermittelt, aus ihnen gelernt. Und sicherlich sind die Lerneffekte in dieser sozialen Gruppe nicht wesentlich geringer als in anderen Milieus, und zwar gerade deswegen, weil sie sich für weitgehend immun gegen schädliche Einflüsse des Mediums hält. Der sogenannte *third person effect* besagt nämlich, daß Zuschauer zwar um die problematischen Wirkungen des Mediums wissen, sich selbst aber für unbeeinflußbar und folglich ungefährdet halten (vgl. etwa McIlwraith, 1998). Dieser Effekt ist offenbar (u. a.) bei den formal höher gebildeten Sozialschichten besonders ausgeprägt.

So wird im Zusammenspiel von Inszenierungseliten, Prominenten, Medien und Milieugruppe aus dem bürgerlichen Konzept des einzigartigen, sich zu einem vernünftigen Ziel hin entwickelnden Individuums ein chamäleonhaft sich verändernder, immer auf der Suche nach der besseren Inszenierung befindlicher *Selbstdarsteller*. Es zeigt sich, daß das Selbstverwirklichungsmilieu das Einfallstor für den neuen Sozialcharakter war. Die kollektive Erfahrung der Bindungsunsicherheit hat bei Ihnen den Boden für den histrionischen Sozialcharakter gelegt, der zu den entsprechenden histrionischen Einstellungen, Verhaltensweisen und Bedürfnissen führt. Zur Befriedigung dieser Wünsche bilden sich entsprechende Berufe und Berufsgruppen, die aus demselben Milieu kommen und durch ein Zusammenspiel von Medien und (histrionischer) Prominenz wieder in ihr eigenes Milieu, aber auch in andere Gruppen der Gesellschaft hineinwirken. So wird das Konzept der Individualität zur psychologischen Rationalisierung für eine auf Dauer krankmachende Lebenssituation, macht aus den Nöten einer bindungsunsicheren Generation gar eine soziale Tugend.

Und das hat seinen Preis: »Die Konsequenz ist, daß die Menschen immer nachdrücklicher in das Labyrinth der Selbstverunsicherung, Selbstbefragung und Selbstvergewisserung hineingeraten. Der (unendliche) Regreß der Fragen: ›Bin ich wirklich glücklich?‹, ›Bin ich wirklich selbsterfüllt?‹, ›Wer ist das eigentlich, der hier *ich* sagt und fragt?‹, führt in immer neue Antwortmoden, die in vielfältiger Weise in Märkte für Experten, Industrien und Religionsbewegungen umgemünzt werden. In der Suche nach Selbsterfüllung reisen die Menschen nach Tourismuskatalog in alle Winkel der Erde. Sie zerbrechen die besten Ehen und gehen in rascher Folge immer neue Bindungen ein. Sie lassen sich umschulen. Sie fasten. Sie joggen. Sie wechseln von einer Therapiegruppe zur anderen. Besessen von dem Ziel der Selbstverwirklichung reißen sie sich selbst aus der Erde heraus, um nachzusehen, ob ihre Wurzeln auch wirklich gesund sind« (Beck, 1986, S. 156).

Anders das Unterhaltungsmilieu: Genieße den Tag, das ist die Reaktion dieser Gruppe auf die zumindest ähnliche soziale Grunderfahrung der Bindungsunsicherheit. Schulze (1992) beschreibt sie als egozentrisch, narzißtisch, passiv genußbezogen, kognitiv einfach strukturiert, wenig reflektiert, körperfixiert, auf den Augenblick hin orientiert, an Stimulation und Action interessiert. Ihre engen Verwandten im SINUS-Modell, die Hedonisten, sind die spaßorientierte moderne Unterschicht, ständig auf der Suche nach Fun und Action. Sie machen sich wenig Gedanken über die Zukunft und befriedigen ihr stark ausgeprägtes Unterhaltungsbedürfnis im Hier und Jetzt. Fernsehen, Video, Computerspiele, Sport, Musik, Kino-, Disco- und Kneipenbesuche sind die entsprechenden Aktivitäten.

Was diesem Typus allerdings fehlt, ist eine ausgeprägte psychische, soziale und ökonomische Kompetenz zur Selbstdarstellung. In ihren Inszenierungen kopieren sie – meist später und in kommerzialisierter Form – die Stilelemente des Selbstverwirklichungsmilieus. Wenn sie mit eigenen Themen und Stilmitteln auffällig werden, dann zu den Bereichen Aggressivität und Sexualität. Die Männer bilden in Bodybuilding-Studios ihren Körper betont maskulin aus, vor allem Oberarme und Oberkörper werden vergrößert. Anschließend steigen sie in das mit Heckspoiler, extrabreiten Reifen, tiefergelegtem Fahrwerk, Chromauspuff und einer baßbetonten Lautsprecheranlage aufgerüstete Auto, um mit einem betont aggressiven Fahrstil ihren Traum von Freiheit, Autarkie und Wohlstand wenigstens »on the road« zu genießen. Ihre Freundinnen zeichnen sich durch eine lautstarke Sexualisierung des Auftritts aus; der Körper wird auch dann gern gezeigt, wenn er besser verhüllt werden sollte, er wird bunt tätowiert und reichhaltig gepierct.

Auf diesem Hintergrund wirkt schließlich das Fernsehen; von den Nutzungszeiten und -mustern her gesehen, ist sein Einfluß hier am stärksten. Das Unterhaltungsmilieu präferiert diejenigen Sendungen des Fernsehens, in denen die histrionischen Botschaften am intensivsten dosiert sind: Amerikanische Serien und Spielfilme, Talkshows und Reality-Formate, Comedies und Sitcoms. Dort finden sie die Vorbilder für ihre egozentrische Lebenshaltung und ihre ungelenken Inszenierungsstrategien. So fügt sich hier die Interaktion von sozialen Bedingungen, Milieumentalität und TV-Einfluß besonders deutlich: Es entsteht ein Typus, der leicht erregbar, suggestibel und emotional oberflächlich ist, sich als wenig interessiert, konzentrationsunfähig und ungebildet erweist, sein Verhalten an medialer Prominenz ausrichtet und sich obendrein auch noch gern aus der Realität in eine Welt oraler Regression zurückzieht – der Histrio eben.

Nach allem finden sich hinsichtlich der Entstehung und Verbreitung des histrionischen Sozialcharakters deutliche, vor allem vom Lebensalter abhängige Unterschiede. Dabei haben wir ein Problem noch gar nicht angesprochen, nämlich: Was heißt hier »40-Jahr-Grenze«?

Sie ist auf der Basis von Daten aus dem Jahr 1985 gefunden worden. Mittlerweile sind zwanzig Jahre vergangen, so daß daraus vermutlich eine 60-Jahr-Grenze geworden ist. Für diese Vermutung spricht zum einen das psychologische Argument, daß grundlegende soziale Einstellungen mit zunehmendem Lebensalter immer schwerer verändert werden. Auch legen beobachtbare Denk- und Verhaltensweisen des (damaligen) Selbstverwirklichungsmilieus diesen Eindruck nahe. Wer kennt das nicht aus dem eigenen Bekanntenkreis: Die Sozialkundelehrerin, die, mit den Jahren etwas füllig geworden, gleichwohl noch immer in den knappen Jeans ihrer besten Jahre an der Uni München herumläuft. Oder der Psychologe, der noch immer Bart, Haarschnitt und Kleidung seiner revolutionären Marburger Studentenzeit trägt. Gemeinsam mit ihren Kindern gehen sie zum Stones-Konzert, um dort den 60jährigen Männern bei der Arbeit zuzusehen: »I can get no ... !« Sowas gibt man doch nicht ohne Not auf. Als seriösen Beleg für die Verschiebung der 40-Jahr-Grenze lassen sich die Altersgrenzen aus dem SINUS-Modell heranziehen: So reichen die Postmateriellen von Anfang 20 bis zu den »jungen Alten«, die Bürgerliche Mitte umfaßt 30- bis 50jährige, die Etablierten sind zwischen 40 und 60 Jahre alt, die Konsum-Materialisten enden, und die Konservativen beginnen bei den 60jährigen.

Wie sieht es also mit der Mentalität der heute jüngeren Milieugruppen aus? Dazu müssen wir zunächst fragen, ob und gegebenenfalls wie sich die Sozialisationsbedingungen dieser Gruppen verändert haben. Dies läßt sich vergleichsweise schnell mit zwei Stichworten beantworten: *Globalisierung* und *Medialisierung*.

Globalisierung meint, daß die aktuellen wirtschaftlichen Prozesse vom Individuum wie nie zuvor die Herauslösung aus seinen traditionellen Bindungen fordern. Der bereits mehrfach zitierte amerikanische Soziologe Sennett (1998, S. 15) hat die psychischen Folgen anschaulich so beschrieben: »Vor kurzem traf ich jemanden auf dem Flughafen, den ich seit fünfzehn Jahren nicht gesehen hatte. Ich hatte den Vater von Rico (wie ich ihn im folgenden nennen werde) vor einem Vierteljahrhundert für mein Buch über amerikanische Arbeiter ... interviewt. Enrico arbeitete damals als Hausmeister und setzte große Hoffnungen in seinen Sohn, einen aufgeweckten, sportlichen Jungen, der gerade in die Pubertät kam. Als mein Kontakt zu seinem Vater zehn Jahre später abbrach, hatte Rico gerade das Studium abgeschlossen. In der Flughafenlounge sah Rico aus, als habe er die Träume seines Vaters verwirklicht. Er hatte einen Computer in einem eleganten Lederköfferchen dabei, trug einen Anzug, den ich mir nicht hätte leisten können, und an seinem Finger steckte ein dicker Siegelring mit Wappen.«

Ricos Leben ließ sich zunächst gut an, hatte er doch zunächst in Boston Elektrotechnik studiert, sich dann in New York an einer Business School eingeschrieben. Dort heiratete er eine Kommilitonin, eine Protestantin aus einer bessergestellten Familie. Er begann seine Berufslaufbahn als technischer Berater in einer High-Tech-Firma im Silicon Valley und arbeitete anschließend erfolgreich in Chicago. Der nächste Umzug war wegen der Berufstätigkeit seiner Frau erforderlich und führte ihn in eine weniger attraktive Stelle in einen Büropark nach Missouri. Dort erlebte er seinen ersten Karriereknick: Die Firma wurde von einer größeren aufgekauft, und er wurde entlassen. Das Paar zog ein viertes Mal um, wieder in die Nähe von New York, wo Rico seine eigene Consulting-Firma gründete. Seine Frau leitet in einer Firma ein großes Team von Buchhaltern. Trotz ihres Wohlstands und obwohl sie das Modell eines anpassungsfähigen, einander unterstützenden Ehepaares zu sein scheinen, leiden beide unter ständiger Angst – vor fremdbestimmter Zeiteinteilung, vor jeder neuen Geschäftsbeziehung, dem Verlust von Aufträgen, vor den Launen der Auftraggeber.

Gravierender sind jedoch Veränderungen im privaten Leben: So beklagt Rico, daß durch die häufigen Umzüge sich viele freundschaftliche Verbindungen vor Ort aufgelöst hätten. Ihm fehlen Freundschaft, örtliche Gemeinschaft und Zeit für die Kindererziehung. Insgesamt ist er in vierzehn Arbeitsjahren viermal umgezogen, aus der Sicht der amerikanischen Statistik hat er weitere sieben Umzüge vor sich. Mit »Birds of passage don't nest« beschreibt Putnam (2000, S. 90) die damit verbundene Haltung kurzfristiger und schwacher Bindungen an Menschen, Orte und Institutionen.

Das zweite Stichwort lautete: *Medialisierung*. Damit ist gemeint, daß sich die Medienszene in den letzten 30 Jahren erheblich verändert hat. Die erste Nachkriegsgeneration ist teilweise ja noch ohne Fernsehen aufgewachsen, hat dessen Anfänge miterlebt, durfte manchmal gar nicht oder oft nur wohldosiert zuschauen. Die heute 30jährigen sind hingegen die erste Generation, die von Beginn an mit dem Medium groß wurde. Und nicht nur das: Sie haben in ihrer Kindheit den »medienpolitischen Urknall« am 1. Januar 1984 miterlebt, den Beginn des kommerziellen Fernsehens in Deutschland. Das private Fernsehangebot entwickelte sich rasant, erfand neue Darstellungsformen und Genres, Erotik und Gewalt wurden gängige Stilmittel. In dieser Zeit wurde Fernsehen zur wichtigsten Freizeitbeschäftigung der Deutschen, der durchschnittliche tägliche TV-Konsum stieg, wie erwähnt, von rund 2 Stunden im Jahr 1985 auf inzwischen rund $3\frac{1}{2}$ Stunden täglich – Tendenz weiterhin steigend.

Wie reagieren die Kinder des Selbstverwirklichungs- und des Unterhaltungsmilieus, beide bereits in einem histrionischen Milieu aufgewachsen, nun auf diese Veränderungen?

Wir sehen zwei Möglichkeiten, die man mit dem Begriffspaar »progressiv-regressiv« bezeichnen kann. So nennt der Psychiater und Psychoanalytiker Mentzos (1999) zwei in der äußeren Erscheinung unterschiedliche histrionische Charaktertypen. Der *progressive Typ* stellt sich stärker, reifer, überlegener, sicher auch aggressiver dar, als er im Inneren tatsächlich ist; Mentzos (1999, S. 54f.) spricht daher auch von »pseudo-progressiv«. Der endlos Frauen verführende Don-Juan oder der rothaarige, männermordende Vamp sind Beispiele für diesen Charaktertyp. Der (pseudo-) *regressive* Typ hingegen wählt den umgekehrten Weg, er gibt sich schwächer, unreifer, hilfloser und passiver als er tatsächlich ist. Die (scheinbar) hilflose Kindfrau oder der charmante, aber faule Sunnyboy wären Repräsentanten dieses Typs.

Zunächst zum Selbstverwirklichungsmilieu: Finden sich diese beiden Typen dort? Wir meinen: Ja. Als Beleg nehmen wir die jüngsten SINUS-Milieus, die »Modernen Performer« und die »Experimentalisten«. Beide haben eine gehobene Bildung, stehen also dem Selbstverwirklichungsmilieu nahe. Dieses Milieu hat sie aufgezogen, insofern wird dessen Mentalität im Kern auch hier zu finden sein. Sie geht jedoch in zwei unterschiedliche Richtungen:

Die Modernen Performer sind die progressiven Histrios. Sie wollen ein intensives Leben, in dem sie ihre beruflichen wie sportlichen Leistungsgrenzen erfahren können. Ihr ausgeprägter Ehrgeiz richtet sich auf »das eigene Ding«, die Selbständigkeit (Start-ups). Dabei haben sie nicht nur den materiellen Erfolg im Auge. Treibendes Motiv ist ebenso zu experimentieren, spontan Chancen zu nutzen, wenn sie sich auftun, und die eigenen Fähigkeiten als *Ich-AG* zu erproben. Mit dieser Grundhaltung sind sie die bösen Kinder des Selbstverwirklichungsmilieus. Bei ihnen ist die Idee vom sich selbst verwirklichenden Individuum in jeder Hinsicht zur vollen Marktreife entwickelt. Sie brauchen keine Rationalisierungen mehr, gehen nicht auf »Trips«, ihr Ziel ist Leistung und materieller Erfolg. Das Individuum wird zum Produkt, das sich am Markt gegen andere Produkte durchsetzen muß.

Der Marketing- und Kommunikationschef der österreichischen Industriellenvereinigung, Werner Lanthaler, und die Journalistin Johanna Zugmann haben diese Mentalität in dem Buch *Die ICH-Aktie. Mit neuem Karrieredenken auf Erfolgskurs* konsequent so zusammengefaßt (Lanthaler & Zugmann, 2000. S. 15 f.): »Karriere muß neu gedacht werden. Denn das Zeitalter der traditionellen Karrieren geht zu Ende ... Mit der ICH-Aktie setzen wir dem linearen ›Aufsteiger‹-Denken ein marktnahes Karriere-Konzept entgegen: Ihre Karriere-Stationen heißen nicht Schule, Universität, Bewerbung und verschiedene Jobs, sondern:

- die ICH-Marktvorbereitung: In dieser Phase kümmern Sie sich um Ihr marktfähiges Basiswissen – an der Schule, an der

Uni, der Fachhochschule und überall dort, wo relevantes Wissen erwerbbar ist.
- die ICH-Markteinführung: Das ist die Phase, in der Sie sich am Markt plazieren – optimal vorbereitet und mit einem klaren strategischen Konzept ...
- die ICH-Marktentwicklung: Hier bauen Sie Ihre Position am Markt gezielt aus und entwickeln sich in die von Ihnen gewünschte Richtung – Weiterbildung und Jobs sind dafür die notwendigen Vehikel.
- die ICH-Marktreife: Das ist der Knackpunkt Ihrer Karriere – ist es Ihnen gelungen sich zur hoch gehandelten ICH-Aktie zu entwickeln, deren going public für den gewünschten ›Kaufrausch‹ sorgt, oder nicht? Sind Sie Marktführer – oder bloß einer von vielen?«

Der Moderne Performer hat die Indienstnahme des Individuums für die Zwecke der globalisierten kapitalistischen Gesellschaft zur Idee der *Ich-AG* radikalisiert. Mußten die Eltern noch die Not ihrer Bindungsunsicherheit mit der Selbstverwirklichungsideologie zur Tugend rationalisieren, empfindet dieses Milieu die Bindungsunsicherheit gar nicht mehr als Not. Insofern entfallen auch die zugehörigen Rationalisierungsbemühungen; die Angehörigen dieser Gruppe machen ihre Persönlichkeit gleich selbst zum Produkt, das sich auf dem Arbeitsmarkt gegen Konkurrenzindividuen durchsetzen muß. Individualität bedeutet hier eher die marktgängige Konfiguration spezifischer Alleinstellungsmerkmale. Der von Sennett (1998) erwähnte Rico ist ein Prototyp dieses Milieus. Ob angenehm oder nicht, gegenüber der rationalisierenden Selbstverwirklichungsideologie ihrer Elterngeneration haben sie zumindest eine wahrhaftigere, weniger ideologische Haltung gegenüber der gesellschaftlichen Realität gewonnen.

Anders die Experimentalisten: Sie sind die regressiven Histrios und schon eher die legitimen Erben des Selbstverwirklichungsmilieus. Kennzeichnend für sie ist die große Lust am Leben und Experimentieren, sie sind tolerant und offen gegenüber unterschiedlichen Lebensstilen, Szenen und Kulturen. Materieller Erfolg, auch Status und Karriere sind ihnen weniger wichtig. Sie legen sich nicht gern fest, was zu ungewöhnlichen Patchwork-Biographien und -Karrieren führt. Auch sie haben ein großes Bedürfnis nach Unterhaltung, sind ständig in Bewegung und dort zu finden, wo etwas Spannendes passiert. In gewisser Weise hat auch diese regressive Gruppe die Selbstverwirklichungsideologie ihrer Eltern weiterentwickelt. Sie haben den anderen Aspekt des Individualitätskonzepts, die Inszenierungsbemühungen, zur Lebenshaltung als Lifestyle-Avantgarde weiterentwickelt. Arbeit ist nicht so »ihr Ding«; viele von ihnen haben gar kein eigenes Einkommen, leben in den gut situierten Haushalten ihrer Eltern. Ihr Hauptinteresse gilt »Events«, Ereignissen, bei denen etwas los ist und bei denen sie neue Stilelemente für ihre kontinuierlichen Rollenspiele aufgreifen können. Ihr soziales Gewissen beruhigen sie mit meistens kurzfristigem Engagement für die jeweils modernen Randgruppen.

Soweit die formal besser gebildeten Milieus. Versucht man aber, die Einteilung nach »progressiv-regressiv« auch auf die nächste Generation der formal weniger Gebildeten zu übertragen, stößt man auf eine Überraschung: Sie bilden im SINUS-Modell kein eigenes Milieu, finden sich vielmehr gemeinsam mit ihren Eltern bei den Hedonisten. Insofern gilt hier auch hinsichtlich des TV-Konsums und der sozialisierenden Wirkung des Fernsehens auf den Sozialcharakter das, was oben zum Unterhaltungsmilieu gesagt wurde: Bei ihnen fügt sich die Interaktion von sozialen Bedingungen, Milieumentalität und TV-Einfluß besonders deutlich. Es blüht der Histrio – leicht erregbar, suggestibel und emotional oberflächlich, wenig interessiert, konzentrationsunfähig und ungebildet, an medialer Prominenz ausrichtet und sich gern aus der Realität in eine Welt oraler Regression zurückziehend. Die jungen Hedonisten stellen aber vermutlich nur einstweilen noch keine eigene Milieugruppe dar, hier wird sich die Teilung nach »progressiv-regressiv« zukünftig noch zeigen. »Progressive Hedonisten« werden sich im Umfeld der Aufstiegsdomänen der Unterschicht – dem Showbusiness und dem Sport – tummeln, »regressive Hedonisten« zu einem leistungsfernen, in vielfacher Hinsicht suchtgefährdeten Milieu an der Grenze zur Subkultur versammeln.

Bei allen Unterschieden in der äußeren Inszenierung, der TV-Konsum aller dieser jungen Milieus ist gleichwohl im Kern ähnlich: Die Modernen Performer sehen zwar vergleichsweise wenig fern und vor allem ProSieben, RTL II und Vox. Dort bevorzugen sie aktuelle amerikanische Serien wie *Ally McBeal* oder *Buffy – Im Bann der Dämonen*, herausragende Spielfilme, Comedy- und Lifestyle-Sendungen. Auch Reality-Formate wie *Popstars – Du bist mein Traum* (RTL II) oder *Big Brother* (RTL II) finden ihr Interesse. Die Experimentalisten sehen länger und thematisch etwas breiter fern, ihre bevorzugten Sender sind ebenfalls ProSieben, Vox und RTL II, dazu noch Kabel 1. Ihr Interesse reicht von klassischen US-Serien und Filmen, Mystery-, Horror- und Science-Fiction-Sendungen über Zeichentrickserien mit Kultcharakter, Comedysendungen und Serienklassiker bis zu Kultursendungen und zeitkritischen Sendungen. Die jungen Hedonisten sehen leicht unterdurchschnittlich lange fern, vor allem ProSieben, RTL II und Vox. Sie haben ein sehr breites, aber immer unterhaltungsorientiertes Nutzungsspektrum, von Sitcoms über amerikanische Serien und Spielfilme bis zu Comedies, Talkshows und Reality-Formaten.

Insgesamt zeigt sich, daß die jungen Milieugruppen den privaten Sendern deutlich den Vorzug geben und somit einen ausgeprägten Schwerpunkt bei einer unterhaltungsorientierten Nutzung des Fernsehens haben. Alle drei treffen sich bei aktuellen amerikanischen Serien, bei Spielfilm-Highlights und bei Comedysendungen. Die Modernen Performer sehen gemeinsam mit den Hedonisten Reality-Formate. Man muß kein Prophet für die Vorhersage sein, daß die in den USA gegenwärtig laufende Reality-Serie *The Apprentice* für diese beiden Milieus wie geschaffen ist. In dieser Sendung kämpfen Top-Absolventen von Eliteuniversitäten in der Firma des Immobilien-Milliardärs Donald Trump um einen echten 200.000 Dollar-Job (Kreye,

2003). Alleine sehen die Modernen Performer Lifestyle-Sendungen, die Experimentalisten Zeichentrickserien mit Kultcharakter, US-Serienklassiker, Kultursendungen und zeitkritische Formate und die Hedonisten Talkshows.

Mit diesen Nutzungsgewohnheiten geraten sie immerhin zwischen knapp drei (Moderne Performer, Hedonisten) und nahezu vier Stunden *täglich* (Experimentalisten) unter den prägenden Einfluß des Mediums, denn Fiction und Unterhaltung sind die wichtigsten Verbreiter der histrionischen Botschaften des Fernsehens. Die progressiven Modernen Performer holen sich zudem aus Lifestyle-Sendungen die notwendigen Informationen, den jeweils geltenden »Dress-code« für ihren Auftritt als *Ich-AG*; die regressiven Experimentalisten mit ihren fast vier Stunden TV-Konsum erhalten dort die gewünschte orale Regression und finden in den Kultursendungen Hinweise auf neue, zeitkritische Inszenierungsvarianten. Die jungen Hedonisten träumen bei Talkshows und Reality-Formaten ihren Traum von medialer Prominenz.

Resümieren wir dieses Kapitel. Welche Unterschiede finden sich hinsichtlich des neuen Sozialcharakters in den verschiedenen gesellschaftlichen Milieus?

Zunächst wurde deutlich, daß er sich über die Alters- und nicht über die Bildungsgruppen etabliert. Er entsteht aufgrund spezifischer, generationentypischer Sozialisationsbedingungen zuerst bei den jüngeren, besser gebildeten Trendsettern. Die älteren gesellschaftlichen Gruppen übernehmen ihn im allgemeinen deswegen nicht, weil sie ihre zentralen Einstellungen und Werthaltungen in ihrer Jugend erworben haben und weil diese vergleichsweise resistent gegen Änderungen sind. Dies gilt später auch für den jeweils neuen Sozialcharakter, er altert mit den Gruppen, die ihn zuerst erworben haben. Von den Innovatoren aus diffundiert er zunächst in die altersgleichen, aber weniger gebildeten Milieus, später, durch die Sozialisation der nächsten Generation, auch in die jüngeren Milieus. Dort wird er entsprechend zu den jeweiligen gesellschaftlichen Rahmen- und Sozialisationsbedingungen übernommen, modifiziert oder durch einen neuen Typus ersetzt. Die formale Bildung beeinflußt vor allem das Tempo der Übernahme und die phänotypischen Erscheinungsbilder. Das Fernsehen im ganzen und in einzelnen Genres im besonderen potenziert diese Tendenzen, bei den formal wenig gebildeteren Zuschauern im allgemeinen stärker als bei den Gebildeten.

Konkret vollzieht sich die Entwicklung kalter Herzen, die allmähliche Vereisung des Sozialcharakters, gegenwärtig und in der nahen Zukunft so: Der histrionische Sozialcharakter ist in der Nachkriegszeit in einer gesellschaftlichen Situation zunehmender Bindungsunsicherheit entstanden, er hat sich im Selbstverwirklichungsmilieu nach Schulze (1992) mit der zentralen Idee der inszenierten Individualität erstmals konkretisiert. Von dort aus hat er sich zunächst seitwärts, in das altersgleiche Unterhaltungsmilieu, später im Verlaufe von Sozialisationsprozessen auch in die jüngeren Milieus ausgebreitet. Aufgrund veränderter Sozialisationsbedingungen – Globalisierung und Medialisierung – radikalisieren die formal besser gebildeten Jüngeren das Konzept ihrer Elterngeneration in zweierlei Richtung, nämlich einmal zur (pseudo-progressiven) arbeitsmarktkonformen Ich-AG, zum anderen zur (pseudo-regressiven) eventorientierten Lifestyle-Avantgarde. Die jeweils gleichaltrigen, aber weniger Gebildeten verbleiben zunächst im Elternmilieu, werden aber sicherlich später – vulgarisiert und kommerzialisiert – den Lebens- und Inszenierungsstil ihrer altersgleichen Leitmilieus nachahmen. Da die ursprünglichen Innovatoren die zentralen Werte, Einstellungen und Verhaltensweisen ihrer Jugend mit dem Älterwerden nicht völlig verändern und da der histrionische Sozialcharakter in den jüngeren Milieus aufgrund veränderter Sozialisationsbedingungen eher stärker ausgeprägt wird, tritt der neue Sozialcharakter nunmehr nicht nur deutlicher in Erscheinung als noch in den 60er und 70er Jahren des 20. Jahrhunderts, er ist auch rein quantitativ auf dem Weg zum dominierenden Typus.

Zwar mag der Eindruck naheliegen, daß der durchsetzungfähige Jungmanager, der eventsüchtige und arbeitsscheue Lebenskünstler und der gebräunte, gepiercte und bodygebildete Jungprolo wenig gemeinsam haben. Aber so forsch die einen, so umtriebig die anderen und so auffallend die dritten nach ihrem Erscheinungsbild wirken mögen: Sie haben dennoch allesamt ähnliche Sozialisationsbedingungen, nämlich die wachsende Bindungsunsicherheit. Dieses Lebensgrundgefühl verbindet die drei Gruppen, ist der gemeinsame innere Kern ihres histrionischen Sozialcharakters, als dessen wesentliche äußere Merkmale Übererregbarkeit und emotionale Labilität, Aggressivität und Halsstarrigkeit, verführerisches Verhalten und sexuelle Probleme, Suggestibilität und aktive Abhängigkeitstendenzen, Egozentrismus und vor allem aber theatralisches Verhalten gelten.

Auf der Basis ihres gemeinsamen histrionischen Kerns agieren sie nur in je unterschiedlichen Rollen, zeigen unterschiedliche Konfigurationen des genannten Verhaltensinventars, so wie es das jeweilige Herkunfsmilieu und die dort übliche TV-Nutzung ihnen nahelegen. Beim Jungmanager mag es egozentrische Aggressivität, beim Lifestyle-Avantgardist theatralisch betonte Übererregbarkeit und bei der Prolobraut demonstratives verführerisches Verhalten sein, der innere Kern bleibt derselbe: »Das Band, das die 30-Jährigen verbindet, besteht aus Angst: Verarmungsangst ... Der typische 30-Jährige hat schon deshalb Schwierigkeiten ..., weil er, statt Gemeinsamkeiten zu betonen, eher darauf aus ist, sich von den Gleichaltrigen zu unterscheiden. Er besteht auf sozialer Ungleichheit, auf Glamour-Differenzen, ihm liegt daran, ein Coolness-Gefälle aufrecht zu erhalten. Und so kämpften die 30-Jährigen lieber untereinander ..., der Krieg gegen die Vorgänger-Generation blieb aus« (Fuchs, 2003).

14 Sozialverhalten – Die unstillbare Sehnsucht nach Stabilität

- Etwa 40 bis 50% aller Wähler in Deutschland haben keine Parteienbindung mehr, sie entscheiden von Wahl zu Wahl neu, ob sie überhaupt zur Wahl gehen und wen sie wählen. Der Anteil der Wechselwähler steigt im längerfristigen Trend (Schulz, 1997).
- Nach einer Umfrage des Gallup-Instituts aus dem Jahr 2003 haben 18% der deutschen Arbeitnehmer keine und 70% nur eine geringe emotionale Bindung an ihren Arbeitsplatz, diese Tendenz nimmt in den letzten drei Jahren zu (Pressemeldung des Gallup-Instituts vom 29. 10. 2003).
- Nach Angaben des Statistischen Bundesamtes wurden im Jahr 1991 136.317 Ehen geschieden, im Jahr 2002 waren es 204.210. Für die Zukunft ist damit zu rechnen, daß mehr als ein Drittel aller Ehen wieder getrennt wird (Emmerling, 2003).

Was haben diese drei Sachverhalte miteinander und mit dem Thema dieses Buches zu tun?

Das Thema dieses Kapitels ist die Frage nach Auswirkungen, die die allmähliche Diffusion des histrionischen Sozialcharakters in die Gesellschaft für die Gesellschaft hat. Gesellschaft realisiert sich für den Einzelnen vor allem in seinen *sozialen Beziehungen*, seien es reale oder parasoziale. Also ist zu fragen: Wie verhält sich der Histrio eigentlich gegenüber seinen Mitmenschen? Die Antwort suchen wir in drei Bereichen, nämlich

- im Wahl-,
- im Arbeits- und
- im Bindungsverhalten.

Dafür stehen die drei Sachverhalte in bezug auf Wechselwähler, Bindung an den Arbeitsplatz und Ehescheidungen.

Vorweg lassen sich einige Vermutungen zum Sozialverhalten des Histrio zusammentragen: Erinnerlich ist er egozentrisch und publikumsorientiert. Er füllt seine innere Leere häufig mit ausgeprägtem Erlebnishunger nach aufregenden äußeren Ereignissen, zu denen bevorzugt erotische und sexuelle Beziehungen gehören. Er gibt sich häufig verführerisch im Sinne einer Sexualisierung jeder Aktivität: Männer geben sich daher gern als »womanizer«, als aggressive, hypersexuelle und hypermaskuline Don Juans; Frauen – mit Blick auf das männliche Publikum – als pseudofeminine Vamps. Seine romantisierende Denkweise führt zu schnellen und nachhaltigen Idealisierungen der mit ihm in Verbindung stehenden Menschen. Diese werden so gesehen, wie der Histrio es braucht und will, entsprechend ist er schnell begeistert oder verliebt. Die andere Seite: Aus der Not der früh erfahrenen Bindungsunsicherheit heraus hat der Histrio auch starke (oft: unbewußte) Wünsche nach einer engen Beziehung, einem verläßlichen Partner, der Entscheidungen für ihn trifft, ihm Ratschläge gibt und ihn in einer stabilen Beziehung hält. Zu diesem Partner baut er abhängig-aggressive Beziehungen nach dem Muster fordernder Abhängigkeit (»demanding dependency«) auf. Da der Partner den romantisierenden und idealisierenden Forderungen des Histrio trotz deren manipulativer oder aggressiver Interventionen auf Dauer gar nicht gerecht werden kann, bricht die Idealisierung notwendigerweise zusammen. Depotenzierung und schroffe Ablehnung sind die Folgen. Wie zeigen sich diese allgemeinen Charaktermerkmale nun konkret?

Beginnen wir mit dem politischen Handeln als dem für die Gesellschaft wichtigsten Bereich: Welche Rolle spielt der histrionische Sozialcharakter also auf diesem Feld (vgl. zum Folgenden Winterhoff-Spurk, 1999)? Da nur um die 10% der Bevölkerung die Gelegenheit zu persönlichen Kontakten mit Politikern nutzen, sind Beziehungen zu Politikern ja meistens parasoziale Beziehungen (vgl. Schulz, 1997, S. 210). Gleichwohl sind es für die Gesellschaft außerordentlich wichtige Beziehungen, da die Auswahl der politischen Eliten für das Funktionieren der Gesellschaft von großer Bedeutung ist. Wie also entwickeln sich parasoziale, medienvermittelte Beziehungen zu Politikern?

»Der Klient ist das erwachsene Kind eines alkoholkranken Stiefvaters. Er adoptierte die Rolle des Helden in einem kranken Familiensystem. Er benutzt Verdrängung als primären Abwehrmechanismus. Sein momentanes Verhalten ... zeigt an, daß der Klient wenig Einsicht hinsichtlich der Auswirkungen seiner Kindheitserfahrungen auf seine aktuellen Schwierigkeiten hat. Er leugnet persönliche Verantwortlichkeiten und kompromittiert Dritte. Aufgrund der lang andauernden psychischen Vorbelastung zeigt er periodisch wiederkehrende Wutausbrüche, die sich mit aktuellen Anlässen vermischen und für Dritte nur noch schwer nachvollziehbar sind. Die ... Akzeptanz der Heldenrolle führt wiederholt zur Selbstdemontage und zu einem selbst herbeigeführten Chaos. Sexuell ungebremstes Verhalten erscheint wahrscheinlich und konsistent für diesen Klienten mit mangelnder Krankheits- und Problemeinsicht« (Fick, 1995, S. 221 f.). Um wen mag es in diesem Zitat gehen?

Die Antwort ist: Der Text gilt dem ehemaligen amerikanischen Präsidenten William Jefferson Clinton. Er endet mit einem Therapievorschlag: Der Autor, ein amerikanischer Psychologe mit dem für deutsche Verhältnisse ebenso unschicklichen wie passenden Namen Dr. Paul Fick, rät zu einer längeren individuellen Psychotherapie mit anschließender Gruppen- und Familientherapie. Angesichts eines solchen Buches und anderer Veröffentlichungen über die sexuellen Affären von Clinton wurde seinerzeit eindrucksvoll deutlich: Menschen, die sich Politik als ihren Beruf ausgesucht haben, müssen auf eine Privatsphäre weitgehend verzichten.

Menschen, die von der Politik leben: In Deutschland sind es etwa 2.750 Abgeordnete der Länderparlamente, des Bundestages und des Europaparlaments, rund 230 Regierungsmitglieder, der Bundespräsident, ca. 900 politische Beamte sowie 6.700 kommunale Wahlbeamte, also insgesamt rund 10.500

Bürger (vgl. von Arnim, 1997, S. 14 ff.). Diesen Beruf auszuüben, erreicht man nicht ohne erhebliche Anstrengungen; die meisten haben eine lange »Ochsentour« durch die jeweiligen Parteien hinter sich: Durchschnittlich 16 Jahre vergehen zwischen Parteieintritt und der Übernahme eines Landtagsmandats (a.a.O., S. 112). In dieser Zeit haben sie Hunderte von Mitgliederversammlungen und Gremiensitzungen, öffentliche Veranstaltungen und private Treffen hinter sich gebracht und dabei Stück für Stück an Popularität (meistens auch an Körpergewicht) zugelegt. Beliebt sind sie dadurch nicht geworden, denn Berufspolitiker stehen meist am Ende entsprechender Berufsprestige-Skalen (vgl. *Der Spiegel* Nr. 24 vom 24.6.02, S. 77). Dann endlich dürfen sie sich »MdL« auf die Visitenkarte drucken lassen und können bis zur nächsten Wahl auf den Hinterbänken eines Landesparlaments Platz nehmen. Angesichts eines solchen aufreibenden Wegs, des damit offenbar verbundenen Verlusts an Privatheit und des ziemlich geringen sozialen Prestiges stellt sich zuerst einmal die Frage: Wer tut sich das alles aus welchem Grund freiwillig an?

Der Grund könnte das *Machtmotiv* sein, also das Bestreben von Menschen, das Erleben und Verhalten anderer nachhaltig zu beeinflussen. In der modernen Psychologie geht die Idee, menschliches Handeln sei wesentlich durch dieses Motiv bestimmt, auf Alfred Adler und seine Individualpsychologie zurück. Seiner Ansicht nach ist die Grunderfahrung menschlicher Existenz ein tiefes Minderwertigkeitsgefühl gegenüber den Anforderungen des Lebens. Dieses Gefühl führt unter normalen Umständen zu einem Verhalten, das die erlebten Unzulänglichkeiten angemessen kompensiert. Gelingt dies aber nicht, erlebt der Mensch beispielsweise eine besonders harte, lieblose Kindheit, so wird aus dem Minderwertigkeits*gefühl* ein Minderwertigkeits*komplex*. Das daraus folgende Verhalten ist durch das Bestreben gekennzeichnet, dauerhafte persönliche Überlegenheit über andere Menschen zu gewinnen: »Die Nase hoch tragen, Eitelkeiten in bezug auf äußere Erscheinung, sei diese nobel oder vernachlässigt, aus der Art fallende Trachten, übertrieben männliches Auftreten bei Frauen, weibliches bei Männern, Hochmut, Gefühlsüberschwang, Snobismus, Prahlsucht, tyrannisches Wesen, Nörgelsucht, ... Entwertungstendenz, übertriebener Heroenkult sowie eine Neigung, sich an Prominente anzubiedern oder über Schwache, Kranke, über Personen von geringen Dimensionen zu gebieten, Betonung der besonderen Eigenart, Mißbrauch von wertvollen Ideen und Strömungen behufs Entwertung der anderen usw. ... Ebenso Affektsteigerungen wie Zorn, Rachsucht, Trauer, Enthusiasmus, habituell schallendes Lachen, Weghören und Wegblicken beim Zusammentreffen mit anderen, das Lenken des Gesprächs auf die eigene Person, habitueller Enthusiasmus ...«, so beschreibt Adler dieses Verhalten (1933, S. 81 f.).

Selbstverständlich muß, wer politisch aktiv ist, Macht gewinnen, ausüben und verteidigen. Zum Problem wird dieses Bestreben allerdings dann, wenn Menschen Macht nicht primär zur Umsetzung politischer Ziele, sondern um ihrer selbst willen anstreben, Macht also das zentrale Lebensmotiv, der Machterwerb gar zur Sucht wird. Solche Menschen nehmen, wenn sie die Politik als ihr Berufsfeld wählen, die oben erwähnten Verletzungen ihrer Privatsphäre um des langfristigen Machtgewinns willen ebenso in Kauf, wie ein Alkoholkranker den Kater. Was das Bild von der »Droge Macht« allerdings nicht erklärt: Warum eigentlich stellen Politiker häufig genug ihr Privatleben – einschließlich der Krankheiten – selbst, oft genug jenseits der Peinlichkeitsgrenze und offenbar sogar gerne zur Schau? Der häufig beklagte Verlust an Privatheit ist ja zugleich ein Gewinn an Öffentlichkeit. Zur Beantwortung dieser Frage muß zur Erklärung »Machtmotiv« noch etwas hinzukommen.

Was dies sein könnte, dazu findet sich in Thomas Kornbichlers Buch *Die Sucht, ganz oben zu sein* (1996, S. 69) eine wichtige Überlegung: »Machttypen sind in aller Regel narzißtische Menschen ... Was beim narzißtischen Machtmenschen zählt, ist Bewunderung, die ihm seitens seiner Umwelt und der Massen zuströmt. Das Bad in der Menge, der egozentrische Auftritt auf großer Bühne, die Fernsehshow, der Medienrummel, die Parteitage sind für ihn Mittel, das innerlich leere Selbst affektiv aufzuladen.« Mit diesem Hinweis auf eine narzißtische Persönlichkeitsstruktur als Erklärung findet sich Kornbichler in guter Gesellschaft. Auch der Sozialpsychologe Erich Fromm (1974, S. 181) hält den Narzißmus für ein zentrales Motiv bei Politikern: »Unter den politischen Führern ist ein hochgradiger Narzißmus häufig anzutreffen. Man kann ihn als Berufskrankheit – oder auch als Berufskapital – auffassen, besonders bei denen, die ihre Macht ihrem Einfluß auf ein Massenpublikum verdanken. Wenn der betreffende Führer von seinen außergewöhnlichen Gaben und von seiner Mission überzeugt ist, wird es ihm leichter fallen, das große Publikum zu überzeugen.«

Ja, das Persönlichkeitsmerkmal *Narzißmus* könnte erklären, warum die öffentliche Behandlung des Privatlebens für Politiker durchaus nichts ist, worunter sie leiden: Für ausgeprägte Narzißten ist es im Gegenteil genau das, wonach sie streben, selbst dann, wenn die Berichterstattung negativ ist. Eine schlechte Presse ist besser als gar keine Presse, so würde es ein PR-Fachmann ausdrücken. Richard Sennett (1983, S. 43) schreibt dazu: »In der modernen Politik käme es einem Selbstmord gleich, wollte ein Politiker darauf beharren, daß man sein Privatleben aus dem Spiel läßt, wenn er sagen würde: Kümmert euch darum, ob ich gute Gesetze mache oder sie gut ausführe und was ich vorhabe, wenn ich im Amt bin. Statt dessen geraten wir in Entzücken, wenn ein französischer Präsident mit einer Arbeiterfamilie zu Mittag ißt, auch wenn er ein paar Tage vorher die Lohnsteuer angehoben hat. Und wir glauben, ein amerikanischer Präsident sei ›natürlicher‹ und zuverlässiger als sein in Ungnade gefallener Vorgänger, weil sich der neue Mann sein Frühstück selbst zubereitet.«

Eine solche Gesetzmäßigkeit erkennen politische Akteure und ihre jeweiligen Berater schnell. Entsprechend wählen sie Kommunikationsstrategien, die ihnen Medienauftritte verschaffen. Wenn Politiker ihre Aktivitäten nach denjenigen Faktoren ausrichten, die sie für die Medien interessant machen, so erhöhen sich natürlich ihre Chancen, Präsenz in den Massenmedien zu gewinnen. Dazu eignen sich auch politisch irrelevante Verhaltensweisen wie Fallschirmspringen, Büttenreden oder Planschen mit einer neuen Geliebten im Pool. Sind Politiker erst einmal in den Medien hinreichend präsent, beginnt der Prozeß der »Prominentenzirkulation« (Peters, 1996, S. 110), bei dem sie dann durch die entsprechenden Sendungen aller Sender wandern. Ohne Zweifel, eine derartig personalisierte Darstellung von Politik in den Medien spricht Menschen mit einer ausgeprägten narzißtischen Persönlichkeitsstruktur besonders an.

Eine ganz besondere Rolle spielen dabei übrigens die Wahlkämpfe. In der Medienforschung ist diese Einsicht mit einem ganz konkreten Ereignis verbunden, nämlich der ersten TV-Debatte im Jahr 1960 zwischen dem damaligen Vizepräsidenten Nixon und dem damaligen Senator Kennedy im Kampf um das Amt des amerikanischen Präsidenten. Die Wirkungen dieser Debatte wurden in über 30 Forschungsprojekten stärker besprochen, beschrieben, diskutiert, untersucht, analysiert und bearbeitet als jede andere politische Innovation im Fernsehzeitalter. Das Hauptergebnis war die Entdeckung des Imagefaktors. Das Bildmedium Fernsehen ist wie kein anderes Medium in der Lage, ein positives oder negatives Image eines Kandidaten zu zeichnen und zu vermitteln. Unter diesem Gesichtspunkt wurde übrigens Kennedy allgemein als der Sieger angesehen. Sein knapper Wahlsieg (er erhielt 50,1 % der abgegebenen Stimmen und gewann mit einem Vorsprung von 119.500 Stimmen) wurde von Journalisten, Wahlkampfhelfern, Wissenschaftlern und den Kandidaten selbst hauptsächlich als Folge dieser Fernsehauftritte interpretiert. Galt er vor der Sendung bei vielen Wählern als junger, ehrgeiziger und unerfahrener Politiker, so war es ihm gelungen, sich in der Diskussion mit Nixon als sachkundig und intelligent darzustellen. Das Image von Nixon hingegen verbesserte sich kaum, im Gegenteil, eine Kleinigkeit wie ein nicht ausreichend rasierter Nachmittagsbart führte angeblich sogar zu einer leichten Verschlechterung (Nixon, 1978, S. 219).

In den USA werden seitdem Wahlkämpfe personenbezogen, als Wettkampf der Kandidaten geführt. »Character issues«, Persönlichkeitsmerkmale der Spitzenkandidaten, dominieren die Berichterstattung in den Medien (vgl. dazu Schulz, 1997). Unter dem Stichwort »Amerikanisierung von Wahlkämpfen« werden seit 1990 auch hierzulande Merkmale amerikanischer Wahlkampagnen übernommen. Diese Personalisierung von Wahlkämpfen bedeutet konkret eine Konzentration der Wahlwerbung einer Partei auf ihren jeweiligen Spitzenkandidaten und auf dessen Image – bei gleichzeitiger Herabsetzung des Gegenkandidaten (= »negative campaigning«). Wahlkämpfe bestehen infolgedessen nicht mehr aus der öffentlichen Debatte von Ideen und Programmen, sondern aus einem Wettstreit der Kandidaten. Für erstere hat das Medium offenbar auch keine Zeit mehr: 1968 konnte ein Politiker noch 43 Sekunden ohne Unterbrechung in den Abendnachrichten des amerikanischen Fernsehens sprechen, 1980 verblieben ihm noch 12 und 1992 schließlich nur noch 8 Sekunden – Tendenz fallend. Was das konkret bedeutet, haben Frantzich und Percy (1994, S. 178) am Beispiel der Rede des Antonius gezeigt. »Mitbürger, Freunde, Römer! Hört mich an: Begraben will ich Cäsarn, nicht ihn preisen. Was Menschen Übles tun, das überlebt sie, das Gute wird mit ihnen oft...«, hätte er 1968 noch im TV sagen dürfen. 1992 ist daraus »Mitbürger, Freunde, Römer« geworden. In den amerikanischen Wahlkämpfen überwiegt inzwischen die Berichterstattung über ihren jeweiligen Wettkampfcharakter gegenüber den politischen Inhalten (Hallin, 1992). Mediale Wahlkämpfe stellen geradezu Jungbrunnen für narzißtische Persönlichkeiten dar.

Insofern ist die Hypothese, Narzißmus sei das Hauptmotiv für die Berufswahl von Politikern, schon plausibler als der alleinige Verweis auf das Machtmotiv. Aber reicht diese Persönlichkeitsstruktur als Erklärung aus? Die Antwort kann auch hier nur sein: Ein überdurchschnittliches Maß an Narzißmus ist zwar ganz sicher notwendig, unter den Bedingungen der Mediengesellschaft ist es, zumindest beim Kampf um Spitzenpositionen, aber allein nicht hinreichend. Nötig ist vielmehr auch ein überdurchschnittliches Maß an Begabung zum öffentlichen Auftritt, zur gekonnten Selbstinszenierung. »Wer Bürgermeister oder Ministerpräsident werden will, der macht Persönlichkeitsveränderungen durch. Er muß lächeln, auch wenn ihm nicht danach zumute ist. Er muß freundlich interessiert schauen, auch wenn er eigentlich explodieren will. Er muß sich bei ›Mainz wie es singt und lacht‹ einen Hut aufsetzen lassen, und manchmal muß er auch bei Rudi Carrell in Quizsendungen Fahrrad fahren«, so beschreibt es der Altpolitiker Peter Glotz (1989, S. 6) anschaulich.

Nein, weder der reine Machtmensch noch der reine Narzißt ist der ideale Kandidat für politische Spitzenämter in der Mediengesellschaft. Der Kandidat muß noch mehr aufzuweisen haben: Dramatisierung der eigenen Person, theatralisches Verhalten, übertriebener Ausdruck von Gefühlen, andauerndes Verlangen nach Aufregung, Anerkennung durch andere, Aktivitäten, bei denen die betreffende Person im Mittelpunkt der Aufmerksamkeit steht, oberflächliche und labile Affektivität, übermäßiges Interesse an körperlicher Attraktivität, eine Tendenz zu aggressivem Verhalten, Eigensinn und egozentrisches Verhalten – wir treffen auf einen alten Bekannten. Es ist der Histrio.

Erst die These vom histrionischen Sozialcharakter vermag eine befriedigende Antwort auf die eingangs gestellte Frage zu geben: Untersuchungen zeigen, daß insbesondere bei unpolitischen Wählern ohne Parteibindung das Image eines Kandidaten einen erheblichen Einfluß auf die Wahlentscheidung hat. Und das Image besteht aus den drei Aspekten: professionelle Kompetenz, Charaktereigenschaften und Auftreten. Der Spitzenkandidat muß also zeigen, daß er politische Situationen richtig einschätzen und Probleme lösen kann. Er muß persönliche Integrität, Vertrauenswürdigkeit und Glaubwürdigkeit ausstrahlen. Vor allem aber muß er gut aussehen, telegen sein und Charisma haben. Das stellt er dadurch her, daß er in Talkshows hauptsächlich über sich selbst spricht (Bußkamp, 2002). Starruhm genießen demzufolge Politiker, denen vom Publikum die Eigenschaften »ist ein Fernsehprofi«, »ist unterhaltsam«, »ist originell«, »ist schlagfertig«, »ist ein Schlitzohr«, »könnte eine Talkshow leiten«, »ist witzig«, »ist ein Siegertyp« zugeschrieben werden (Peters, 1996). Man kann inzwischen nachgerade von einem medialen Persönlichkeitskult sprechen. Mindestens aber sind moderne Politstars Paradebeispiele für den histrionischen Sozialcharakters der Gegenwart.

Leider ist es mit dieser Diagnose nicht getan, denn mindestens eine – für das Funktionieren der demokratischen Gesellschaft lebenswichtige – Frage ist noch zu beantworten: Wie kann es sein, daß die Mehrheit der Bevölkerung mit der Inszenierung von Politik als theatralischem Spektakel ganz zufrieden ist? Da gibt es zunächst eine simple sozialpsychologische Gesetzmäßigkeit, die »fundamental attribution error« genannt wird (vgl. etwa Aronson et al., 1999, S. 127 f.). Damit ist die allen Menschen eigene Tendenz gemeint, das beobachtbare Verhalten anderer Menschen auf deren Persönlichkeit und nicht auf situative Ursachen oder Zwänge zurückzuführen. Ein Autofahrer, der uns durch Langsamfahren behindert, kann nicht fahren, ist ein Anfänger oder gar ein Idiot. Daß sein Auto möglicherweise einen Defekt hat, daß die Straße rutschig ist oder daß vor ihm ein Radfahrer fährt, ziehen wir nur selten in Erwägung. Dieser Effekt tritt besonders dann auf, wenn man lediglich Beobachter des Verhaltens anderer Menschen ist: So wird das von uns ja immer nur beobachtete Verhalten der anderen eher mit deren Persönlichkeit, das eigene hingegen eher aus der Situation heraus erklärt. Eine der Ursachen für diese Tendenz liegt darin, daß man die von einer Situation ausgehenden Einflüsse nicht so leicht sehen kann. Der fernsehende Mensch ist aber *immer* in der Position des Beobachters, insofern neigt er auch bei der Berichterstattung über politische Fragen zur personenbezogenen Interpretation: Politische Probleme und Erfolge werden demnach Akteuren und nicht Situationen zugeschrieben (vgl. dazu Preiser, 1989). Die Medien fördern diese Tendenz – wie oben dargelegt – durch eine personenbezogene politische Berichterstattung.

Personenbezogene Politikdarstellung und eine entsprechende Zuschreibung von Verantwortung ist eine Sache, beides erklärt aber noch nicht, warum Politiker inzwischen auch noch die Qualitäten von Showstars haben müssen. Auch zur Beantwortung dieser Frage ist die These vom histrionischen Sozialcharakter tauglich: Zum Star gehören ja auch immer seine Fans. Deren starke Beeinflußbarkeit läßt sie leicht ins Schwärmen geraten, sie füllen ihr schwaches Innenleben wenigstens zeitweilig durch Identifizierungen mit idealisierten, starken Personen. Dazu zählen – wenigstens in Wahlkampfzeiten – auch mediale politische Heldenfiguren: »Wenn Politiker zu Entertainern werden, mutieren auch die Wähler zu Fans«, schreibt dazu der amerikanische Kommunikationswissenschaftler Strate (1994, S. 22, eigene Übersetzung).

Ein gravierendes Problem dabei ist, daß solche Idealisierungstendenzen anfällig für starke politische Figuren mit Charisma machen. In Krisensituationen können so auch Figuren an die Macht kommen, die sie nicht wieder hergeben wollen. In demokratischen Gesellschaften droht dem idealisierten Politiker allerdings eher eine andere Gefahr: Die Medien bauen ja nicht nur politische Prominenz in der oben skizzierten Weise auf. In der Tradition des kritischen Journalismus, nun aber eng mit der Tendenz zur Personalisierung von Politik verwoben, sind sie ebenfalls ständig auf der Suche nach persönlichen Fehlern und Verfehlungen von Politikern. Die Boulevardisierung politischer Informationssendungen verlangt geradezu nach dem täglichen Politikerskandal. Man kann den Mechanismus des Aufbaus und der anschließenden Zerstörung von politischer Prominenz, die endlose Abfolge von Idealisierung und Depotenzierung, geradezu als die histrionische Falle der Medien bezeichnen.

Wie reagiert darauf nun der histrionische Zuschauer, dessen Heldenfiguren in den Schmutz gezogen werden? Seine histrionische Bindung an den charismatischen Politiker ist – wie jede Idealisierung – für Enttäuschungen besonders anfällig. Einerseits wird die Identifizierung mit ihm gesucht, gerade weil er dauerhaft Schutz, Geborgenheit, Macht und Unbezwingbarkeit verspricht. Anders als ein Filmstar kann kein Politiker dies alles im alltäglichen politischen Geschäft auf Dauer auch gewährleisten. Er muß ja auch unpopuläre Entscheidungen treffen, wird in der politischen Alltagsarbeit zwangsläufig Fehler begehen und hat im Verlaufe seiner Karriere unvermeidlich Niederlagen einzustecken. Solche Schwächen, medial entsprechend aufbereitet, verzeiht der histrionische Wähler seinem Idol nicht. Von Versagern wendet er sich enttäuscht ab und sucht – bestenfalls – neue, diesbezüglich noch unverbrauchte Projektionsflächen. Auf Dauer aber besteht die Gefahr, daß er sich für Idealisierungsturbulenzen weniger anfällige Personen aus anderen Bereichen sucht – z. B. Showstars oder Filmschauspieler – und dem System »Politik« für immer den Rücken zuwendet. Man kann also mit guten Gründen vermuten, daß dieser Mechanismus eine der Hauptursachen für die allenthalben konstatierte Politikverdrossenheit ist.

So interagieren also histrionische Persönlichkeiten, die die Politik zu ihrem Beruf gemacht haben, Medien, die aus diesen Menschen durch personenbezogene Politikdarstellung Starpolitiker machen, und histrionische Wähler, die ihre Persönlichkeitsdefizite durch starke politische Figuren kompensieren wollen. Für den Histrio als Wähler ist mit dieser Dynamik die ständige Gefahr einer zu weitgehenden Idealisierung ebenso wie die einer überschießenden Ablehnung gegeben. Kritiklose Bewunderung von Politikern ist aber für eine demokratische Gesellschaft ebenso gefährlich wie die dauerhafte Abkehr von jeglicher Beteiligung am politischen Geschäft.

Es gibt aber noch einen weiteren, für die Demokratie womöglich noch gefährlicheren Aspekt: Was geschieht auf Dauer mit den histrionischen Politikerpersönlichkeiten? Ein Blick in die Politikwissenschaft macht deutlich, worin deren Probleme bestehen. Es sind die häufig auftretenden Fehler in der politischen Führung von Nationen (vgl. etwa Dror, 1987). Genannt werden in diesem Zusammenhang professionelle Mißbildungen wie Cäsarenwahn, quantitative und qualitative Überlastung durch Regierungsgeschäfte, rituelle Verpflichtungen und parteipolitische Aufgaben mit den Folgen der emotionalen und kognitiven Überforderung. Ferner Hofpolitik, die ausgesuchte Personengruppen bevorzugt und gegebenenfalls zu »gate-keepern« der Macht werden läßt, Vermeidung von Kritik, die sich aus dem Wunsch der politischen Führung nach emotionaler Unterstützung und nach Teamgeist ergibt, aber andererseits dazu führt, wichtige Veränderungen nicht mehr rechtzeitig zu erkennen, und Realitätsferne, die sich durch abgehobene Rituale und die Einschmeichelstrategien von Hofschranzen ergibt. Politiker, die für diese Fehler besonders anfällig sind, schaden nicht nur sich selbst, sondern vor allem der Nation, die sie politisch führen sollen.

Ist der Histrio hier besonders anfällig? Die Antwort ist erschreckenderweise: Ja. Innere Schwäche und Unsicherheit führen zur Vermeidung von Kritik, er ist gegenüber Einschmeichelstrategien empfänglich und umgibt sich gern mit Hofschranzen. Hinsichtlich der Fülle von politischen Aufgaben ist er sicherlich nicht so schnell überfordert, sein impressionistischer Denk- und Arbeitsstil läßt ihn jedoch jeden öffentlichen Auftritt mühsamem Aktenstudium vorziehen. Ob dies dem politischen System auf Dauer bekommt, ist mehr als zweifelhaft: »Es ist nicht sichergestellt ..., daß diejenigen, die häufig lächeln, immer freundlich interessiert in die Gegend schauen, selbst den Karneval ertragen und gut Fahrrad fahren können, auch gute Bundeskanzler oder gute Bundesminister werden«, faßt Peter Glotz (1989) die mit diesen Entwicklungen verbundenen Probleme zusammen.

Wechseln wir in das *Arbeitsleben*. Sozialverhalten in diesem Bereich hat es zum einen mit realen Menschen zu tun, es hat ferner zwei klare Dimensionen: vertikal und horizontal (vgl. zum Folgenden Winterhoff-Spurk, 2002). Fragen wir zunächst, wie sich der histrionische Sozialcharakter als Chef oder als Untergebener verhält.

In der für diesen Bereich zuständigen Organisationspsychologie stoßen wir zunächst auf eine Überraschung, denn da gibt es eine interessante Änderung bei den *Führungstheorien*. In den letzten Jahren werden zunehmend die emotionalen Prozesse der Identifikation von Mitarbeitern mit ihren Vorgesetzten untersucht. Dies zeigt sich beispielsweise in einer seit Mitte der 80er

Jahre häufiger gebrauchten Unterscheidung von *transaktionalen Führern* und *Transformations-Führern*. Erstere sind sachorientierte Führungspersönlichkeiten; letztere werden als visonärcharismatische Führer bezeichnet, die die Mitarbeiter dazu bringen, über sich und ihre Partikularinteressen hinauszuwachsen und sich für die Unternehmensziele gewinnen zu lassen. »Transformational leadership« ist durch folgende Persönlichkeitsmerkmale gekennzeichnet (McKenna, 2000, S. 384f.): Charisma, intellektuelle Anregung, Berücksichtigung der emotionalen Bedürfnisse der Mitarbeiter, eine erkennbare Vision von der Zukunft des Unternehmens, Kreativität und die Fähigkeit zur Auswahl und Förderung talentierter Mitarbeiter.

Hohes Selbstvertrauen, Dominanz, Entschlossenheit, starkes Überzeugtsein von den eigenen Ideen und ein intensives Machtbedürfnis, eine Vision, die Fähigkeit zur überzeugenden Artikulation dieser Vision, ein außergewöhnlicher Verhaltensstil, ein Image als Anwalt von Veränderung und eine hohe Sensibilität gegenüber den Möglichkeiten der sozialen Umwelt – das soll nach Lage der organisationspsychologischen Literatur auch die *charismatische Führungspersönlichkeit* ausmachen (vgl. Conger & Kanungo, 1988a). Solche Persönlichkeiten bieten Identifikationsmöglichkeiten und stabilisieren so das Selbstwertgefühl und die Motivation. Und tatsächlich: Charismatische Führer werden nicht nur von ihren Untergebenen als überaus effektiv eingeschätzt, sie spornen diese auch zu höheren Leistungen an als nicht charismatische Führer (House et al., 1988).

Allerdings: Charisma« ist nichts, was man hat oder durch Trainingsmaßnahmen erwerben kann, es wird jemandem von anderen zugeschrieben. Aber wie erfahren die Untergebenen davon, daß ihr Vorgesetzter über alle diese Eigenschaften verfügt? Diesen Prozeß beschreibt die *Theorie der symbolischen Führung:* Führung wird hier aus der Perspektive der Bedeutung gesehen, die Verhaltensweisen von Vorgesetzten für die Mitarbeiter haben.

Allgemein gesehen, entstehen durch Symbolhandlungen, Zeremonien und Rituale Unternehmensmythen, die dem Mitarbeiter Orientierung in der Organisation bieten. Vieles davon wird über betriebsinterne Medien – Betriebszeitschriften und »Business TV« –, manches über die Massenmedien weitergegeben. Je größer die Organisation ist, um so mehr muß sich die charismatische Führungskraft auf diesen Weg begeben. Und damit beginnen ähnliche Prozesse, wie wir sie oben für Berufspolitiker beschrieben haben. Wirtschaftliche Vorgänge unterliegen im Fernsehen denselben Gesetzmäßigkeiten wie politische: Sie werden personalisiert, beschleunigt und emotionalisiert. Der geschickte Selbstdarsteller macht sich dies zunutze. Er muß ja nicht einmal tatsächlich eine Vision von seiner Organisation haben, eine hohe Sensibilität gegenüber den Möglichkeiten der sozialen Umwelt und die Fähigkeit zur überzeugenden Artikulation einer Vision reichen ja aus. Stellt er sich womöglich durch einen außergewöhnlichen Verhaltensstil auch noch als Anwalt von Veränderungen dar, so ist es nur eine Frage der Zeit, bis ihm von seinen Untergebenen Charisma zugeschrieben wird. Der Punkt ist hier: War womöglich vor einigen Jahren noch die narzißtische Führungskraft besonders erfolgreich, so werden durch die zunehmende Bedeutung der Medien für die Prozesse der symbolischen Führung nun zunehmend histrionische Persönlichkeitsmerkmale bedeutsam: Egozentrisch ist auch der Histrio als Vorgesetzter, aber er versteht es besser als der Narzißt, andere Menschen manipulativ oder aggressiv für seine Zwecke zu instrumentalisieren. Und schließlich: Er ist allemal der bessere Selbstdarsteller.

Je bedeutsamer also die Aspekte der medialen Selbstdarstellung in Unternehmen, die Prozesse der symbolischen Führung und die Entwicklung von charismatischen Führungspersönlichkeiten werden, um so größer wird die Wahrscheinlichkeit, daß der Histrio auch hier den Narzißten verdrängt. Auch das ist für die Unternehmen nicht ohne Risiko: Zwar kann der Histrio motivieren und begeistern, immer wieder Neues in Gang setzen und effektvoll präsentieren, die Gefahr aber besteht darin: »Ein grandioses Feuerwerk, das schnell verglüht, betriebsame Hektik, allzuoft mehr Schein als Sein, mangelnde langfristige Planung und ein Fehlen jeglicher Liebe zum Detail. Beim Auftauchen der ersten Schwierigkeiten droht häufig der Zusammenbruch. Versprechungen werden gemacht, Hoffnungen geweckt, aber wenig davon eingelöst. Unzuverlässigkeit und die Neigung zum Intrigantentum erschweren den Umgang mit diesem Persönlichkeitstypus« (Hesse & Schrader, 1994, S. 122).

Warum aber ist es so, daß besonders in Krisenzeiten charismatische Führungspersönlichkeiten gefragt sind? Die Antwort findet sich erneut in histrionischen Charaktermerkmalen: Der Histrio erlebt ökonomische und soziale Krisen als besonders bedrohlich, treffen sie ihn doch an seiner schwächsten Stelle – der Bindungsunsicherheit. Denn es ist ja nicht nur eine *übertriebene* Sorge, wirtschaftliche Krisen bedeuten ja immer auch *realistische* Sorgen um den Arbeitsplatz und um die soziale Sicherheit. Sind die Sozialbeziehungen des Histrio schon in ruhigeren Zeiten immer auch von der Suche nach stabiler Führung motiviert, so gilt dies erst recht für Zeiten des Umbruchs. Dankbar nimmt er das Angebot des charismatischen Führers an, ihm seine Ängste abzunehmen. Für ihn und nicht für die Firma wirft er sich in die Bresche. Damit ist die Beziehung von Vorgesetztem und Untergebenem genau der eingangs genannten Idealisierungs-Depotenzierungs-Dynamik unterworfen. Sobald die charismatische Führungskraft etwas tut, das den Idealisierungen seiner histrionischen Bewunderer widerspricht, kehrt sich die Idealisierung in ebenso nachhaltige Abwertung um. Und das zeigt sich dann in den eingangs erwähnten Daten des Gallup-Instituts: Die 2001 Befragten gaben denn auch als Gründe für ihr fehlendes Engagement an, der Vorgesetzte lobe ihre Arbeit nicht genug, interessiere sich nicht für ihre Ansichten, fördere ihre persönliche Entwicklung nicht. Die demotivierten Mitarbeiter fühlen keine emotionale Bindung mehr an das Unternehmen. Dadurch entsteht ein gesamtwirtschaftlicher Schaden von etwa 250 Milliarden Euro jährlich (Pressemitteilung des Gallup-Instituts vom 29. 10. 2003).

Nun ist es ja nicht so, daß sich die Aufwertung der Fähigkeit zur Selbstdarstellung nur auf die vertikale Dimension, also auf die Beziehung von Vorgesetzten und Untergebenen beschränken würde. Dort mag sie für Zwecke der Charismagenese besonders wichtig sein, aber inzwischen muß sich auch der einfache Mitarbeiter um sein Image gegenüber seinen gleichgestellten Kollegen sorgen. Wie die Führungsforschung zeigt, läßt er sich auch dabei von einem charismatischen Vorgesetzten insofern inspirieren, als er dessen Verhalten nachahmt (House et al., 1988). Das klingt erst einmal positiv, der organisatorische Alltag zeigt aber auch reichlich dunkle Seiten: Am deutlichsten wird diese Doppelbödigkeit am Personalkonzept der amerikanischen Beratungsfirma McKinsey. Im Jahr 1997 begann McKinsey eine Untersuchung von 27 amerikanischen Firmen, mit der man herausfinden wollte, was die besten Firmen hinsichtlich der Personalführung von den anderen Firmen unterscheidet (vgl. zum Folgenden Blomert, 2003). Man fand heraus, daß diese Firmen kontinuierlich neue Spitzenkräfte rekrutierten, ihnen immer höhere Gehälter gaben und sie in immer neuen Positionen einsetzten. Diese Talentorientierung wurde unter dem Stichwort »The war for talent« in kurzer Zeit zum neuen Dogma des amerikanischen Managements; die Beratungsfirma McKinsey überzeugte eine ganze Reihe namhafter Firmen wie General Electric, AOL Time Warner, American Express, Enron und andere von ihrem Konzept. So attraktiv die Idee aus der Sicht der talentierten Nachwuchsabsolventen auch klingen mag, sie war zugleich mit einer brutalen inneren Differenzierung verbunden: Jedes Jahr wurden die jungen Talente nach drei Kriterien eingeteilt. Kategorie A wurde überproportional gefördert und entlohnt, Kategorie B ermutigt und bestätigt, und Kategorie C mußte fortgebildet oder entlassen werden. Bei Enron wurde dieses System besonders konsequent angewendet: Hier erhielt die Kategorie A eine um zwei Drittel höhere Besoldung als die nächste Kategorie, Kategorie B bekam keine Zulagen und Kategorie C – jedes Jahr 10% der Mitarbeiter – wurde entlassen. Da die Kriterien der Zuordnung nicht klar waren, produzierte und förderte das System den Typ des smarten Selbstdarstellers, der frei von Skrupeln in jeder Situation das von seiner Umwelt erwartete und honorierte Selbstbild vorführt. Bindungen an Kollegen oder an Organisationen entstehen so jedenfalls nicht, die jungen Leute hatten es ja unmittelbar vor Augen, wie die Firma mit den älteren Mitarbeitern und mit ihren weniger erfolgreichen Altersgenossen verfuhr. Ihnen war vom ersten Tag an klar: »The company never cares.«

So findet sich nach allem auch im täglichen Arbeitsverhalten in Organisationen sowohl bei den Führungskräften wie bei den Mitarbeitern eine Zunahme histrionisch getönter sozialer Verhaltensweisen. Aber selbst wenn es bei den parasozialen Beziehungen im politischen Bereich und den sozialen Beziehungen im Arbeitsbereich so sein sollte, der Mensch hat ja immer noch seine Familie und seine Freunde. Im *privaten Bereich* kann er sich von der Mühe der Selbstdarstellung erholen, die histrionischen Verhaltensweisen mit dem »dress code« in den Schrank hängen.

Wenn's doch so wäre.

Ehen in Deutschland sind gegenwärtig aber alles andere als erholsame Idyllen:

- Die Deutschen heiraten seltener: Von 1991 bis 1999 ging die Zahl der Erst-Ehen von rund 310.000 auf rund 270.000 zurück, die Zahl der nichtehelichen Gemeinschaften hat im gleichen Zeitraum – außer bei den 18- bis 24jährigen – in allen Altersgruppen zugenommen.
- Sie heiraten später: Das Erstheiratsalter der Männer stieg im gleichen Zeitraum von 28,5 auf 31 Jahre, das der Frauen von 26,1 auf 28,3 Jahre.
- Sie verstehen sich schlechter: Die Familienpsychologie weist nach, daß mit zunehmender Dauer von Partnerschaften die Beziehungsqualität schlechter wird. Besonders ausgeprägt ist diese Verschlechterung in der frühen Phase der Elternschaft (Reichle & Werneck, 1999).
- Sie trennen sich früher: Nicht mehr das siebte Ehejahr ist das verflixte, im fünften und sechsten Ehejahr sind die Scheidungsziffern am größten, mithin sind die vorangehenden

Jahre vier und fünf für den Bestand der Ehe am gefährlichsten (Emmerling, 2003).
- Sie trennen sich häufiger: Nach Angaben des Statistischen Bundesamtes wurden im Jahr 1991 136.317 Ehen geschieden, im Jahr 2002 waren es 204.210. Für die Zukunft ist damit zu rechnen, daß mehr als ein Drittel aller Ehen wieder getrennt wird (Emmerling, 2003).

Die Folgen sind: Rund 160.000 Kinder waren 2002 von Scheidungen betroffen. Gegenwärtig wachsen rund 14% aller Kinder bei einem alleinerziehenden Elternteil auf (Pressemitteilungen des Statistischen Bundesamtes vom 18. 01. 2002 und vom 06. 11. 2003). »Experten schätzen, daß derzeit jedes sechste Kind, im kommenden Jahrzehnt sogar jedes dritte Kind im Laufe seiner Kindheit erleben wird, daß sich seine Eltern trennen« (*Ökotest* 12, 2003, S. 86).

Woran liegt das? Ergebnisse der Forschungen über psychologische Risikofaktoren für Ehescheidungen zeigen, daß Paare mit einem hohen Ausmaß an erlebtem Alltagsstreß, resultierend aus Termindruck und unbefriedigender Freizeitgestaltung, ein signifikant höheres Scheidungsrisiko haben (Bodenmann, 2001). Eine große Rolle spielt dabei die zunehmend geforderte berufliche Mobilität: In einer Befragung von rund 1.000 mobilen Berufstätigen und deren Partnern fand sich (Schneider et al., 2002), daß rund zwei Drittel aller Mobilen über psychische und physische Belastungen klagen. Schlechte psychische Befindlichkeit, Streß, Zeitmangel, sozialer Kontaktverlust und Entfremdung vom Partner und der Familie werden genannt. Bei den Nichtmobilen beschweren sich nur 20% über diese Probleme. Auch rund zwei Drittel der Lebenspartner der Mobilen fühlen sich durch die Mobilität des Partners ebenso belastet wie oder sogar noch stärker belastet als dieser selbst. Für Frauen führt berufliche Mobilität fast zwangsläufig zur Kinderlosigkeit.

Die *Beziehungspsychologie* (vgl. zum Folgenden Asendorpf & Banse, 2000) zeigt, daß der Prozentsatz von Verheirateten, die ihre Ehe als sehr glücklich schildern, abnimmt. Ein bemerkenswerter Prozentsatz – rund 7 % – wird als stabil und unglücklich geschildert. Ob eine Ehe als glücklich oder als unglücklich erlebt wird, hängt von drei Dingen ab: von Eigenschaften der Partner, belastenden Ereignissen und Anpassungsprozessen. Zu den besonders beziehungsfördernden Eigenschaften der Partner gehören eine ähnliche Sozialschicht, ein ähnliches Bildungsniveau, ähnliche physische Attraktivität sowie ähnliche Persönlichkeitsmerkmale, Werte und Einstellungen. In der Mittelschicht spielen übrigens psychologische Variablen eine größere Rolle als sozioökonomische.

Eine in diesem Zusammenhang und für unsere Argumentation besonders wichtige Variable ist das *Bindungsverhalten*. In einem auch empirisch fundierten Konzept (Bartholomew, 1990) werden dazu zwei Typen unterschieden: der sichere und der unsichere Bindungsstil; der unsichere wird zudem in die drei Varianten »abweisend«, »ängstlich« und »besitzergreifend« unterteilt. Sie werden folgendermaßen beschrieben (vgl. zum Folgenden Asendorpf & Banse, 2000; Smith & Mackie, 2000):

a) *Sicher gebunden:* »Ich finde, daß es ziemlich leicht für mich ist, anderen gefühlsmäßig nahe zu sein. Es geht mir gut, wenn ich mich auf andere verlassen kann und wenn andere sich auf mich verlassen. Ich mache mir keine Gedanken darüber, daß ich allein sein könnte oder daß andere mich nicht akzeptieren könnten.«

b) *Abweisend unsicher gebunden:* »Es geht mir auch ohne enge, gefühlsmäßige Bindung gut. Es ist sehr wichtig für mich, mich unabhängig und selbständig zu fühlen, und ich ziehe es vor, wenn ich nicht von anderen und andere nicht von mir abhängig sind.«

c) *Ängstlich unsicher gebunden*: »Ich empfinde es manchmal als ziemlich unangenehm, anderen nahe zu sein. Ich möchte Beziehungen, in denen ich anderen nahe bin, aber ich finde es schwierig, ihnen vollständig zu vertrauen oder von ihnen abhängig zu sein. Ich fürchte manchmal, daß ich verletzt werde, wenn ich mir erlaube, anderen zu nahe zu kommen.«

d) Besitzergreifend unsicher gebunden: »Ich möchte anderen gefühlsmäßig sehr nahe sein, aber ich merke oft, daß andere Widerstände dagegen errichten, mir so nahe zu sein, wie ich ihnen nahe sein möchte. Es geht mir nicht gut, wenn ich ohne enge Beziehung bin, aber ich denke manchmal, daß andere mich nicht so sehr schätzen wie ich sie.«

Sicher gebundene Paare sind mit der Beziehung zufriedener, die Beziehungen sind stabiler, die Partner haben ein hohes Selbstwertgefühl und wenig Angst vor Nähe. Abweisend unsicher Gebundene fürchten zu große Enge und akzeptieren ihre Partner weniger als die anderen Gruppen. Ängstlich unsicher Gebundene haben es besonders schwer: Sie sind eifersüchtiger, leidenschaftlicher und sehnsüchtiger als die anderen, haben aber auch gleichzeitig große Angst vor der Beziehung. Sie gehen häufiger als andere stabil unglückliche Beziehungen ein, da sie die vorgestellten Alternativen als noch unglücklicher beurteilen.

Zu den belastenden Ereignissen zählen der erwähnte Streß durch die Arbeit, auch Arbeitslosigkeit, die Geburt von Kindern und deren Erziehung, außereheliche Beziehungen und dergleichen. Die Zufriedenheit der Partner hängt schließlich auch davon ab, ob es ihnen durch entsprechende Anpassungsvorgänge gelingt, belastende Ereignisse zu vermeiden oder sie konstruktiv zu bearbeiten. Wesentliches Merkmal ist hier die Bereitschaft zur offenen Kommunikation in Konfliktsituationen. Auch in diesem Punkt unterscheiden sich glückliche und unglückliche Paare voneinander: Glückliche Paare zeigen mehr positive Verhaltensweisen wie neutrale, positive und aufgabenorientierte Problembeschreibungen, Zustimmung, Humor und Lachen oder andere positive Reaktionen. Sie schreiben dem Partner auch in Konflikten häufiger gute Absichten zu. Unglückliche Paare beschweren sich häufiger, kritisieren stärker, sprechen negativ über die Beziehung, gebrauchen »Ja-aber«-Strategien, sind defensiv, werten den Partner ab, unterstellen auch in ambivalenten Situationen schlechte Absichten und eskalieren die negativen Affekte.

Damit angemessen umzugehen, dies gelingt den Menschen offenbar immer weniger. So wächst die Zahl derjenigen, die notgedrungen oder lieber alleine durchs Leben gehen: Der *Single* ist zumindest in den Großstädten inzwischen die dominierende Lebensform geworden. 14.225.000 Einpersonenhaushalte gibt es in Deutschland, vor zehn Jahren waren es noch 1.846.000 weniger, Tendenz weiter steigend. In Großstädten mit über 500.000 Einwohnern lebt nahezu die Hälfte aller Menschen allein, aber auch in den Dörfern der Republik sind es schon 26 % (Presseerklärung des Statistischen Bundesamtes vom 27. 08. 2002). Alle anderen Haushaltsformen sind seltener, zudem nehmen die Drei-, Vier- und Fünfpersonenhaushalte über die Jahre hin ab (Statistisches Bundesamt Wiesbaden, 2004). Europaweit sollen im Jahr 2025 knapp vier von zehn Haushalten Einpersonenhaushalte sein (eurostat, 2003).

Aber das muß ja so schlecht nicht sein. Zwar mag die soziale Einbindung nachlassen, wie Putnam (2000) es in seinem Buch mit dem ebenso traurigen wie einprägsamen Titel *Bowling alone* nachgewiesen hat. Danach nimmt das traditionelle Engagement der jungen Amerikaner in Parteien, Gewerkschaften, Kirchen, Nachbarschaftsaktivitäten und dgl. rapide ab. Andererseits kann man sich aber beruflich munter verändern, wo immer der jeweils interessanteste Arbeitgeber die Ich-AG jeweils hinschicken will. Man kann sich einrichten und kleiden, wie es einem gerade gefällt. Und man kann aufstehen, wann und mit wem man will.

Und sozialpsychologische Untersuchungen zur romantischen Liebe zeigen (vgl. etwa Smith & Mackie, 2000), daß gerade die erste Phase einer Beziehung, die Verliebtheit und die ersten Sexualkontakte, voller physiologischer Erregung ist, den Histrio also genau in den Zustand versetzt, den er so liebt: sich nach dem anderen sehnen, Euphorie in seiner Gegenwart, sexuelle Höhepunkte, wenn alles klappt, intensiver Liebeskummer, wenn es schiefläuft, und der schnelle Wechsel zwischen beiden Zuständen. Andere Reize – wie laute Musik oder Lichtreize – können dieses Gefühl übrigens noch verstärken, auch insofern ist die Disco gewissermaßen das natürliche Jagdrevier des Histrio.

Trotzdem ist er nicht glücklich. Denn nach der Verliebtheit kommt die Phase der Intimität, man beginnt, den anderen zu verstehen, sich um ihn zu sorgen, und will von ihm akzeptiert werden. Und genau dieser Übergang fällt dem Histrio schwer: Er ist ja mit großer Bindungsunsicherheit aufgewachsen, und unsicher gebundene Menschen haben Probleme damit, diese Art von Intimität zu entwickeln oder zu ertragen (Buunk, 2001). So bleibt er oft lieber allein, wenngleich – wie die inzwischen entstandene Singleforschung nachweist (vgl. etwa Hertel & Schütz, im Druck) – weniger zufrieden und weniger glücklich, häufiger unter Depressionen leidend, stärker suchtgefährdet und mit einer niedrigeren Lebenserwartung.

Auch die nächste Generation wächst mit einer entsprechenden Vorbelastung heran: »Heute kann ein Kind in eine Paarbeziehung hineingeboren werden, häufig gewünscht, aber nicht geplant, und seine Eltern nehmen die Geburt des Kindes zum Anlaß zu heiraten, so daß auf den Hochzeitsfotos ... die Kinder mit auf dem Bild sind. Das Kind wird nichtehelich geboren, wächst anschließend in der Kernfamilie auf, lebt nach der Trennung der Mutter vom Vater mit seiner alleinerziehenden Mutter, bekommt dann einen sozialen Vater ..., freut sich bald über die Geburt seiner Halbschwester, lebt einige Zeit in einer wirklich glücklichen und für zwei Jahre konfliktarmen Stieffamilie, bis sich seine Mutter wieder ... trennt und nach zwei enthaltsamen Jahren einen neuen Mann gefunden hat, der aber nicht sein Vater sein will und mit dem seine Mutter das ›living apart together‹ lebt. Dieser Junge verläßt früh sein Elternhaus, das eigentlich die meiste Zeit sein Mutterhaus war, um in einer Wohngemeinschaft mit gleichgesinnten Menschen alternative Lebensformen zu erproben, bekommt dann ein erstes Kind mit einer Frau, die nicht in der gleichen Wohnung lebt, zieht mit ihr kurzzeitig zusammen, dann trennen sich beide einvernehmlich und erklären dieses Experiment für gescheitert auf hohem Niveau, dann lebt er mit einer interessanten Frau zusammen, die ein Kind von einem anderen Mann hat, für das er die Vaterrolle einnimmt ...« (Hantel-Quitmann, 2002, S. 32).

Gegenwärtig kann ein Heranwachsender in Deutschland außerhalb der Familie nur noch auf fünf Gruppen von Erwachsenen zurückgreifen: Nachbarn, Eltern von Freunden, Ärzte, Vereinstrainer und (später) Vorgesetzte (Zinnecker et al., 2002). Die historische Beziehungsforschung hat nachgewiesen, daß Kinder im 19. Jahrhundert im Vergleich zu heute mehr Geschwister, mehr Bezugspersonen im Haushalt wie auch engere Beziehungen zu den Verwandten außerhalb der Kernfamilie hatten (Asendorpf & Banse, 2000). Kinder aus Scheidungsfamilien sind später unsicherer in ihrem eigenen Bindungsverhalten, sie gehen mehr sexuelle Kontakte ein, zeigen schlechtere schulische Leistungen und sind weniger hilfsbereit als Kinder aus intakten Familien. Sie sind skeptischer hinsichtlich der Dauer ihrer eigenen Ehe, erwarten weniger Verläßlichkeit von ihren Ehepartnern und werden häufiger selbst auch wieder geschieden (Barber, 1998; Schneewind, 1999).

Die Jugendlichen reagieren auf diese Veränderungen mit den passenden Rationalisierungen, »diffuse Identität« hatten wir es oben genannt. In der *Shell*-Jugendstudie (Deutsche Shell, 2000) – einer regelmäßig durchgeführten, repräsentativen Umfrage unter jeweils rund 5.000 jungen Menschen von 15 bis 24 Jahren – zeigte sich im Jahr 1999: »Der Reflex auf die Verunsicherungen am Arbeitsmarkt und die Sorge um die eigenen (späteren) Erwerbsmöglichkeiten und Erwerbsverläufe zeigen deutlich, daß die handfesten Näharbeiten an den Mänteln in der kargen Nachkriegszeit und mit der Gewißheit, daß es aufwärtsgehen wird, einer viel komplizierteren und abstrakteren Form der Flickarbeit gewichen sind, nämlich dem Patchwork an der eigenen Identität und am eigenen Lebenslauf ... Zu dieser Patchwork-Identität gehört es auch, sich bedarfsgerecht die ›Mischungsverhältnisse‹ für die eigenen Werte zu suchen und den persönlichen Wertekosmos mit der eigenen Lebenssituation und dem aktuellen Bedingungsgefüge in der Gesellschaft stets aufs neue abzugleichen« (Fritzsche, 2000a, S. 156).

So kann nun die Antwort auf die oben gestellte Frage gegeben werden, was Wechselwähler, fehlende emotionale Bindung zur

Arbeit und Ehescheidungen miteinander zu tun haben. Das Gemeinsame liegt im neuen Sozialcharakter: Die sozialen Beziehungen des Histrio unterliegen einer ständigen Anziehungs-Ablehnungsdynamik. Er sucht – wohl auch: verzweifelt – nach festen, verläßlichen Bindungen, kann sie aber nur schwer auf Dauer halten. Seine romantisierende Weltsicht macht ihn für Idealisierungen besonders anfällig, entsprechend läßt er sich schnell begeistern. Überzogene Idealisierungen führen aber auf Dauer immer zu Enttäuschungen, da Menschen selten ganz so sind, wie der Histrio sie imaginiert. So ist er aufgrund seiner labilen Affektivität entsprechend schnell und tief enttäuscht. Dies alles wird durch seinen Erlebnishunger beschleunigt, für ihn verbrauchen sich Beziehungen jeder Art besonders schnell. Damit macht er sich und anderen das Leben schwer: »Die hysterisch-romantische Weltsicht sorgt für strahlende Helden und verdammenswerte Schurken« (Shapiro, 1991, S. 120).

Konkret heißt dies: Sein politisches Interesse ist aufgrund seiner Neigung zum oberflächlichen Denken und seinem Erlebnishunger eher event- und personenbezogen. Eventbezogenes Politikverständnis kann leicht zu »Hystorien« führen, wie die amerikanische Kulturwissenschaftlerin Elaine Showalter (1997) Massenhysterien im Zeitalter der Medien nennt. In den USA findet sie etwa das chronische Müdigkeitssyndrom, satanischen Ritualmißbrauch und Entführungen durch Außerirdische als Beispiele für derartige histrionische Epidemien. Sie sieht Hystorien als ein kulturell determiniertes Streß- und Angstsyndrom. Personenbezogenes Politikverständnis des Histrio führt zum Wunsch nach stabilen politischen Bezugspersonen, denen er schnell und nachhaltig positive Eigenschaften zuschreibt. Das reale politische Verhalten von Spitzenpolitikern sowie dessen mediale Aufbereitung lassen solche Idealisierungen schnell zusammenbrechen, der Histrio sucht als parteiungebundener Wechselwähler eine neue Figur oder wendet sich auf Dauer tief enttäuscht vom politischen Geschehen ab – er wird sozusagen ein gesellschaftspolitischer Single.

Als Mitarbeiter läßt er sich ebenfalls schnell von neuen Aufgaben und von charismatisch inszenierten Führungskräften begeistern, bis auch hier die enttäuschende Erfahrung eintritt: »The company never cares!« In guten Zeiten kann er die Organisation oder die Abteilung wechseln, auf der Suche nach einem neuen Vorbild. In schlechten Zeiten muß er bleiben, er ist unzufrieden mit der Arbeit, zieht sich emotional zurück. Seine Schwierigkeiten im Umgang mit Konflikten erschweren konstruktive Anpassungsprozesse – notgedrungen beginnt eine stabil-unglückliche berufliche Beziehung.

In privaten Beziehungen macht sich die histrionische Persönlichkeit besonders bemerkbar, fallen hier doch viele äußere Zwänge weg. Er oder sie sucht sich mit Vorliebe solche Partner, die ihm oder ihr die gewünschte Stabilität geben, pumpt ihn oder sie mit seinen Idealvorstellungen gleichsam auf (Willi, 1997). Dies lassen sich inbesondere schwache und exhibitionsgehemmte Menschen gern gefallen. Sie fühlen sich dadurch aufgewertet und gestärkt. Auch hier brechen die Idealisierungen schnell zusammen, der schwache »hysterophile« (a.a.O., S. 146) Partner kann die Projektionen von Stärke auf Dauer nicht einlösen. Belastende Ereignisse führen zu Konflikten, die der Histrio inszenieren, der Partner eher vermeiden will. Entsprechend können keine konstruktiven Anpassungsprozesse vollzogen werden, die Beziehung wird instabil. Damit erlebt der Histrio aber erneut die traumatische Kindheitserfahrung der Bindungsunsicherheit, seine histrionischen Reaktionsweisen werden aktiviert, er stürzt sich in private und/oder berufliche Abenteuer. Dies wiederum belastet die fragile Beziehung weiter, eine Konflikteskalation setzt ein, irgendwann erfolgt die Trennung. Macht der Histrio mehrfach diese Erfahrung, wird er ein skeptischer Einzelgänger, ein depressions- und suchtanfälliger Single.

In allen Fällen greift das Fernsehen verstärkend in den Prozeß ein: Es stellt Politik zunehmend unterhaltungsorientiert und personalisierend dar, baut immer wieder neue, mediengerecht auftretende Politiker zu positiven Figuren auf, um ihr Image nachfolgend, im Begleiten ihrer realen Politik wieder zu zerstören. Dies geschieht gleichermaßen mit Führungspersonen aus der Wirtschaft, die dies im Prozeß der Charismagenese gern geschehen lassen, trägt es besonders in Krisenzeiten zu ihrem Marktwert ebenso wie zur Produktivität der Organisation bei. Besonders nachhaltig ist der Einfluß des Mediums im Bereich privater Beziehungen, fördert es doch mit seiner Sexualisierung und Aggressionsgeladenheit durch entsprechende Sendungen eine täglich mehrstündige Verhaltensmodellierung, die man geradezu als eine Charaktererziehung zum Histrio bezeichnen kann. Zudem bietet es die Möglichkeit ständiger oraler Regression von den deprimierenden Alltagserfahrungen und vor allem ein schier unerschöpfliches Repertoire von Bezugspersonen an, die der Histrio zu parasozialen Bindungen schmiedet.

Insgesamt hat das Fernsehen mittlerweile einen Einfluß gewonnen, den man nur noch mit dem von Religionen vor der Aufklärung vergleichen kann. Es ist wenigstens in den westlichen Gesellschaften inzwischen eine *invisible religion*, eine nur wenig demokratisch legitimierte und gesellschaftlich kontrollierte *Diesseitigkeitsreligion* geworden (Luckmann, 1991). Keine andere Institution bringt so viele Menschen dazu, zur gleichen Zeit dasselbe zu tun, wie das Fernsehen, keiner anderen Institution zahlen so viele Menschen in Deutschland freiwillig monatlich einen so hohen Beitrag. Wie eine Religion schafft das Fernsehen Riten für regelmäßig wiederkehrende oder besonders herausragende Situationen, der tägliche Abendgottesdienst ist etwa die Tagesschau, Katastrophen werden mit *Brennpunkten* bewältigt. Es sagt, was gut und was böse ist. Fernsehen verspricht kompensatorischen Ausgleich etwa in Form bescheidener Prominenz für Leidende und Strafen für die Sünder, seien es betrügerische Handwerker, flüchtige Verbrecher oder kriminelle Politiker. Es entwirft Paradiesvorstellungen mit seinen Sendungen über Traumschiffe, -urlaube und -hochzeiten. Es fordert zur Mildtätigkeit auf und ist dabei so erfolgreich wie keine andere Institution. Es hat in den Moderatoren und Stars auch seine Priester wie in den verstorbenen TV-Größen seine bis heute verehrten Heiligen. Und es schenkt Menschen Entlastung von den Bedrückungen des Alltags, manchmal sogar Glück und Reichtum, kann schlimmstenfalls aber auch ihr Leben vernichten.

Ob es sich also um die Gefühle, um das Denken oder um das Verhalten der Menschen handelt – für alles liefert das Fernsehen die Maßstäbe. Die Gesamtheit dieser Charakterzüge kann man mit Fug und Recht als »heimliches Normalitätsmodell« bezeichnen. Dieses Modell übernehmen die Zuschauer, teilweise oder ganz, der Histrio wird zum dominierenden Typus unserer Zeit. Dies ist die eine Seite; die andere ist: Die »invisible religion« Fernsehen bietet ihm immer und überall auch das, was er im Leben so schmerzlich vermißt: unendliche Bindungssicherheit.

15 Was tun? – Medienkompetenz und Bindungssicherheit

Wie geht das alles weiter?

- Für die *Familie* beschreibt das Bundesministerium für Familie, Senioren, Frauen und Jugend (o. J., S. 6) die Lage so: »Familiengründungen werden aufgeschoben; Kinderwünsche werden nicht realisiert; Trennungs- und Scheidungsquoten erhöhen sich; Hilfeleistungen zwischen den Generationen ... verringern sich; psychosoziale Störungen nehmen zu; gravierende Gesundheitsprobleme und frühe Erwerbsunfähigkeit stellen sich häufiger und früher ein.« Aus der Solidargemeinschaft wird eine Versichertengesellschaft: Jeder kommt für sich und seine Risiken selbst auf.
- Im *Arbeitsbereich* ist es nicht viel besser. Hier hat sich trotz aller »Unser-wichtigstes-Kapital-ist-der-Mitarbeiter«-Slogans inzwischen auch bei den älteren Arbeitnehmern die Erfahrung durchgesetzt, daß sie in Zeiten der »Shareholder-value«-Orientierung von Unternehmen lediglich ein immer wieder neu zu kalkulierender Kostenfaktor sind. Die jüngeren *Ich-AGs* hat eine emotionale Bindung zu einer Organisation sowieso nicht sonderlich interessiert, deren Verhältnis zu ihrem jeweiligen Arbeitgeber ist von Anfang an kühler und instrumenteller. Das alles führt zu einer begrenzten Loyalität gegenüber dem Unternehmen, zunehmend auch zu kontraproduktivem Verhalten wie Leistungsverweigerung, innerer und äußerer Kündigung bis hin zu Diebstahl und Sabotage.
- Auch die Perspektiven für das *politische Engagement* sind trist: Beispielsweise zeigten Untersuchungen aus den USA, daß

sich Kinder und Jugendliche kaum noch für politische Nachrichten interessieren, sie entwickeln zudem eine Art *cynical chic* (Buckingham, 2000, S. 203) gegenüber Politikern, die sie als langweilig, korrupt und egoistisch ansehen. Nach der oben erwähnten *Video-malaise*-Hypothese haben Gruppen, die sich ausschließlich des Fernsehens als Quelle der politischen Information bedienten, eine sehr viel zynischere Haltung zur Politik und den Politikern. Für die USA findet der amerikanische Politikwissenschaftler Putnam (2000) negative statistische Zusammenhänge zwischen einer unterhaltungsorientierten TV-Nutzung und diversen sozialen Aktivitäten, wie Teilnahme an Projekten der Wohngemeinde, am Vereinsleben, an sozial-karitativen Aktivitäten. Insgesamt gilt: Je mehr Unterhaltung genutzt wird, aber auch je unterhaltsamer die Politik präsentiert wird, um so größer ist die Wahrscheinlichkeit der Abkehr von ihr.

Trübe Aussichten: ein politisch desinteressierter, gesellschaftlich nicht engagierter, an seinen Arbeitgeber emotional nicht gebundener, psychisch labiler, egoistischer, vor allem mit seiner Inszenierung beschäftigter und an Events interessierter Single als Bürger der Zukunft. Weder die Familie noch die Firma noch die Nation als soziale Verbände interessieren ihn sonderlich. Das kann einer Gesellschaft nicht guttun, ihre Wir-ich-Balance (Elias, 1987) gerät aus den Fugen.

Die Frage drängt sich auf: Läßt sich das überhaupt noch aufhalten? Stellt man sie auf Medientagen oder anderen medienpolitischen Show-Veranstaltungen, so erfolgt meistens der Hinweis auf die dringende Notwendigkeit der Vermittlung von *Medienkompetenz* (vgl. zum Folgenden Winterhoff-Spurk, 2004).

Vor der Beantwortung der Frage, ob und wie die Vermittlung von Medienkompetenz zur Nutzenmaximierung und zur Schadensminimierung beitragen kann, ist es nötig, sich Klarheit über diesen schillernden Begriff zu schaffen. Es bietet sich an, hier zunächst einmal die klassischen Massenmedien (Zeitung, Hörfunk und Fernsehen) von den Informationstechnologien (PC und Internet mit allen technischen Ergänzungen) zu trennen. Hinsichtlich der Kompetenz macht eine Unterteilung nach *Sach-, Selbst- und Sozialkompetenz* Sinn: Lassen wir die Frage des angemessenen Umgangs mit den Informationstechnologien hier außer acht, so meint die *sächliche Medienkompetenz* die technischen Fähigkeiten zur Inbetriebnahme und Bedienung von Geräten wie die aktive und passive Beherrschung der entsprechenden Mediencodes. Die *selbstbezogene Medienkompetenz* ist die Fähigkeit zur selektiven und reflexiven Medienrezeption, und die *soziale Medienkompetenz* bezieht sich auf die Kenntnis der sozialen Auswirkungen von Medien und Medienrezeption.

Dazu gibt es schon seit langem interessante Projekte, vor allem in den USA, die dort unter den Stichworten *visual education* oder *visual literacy* geführt werden. Deren Ziele bestehen vor allem in der Vermittlung formal-ästhetischer Kenntnisse und im Erwerb sozialkritischer Einstellungen zum Fernsehen. Im einzelnen zählen dazu:

- Verständnis der Grammatik und Syntax des Fernsehens,
- Vermittlung von individuellen Auswahlstrategien,
- Wissenserwerb über die TV-Technik,
- kritische Haltung zur Werbung,
- Fähigkeit zum Medienvergleich,
- Kenntnisse über die TV-Industrie,
- Identifikation von TV-spezifischen Werten,
- Kenntnisse medienwissenschaftlicher Rezeptions- und Wirkungsstudien,
- Hintergründe der Nachrichtenproduktion,
- Fertigkeiten zur Unterscheidung von Realität und Fiktion u.a.m.

Wissenschaftliche Begleituntersuchungen dieser Programme zeigen, daß alle diese Ziele auch erreicht werden können: Kinder und Jugendliche, die an entsprechenden Unterrichtseinheiten teilgenommen haben, können beispielsweise anschließend die formalen Gestaltungsmittel des Fernsehens besser identifizieren, reale und fiktive Informationen leichter unterscheiden, Werbung kritischer beurteilen und ihren mentalen Aufwand beim Fernsehen variabler einsetzen als Kinder, die nicht an den Programmen teilgenommen haben. Diese Effekte sind übrigens durchaus nicht an die Schule gebunden: Auch der reflektierte Umgang mit dem Medium in der Familie – insbesondere die Erklärung und die ethische Bewertung von TV-Inhalten – zeigt ähnliche Wirkungen. Kinder aus diesen Familien gehen nicht nur mit dem Fernsehen insgesamt und einzelnen Genres (wie z.B. Werbung) selektiver um, sie haben auch besseres politisches und geographisches Wissen, weniger Vorurteile und Ängste, sind weniger aggressiv u.a.m. (vgl. Cantor & Wilson, 2003).

Vergleichbare, in systematisch kontrollierten Untersuchungen evaluierte TV-Curricula wie in den USA gibt es bei uns kaum. So hat eine Bestandsaufnahme zur Medienerziehung im Auftrag der Bertelsmann-Stiftung in den Schulen der alten Bundesländer ergeben, daß zwar rund 70% der befragten Schulen Aktivitäten im Bereich Medienerziehung angeben. Fast alle aber beziehen sich nur auf punktuelle Projekte, etwa im Rahmen von Aktionstagen. Kontinuierliche medienpädagogische Arbeit wird nur von 8% der Schulen berichtet (Tulodziecki & Schöpf, 1992). In einer späteren repräsentativen Befragung von Grundschulen des Landes Nordrhein-Westfalen wurden die Hälfte aller Grundschulen mit einem Fragebogen angeschrieben, davon wurden 742 ausgefüllt zurückgeschickt (= 21% aller Grundschulen in NRW). Hier fand sich, daß nur 19% der Stichprobe Medienerziehung betreiben oder betreiben werden (Herzig, 2000). Tulodziecki und Schöpf (1992, S. 165) bilanzieren daher die Situation in Deutschland so: »Ein eigenes Fach Medienerziehung existiert im allgemeinbildenden Schulwesen der Bundesrepublik Deutschland nicht. Bewußte Medienerziehung erfolgt – wenn überhaupt – in einzelnen Fächern, Arbeitsgemeinschaften oder Projekten. In der Regel findet Medienerziehung nur punktuell in einzelnen Fächern statt.« Dies hat sich bis heute nicht nachhaltig verändert (vgl. Möller & Tulodziecki, 2000).

Auch im Bereich der familiären Medienerziehung liegen die Dinge nicht viel besser. Zwar besteht ein großes Interesse am Thema bei den Institutionen der Elternbildung, das Interesse der Eltern aber hält sich in Grenzen. Insgesamt gibt es zwar inzwischen eine beeindruckende Zahl von Materialien zur Medienerziehung, sie werden aber nicht genutzt. Insbesondere in Ein-Eltern-Kind-Familien findet Medienerziehung vor allem als »Laisser-faire« statt (Burkhard, 2001, S. 366).

Warum ist das so? Zum einen sind Medien- und Kulturpolitik Ländersache. Wenn in Sachsen ein Schulfach Medienkunde eingeführt wird, muß Bremen dies noch lange nicht übernehmen. Ferner gibt es auch andere wichtige Themen – Umwelt-, Verkehrs-, Friedens-, Sexual- und Gesundheitserziehung –, die um knappe Unterrichtszeiten an den Schulen konkurrieren. Auch wird in der deutschen wie der internationalen Literatur häufig berichtet, daß es den Lehrern an medienpädagogischer Kompetenz fehlt, sie haben es während ihrer Ausbildung ja nicht gelernt. Am wichtigsten erscheint jedoch die Tatsache, daß der technologische Wandel und die entsprechende individuelle Anpassung auch ungesteuert passieren, ohne daß nachteilige Folgen sofort erkennbar wären – es hat sich ja noch niemand erkennbar zu Tode amüsiert.

Nötig wäre dies alles nicht: Die Medienforschung hat gezeigt, daß medienpädagogische Konzepte die Kinder und Jugendlichen zu einem angemessenen Umgang mit dem Fernsehen befähigen. In den Institutionen der Erwachsenen- und der Lehrerbildung stehen auch genügend qualifizierte Materialien zur Verfügung. Das nutzen aber vorzugsweise diejenigen Milieus, die ihre Kinder ohnedies schon zu einem selektiven Umgang mit dem Medium anhalten. So erfreulich also die hier erkennbare Möglichkeit einer individuellen Gegensteuerung unerwünschter Fernsehwirkungen ist, so dringend ist auch die Überwindung dieser Milieugrenzen innerhalb und außerhalb des Schulsystems erforderlich.

Wenn es also mit der Medienkompetenz nicht weit her ist, dann gibt es noch einen anderen Ansatzpunkt: Die Kombination medienpädagogischer Aktivitäten mit *gesellschaftspolitischem Engagement*, auch dies läßt sich einem erweiterten Verständnis von Medienkompetenz zurechnen. Dafür finden sich beeindruckende Beispiele in den USA, etwa vor rund zwanzig Jahren in der Kleinstadt Farmington, 150 Meilen nordöstlich von New York (vgl. Winterhoff-Spurk, 1986). Die Leiterin der dortigen Bibliothek hatte mit Kummer feststellen müssen, daß immer weniger Kinder Bücher ausliehen. So entschlossen sich rund 1.000 Einwohner zu einer mindestens einwöchigen TV-Diät, weitere 4.000 schränkten ihren Konsum stark ein; zusammen war das mehr als ein Viertel der Bevölkerung dieser Stadt. Begleitend wurden für die Kinder der beteiligten Familien in der Bibliothek Aufsatzwettbewerbe, Bastelstunden, Märchen-Workshops und dergleichen angeboten. Offenbar erzielte die Aktion »Farmington turns off!« auch die erwünschten Wirkungen. In einer eigens erstellten Informationsmappe wird dazu angegeben: mehr gemeinsame Aktivitäten innerhalb der Familie, bessere Schulnoten, weniger aggressives Verhalten und erhöhte Aufmerksamkeit in der Schule sowie ein dauerhaft reduzierter Fernsehkonsum. Nach den Forschungsergebnissen zur *visual literacy* ist das durchaus glaubwürdig.

Und ebenfalls in den USA gibt es seit 2003 unter der Adresse http://www.altrue.net/altruesite/files/notv613 eine Internet-Plattform »TV Boycott – Changing the way we look at television, one human beeing at a time«. Dort soll sich ein Netzwerk lokaler Gruppen gegen unerwünschte Formen und Inhalte des Fernsehens national organisieren. Man beginnt mit Aktionen auf lokaler Ebene, aus denen durch die Plattform gegebenenfalls auch nationale Maßnahmen entstehen. Eine der ersten Kampagnen war ein sechsmonatiger Nachrichtenboykott gegen die einseitige Berichterstattung über den Irakkrieg: »Der Nachrichtenboykott ist eine sechsmonatige Kampagne mit dem Ziel, die Zensur und die Einseitigkeit in den Nachrichten zu korrigieren. Indem wir auf die Geldflüsse der großen Networks, und insbesondere auf ihre Werbung, zielen, möchten wir sie daran erinnern, daß sie nicht nur ihren Stockholdern gegenüber verantwortlich sind, sondern auch den Eigentümern der öffentlichen Funkwellen, dem amerikanischen Volk«, heißt es dazu auf der Homepage (eigene Übersetzung).

Beides ist auch bei uns möglich: Elternbeiräte in Schulen und Kindergärten können ähnliche Aktionen wie in Farmington fordern und organisieren helfen, eine Internet-Plattform »TV-Boykott« wäre wünschenswert und – eventuell unter dem Dach von Verbraucherschutzverbänden – machbar. Darüber hinaus gibt es zahlreiche individuelle Aktionsmöglichkeiten. So hat jedes Bundesland eine Landesmedienanstalt, zu deren Aufgaben u. a. die Überwachung der bei ihnen lizenzierten privaten Medienorganisationen gehört. Das Aufsichts- und Kontrollorgan dieser Anstalten ist ein Medienrat, in dem die gesellschaftlich relevanten Gruppen wie Religionsgemeinschaften, Parteien, Gewerkschaften und andere Verbände vertreten sind. Hier kann jeder Zuschauer seine Unzufriedenheit mit Sendungen oder Programmen vortragen. Die öffentlich-rechtlichen Medienorganisationen haben ein ähnlich zusammengesetztes Gremium, den Rundfunkrat. Und schließlich kann man insbesondere die privaten Medienorganisationen an ihrer wichtigsten Existenzgrundlage treffen, dem Geld: Briefe an die im Umfeld unerwünschter Sendungen werbenden Firmen, man werde ihre Produkte nicht mehr kaufen, würden, kämen sie denn in großer Zahl, sicher Wirkung erzielen.

Zuletzt gibt es auch für den einzelnen eine Möglichkeit, gravierende mediale Fehlentwicklungen wenigstens zu verlangsamen: den juristischen Schritt. Nehmen wir nur das Beispiel der Gewaltdarstellungen. Nach § 131 des deutschen Strafgesetzbuchs ist die Herstellung und Verbreitung von Druckschriften, Ton- und Bildträgern, Abbildungen, Darstellungen und Rundfunksendungen, die zum Rassenhaß aufstacheln, grausame und unmenschliche Gewalttätigkeiten gegen Menschen verherrlichen, verharmlosen oder in einer die Menschenwürde verletzenden Form darstellen, verboten (vgl. Branahl, 1992). Es steht jedem Zuschauer frei, etwa nach einem Film mit exzessiven Folterszenen bei der Polizei Anzeige gegen den jeweils verantwortlichen Intendanten oder Vorstandsvorsitzenden zu erstatten.

Wenn aber das Fernsehen – wie vorgetragen – nur eine Art *Verstärker* für individuelle und gesellschaftliche Fehlentwicklungen ist, dann reicht das nicht. Dann muß man bei den *Ursachen* ansetzen. Und die sind in den skizzierten gesellschaftlichen Veränderungen und den daraus resultierenden psychologischen Folgen zu suchen. Wenn Bindungsunsicherheit und Medialisierung also tatsächlich die Hauptursachen für das Entstehen eines neuen Sozialcharakters sind, dann wäre die einfachste Antwort: den Kapitalismus und das Fernsehen abschaffen. Ersteres scheitert (einstweilen) an konkreten Utopien für eine andere Gesellschaftsform, letzteres daran, daß es offenbar (einstweilen) keiner abschaffen *will*. Die Forderung zumindest hat der amerikanische Autor Jerry Mander schon 1978 (dt. 1979) mit seinem Buch *Schafft das Fernsehen ab!* gestellt. Um nun nicht in eine intellektuell zwar redliche, sozial aber fatale »Self-handicapping«-Haltung zu geraten, nach der man als einzelner viel zu unbedeutend sei, um irgend etwas verändern zu können, ist nach Handlungsmöglichkeiten unterhalb dieser beiden Forderungen zu fragen. Die Frage stellt sich so: Was schafft unter den gegebenen Umständen Bindungs*sicherheit*?

Das ist zum einen das Leben in der Ehe und später in der Familie. Eine stabile und erfüllte Ehe zu führen ist aus den genannten Gründen ganz sicher schwieriger geworden. Streß durch die Arbeit, Arbeitslosigkeit, die Geburt von Kindern und deren Erziehung, außereheliche Beziehungen stellen schwer zu schulternde Bürden für alle Paare dar. Gleichwohl gibt es Mechanismen, diese Belastungen in einem erträglichen Rahmen zu halten. Wie erwähnt, hängt die Zufriedenheit der Ehepartner auch davon ab, ob es ihnen gelingt, belastende Ereignisse zu vermeiden oder sie konstruktiv zu bearbeiten. Wesentliches Merkmal war die Bereitschaft zur offenen Kommunikation in Konfliktsituationen. Glückliche Paare zeigen mehr positive Verhaltensweisen wie neutrale, positive und aufgabenorientierte Problembeschreibungen, Zustimmung, Humor und Lachen oder andere positive Reaktionen. Das alles kann man notfalls auch lernen, und sei es mit der Hilfe geeigneter Paartherapeuten.

Ein weiterer Punkt ist die Kindererziehung: Seit 1960 hat sich die Zeit, die Eltern jede Woche zusammen mit ihren Kindern verbringen, um zehn bis zwölf Stunden verringert (Ernst,1998, S. 37). In den USA verbringen Erwachsene durchschnittlich 72 Minuten täglich im Auto, weniger als die Hälfte dieser Zeit verbringen sie mit ihren Kindern. Das ist gewiß kein gutes Verhältnis, es ließe sich sicherlich – z. B. auf Kosten des TV-Konsums – zugunsten der Kinder verbessern. Mehr elterliche Zuwendung verschafft dem Kind das Gefühl sicherer Bindungen und ein stabiles Selbstkonzept. Dann benötigt es auch keine historischen Inszenierungen, um die Zuwendung, Nähe und Unterstützung der Eltern wenigstens kurzfristig zu erzwingen. Und die Wahrscheinlichkeit nimmt zu, daß es später eine zufriedenstellende Ehe führen wird. Familiäre Bindungen allein sind für Kinder wie für Erwachsene nicht immer ausreichend, sie können durch nachbarschaftliche Beziehungen und die Mitarbeit in Vereinen und Bürgerinitiativen ergänzt werden. Schließlich leben Kinder wie Erwachsene immer auch in einer historischen und kulturellen Umwelt, deren Kenntnis zum Entstehen einer lokalen, regionalen und auch nationalen Identität beiträgt. Wenn ein Mensch einen Ort, eine Region, eine Nation als Heimat empfindet, dann hat er Bindungen entwickelt.

In den Organisationen entsteht langsam ein Bewußtsein für die Kosten des hier beschriebenen Mentalitätswechsels. Eine Folge davon ist, daß das Stichwort *Vertrauen* seit einigen Jahren ein Thema in der Organisationspsychologie ist (vgl. Winterhoff-Spurk, 2002). Stabiles Vertrauen in Organisationen trägt u. a. zur Reduzierung von Transaktionskosten, zur Entwicklung von kooperativem, auch altruistischem Verhalten, zur Kooperation zwischen Vorgesetzten und Untergebenen insbesondere in Krisenzeiten und beruhigenderweise auch zur Gewinnmaximierung bei. Zu den vertrauensbildenden Organisationsmerkmalen, die mit einem hohen und dauerhaften Engagement der Mitarbeiter verbunden sind, zählen:

- Hohe Arbeitsplatzsicherheit,
- sorgfältige Personalauswahl,
- überdurchschnittliche Bezahlung,
- keine zu großen Gehaltsdifferenzen zwischen dem bestbezahlten und dem am schlechtesten bezahlten Mitarbeiter,
- Zahlung von Erfolgsprämien,
- Mitarbeiterbeteiligung am Betriebsvermögen,
- gute Informationspolitik,
- Mitbestimmung am Arbeitsplatz und Machtdelegation,
- Einführung von Gruppenarbeit und
- regelmäßige und systematische Weiterbildung der Mitarbeiter (Pfeffer, 1994).

Diese Merkmale schaffen Bindungen zur Organisation, sie finden sich auch gegenwärtig, und zwar vor allem in Familienbetrieben und bei Firmen, die nicht im Besitz von anonymen Aktionären sind. Die Forschung zeigt aber auch, daß das Vertrauen von Menschen in Organisationen leichter zu zerstören als aufzubauen ist. Ist es einmal zerstört, so sinken die Leistung, das Engagement und die Verweildauer in der Organisation. Es gibt also sehr wohl Hinweise darauf, daß die globalen, ausschließlich am »Shareholder-value« orientierten Organisationen durchaus einmal an ihren inneren Widersprüchen zugrunde gehen könnten (vgl. dazu auch Kennedy, 2001).

Bindungssicherheit im politischen Bereich ist ungleich schwerer herzustellen. Sie beginnt aber sicherlich damit, die für alle Beteiligten gefährlichen Idealisierungen abzubauen. Politiker sind keine Heiligen- oder Vaterfiguren, sie sind Interessenvertreter für spezifische Gruppen der Gesellschaft. Deren Anliegen sollen sie artikulieren und durchsetzen. Entsprechend sollten sie weder von den Medien noch von den Bürgern ständig hofiert und idealisiert, sondern motiviert und kontrolliert werden: Machen sie ihre Arbeit gut, beauftragt man sie wieder; tun sie es nicht, werden sie durch andere ersetzt. Ob sie gut aussehen, telegen sind oder Charisma haben, ob sie unterhaltsam, originell oder witzig sind, ob sie gar eine Talkshow leiten könnten, ist für diese Funktion ebenso unwichtig wie ihre sexuellen Vorlieben und Eskapaden. Ein solches Politikerverständnis schützt vor der oben beschriebenen Idealisierungs-Depotenzialisierungsdynamik und läßt auch den Politiker wieder zu einem erreichbaren und kontrollierbaren Mitmenschen werden. Bindungssicherheit stellt sich allerdings auch durch die konkrete Erfahrung der Möglichkeit zur Mitgestaltung politischer Entscheidungen auf allen Ebenen ein. Menschen, die sich beteiligen können, bedrückt nicht das Gefühl, wenig oder keinen Einfluß auf die ökonomischen, politischen und sozialen Faktoren zu haben, die ihr tägliches Leben beeinflussen. Sie geraten nicht in eine Situation der »erlernten Hilflosigkeit«, die ihnen die Welt bedrohlicher macht, als sie ist. Sie werden ihr Land nicht mehr für unsicherer oder für wirtschaftlich weniger blühend halten. Bindungssicherheit im politischen Bereich heißt aber auch, sich den prägenden Einflüssen des Fernsehens hinsichtlich der Darstellung von Politik und Politikern weitgehend zu entziehen. Im Fernsehen lernt man nicht, sich gesellschaftlich und politisch zu engagieren.

Schließlich soll aber auch noch einmal daran erinnert werden, daß man individuell ganz gut ohne Fernsehen leben kann. Zwischen zwei und vier Prozent der deutschen Bevölkerung tun dies inzwischen ohne erkennbaren Schaden (Bonfadelli, 2000). Und wenn es denn ein wenig *Personalisierung* bedeutet, sei gleichwohl auch dies noch berichtet: Der Autor hat selbst eine längere TV-Abstinenz (zugegebenermaßen: versehentlich) ausprobiert. Als die für das Saarland zuständige Kabelgesellschaft ihre Gebühren erhöhte, kündigte er den Anschluß, vergaß aber, eine Alternative dafür zu organisieren. So begann ab November 2003 unfreiwillig eine Periode ohne Fernsehen, es wurde (und ist einstweilen noch) eine wunderbare Zeit mit viel Lektüre, Musik und Gesprächen.

So gibt es schon Möglichkeiten, für sich selbst und andere ein höheres Maß an Bindungssicherheit herzustellen, die allmähliche Vereisung des Sozialcharakters durch das Fernsehen ist durchaus aufhaltbar. Damit zu guter Letzt zurück zum *Kalten Herzen*. Das Märchen hat diesem Buch auch deswegen den Titel gegeben, weil es zwar zeigt, wie falsche Ziele scheitern, aber auch darlegt, wie die seelische Gesundheit nach einer Krise wiederzufinden ist.

Geschäftlich hatte er zwar zunächst jeden Erfolg, der Peter Munk, aber menschlich wurde es einsam um ihn. Nachdem er dann auch noch seine schöne und tugendsame Ehefrau durch einen heftigen Streit verloren hatte, drohte ihm schließlich die körperliche und seelische Vernichtung durch den Herrn des Waldes, das Glasmännlein. In der verbleibenden Frist von acht Tagen rettete ihn letztlich eine intakte Bindung, nämlich die seiner Frau zu ihm: Sie erschien ihm mehrfach im Traum und forderte ihn zur Umkehr auf. Dadurch besann er sich, gewann durch einen Trick sein warmes Herz vom Holländermichel zurück und wurde »... ein fleißiger und wackerer Mann. Er war zufrieden mit dem, was er hatte, trieb sein Handwerk unverdrossen, und so kam es, daß er durch eigene Kraft wohlhabend wurde und angesehen und beliebt im ganzen Wald. Er zankte nie mehr mit Frau Lisbeth, ehrte seine Mutter und gab den Armen, die an seine Türe pochten« (Hauff, 1989, S. 75).

Auch wenn das Happy-End für unsere Zeit womöglich zu biedermeierlich-betulich geraten ist, so scheint doch die Aufforderung, mit der Wilhelm Hauff vor bald 200 Jahren die Wandlung des Peter Munk beginnen läßt, auch als abschließende Aufforderung an Sie, verehrter Leser, bestens geeignet:

»Peter, schaff dir ein wärmeres Herz!«

Dank

Eine erste Fassung des Manuskripts wurde durch freundschaftliche Kritik von Fachkollegen, Autoren und Studenten deutlich verbessert. In dieser Weise haben mir geholfen: die Medienpsychologen Kathrin Funk-Müldner und Dr. Frank Schwab, die Journalisten Anke Schaefer und Jochen Reiss, die Filmemacherin und Autorin Uli Dickmann sowie der Drehbuchautor und Schriftsteller Manfred Jacobs.

Das Manuskript hat – zuverlässig und geduldig wie immer – meine Sekretärin Doris Mast erstellt.

Der zuständige Lektor des Verlags, Dr. Heinz Beyer, war von Anfang an ein wohlwollender und hilfreicher Begleiter.

Die erste »richtige« Leserin des Textes war meine Frau, Dipl.-Psych. Claudia Spurk; ihre Kritik war mir besonders wichtig.

Literatur

Adler, A. (1933). Der Sinn des Lebens. Wien: Passer.
Adorno, T. W. (1951). Minima Moralia. Frankfurt a. M.: Suhrkamp.
– (1977). Kulturkritik und Gesellschaft I. Frankfurt a. M.: Suhrkamp.
–, Frenkel-Brunswik, E., Levinson, D. J. & Sanford, R. N. (1950). The authoritarian personality. New York: Harper & Row (dt.: Studien zum autoritären Charakter. Frankfurt a. M.: Suhrkamp, 1973).
Anders, G. (1956). Die Antiquiertheit des Menschen. München: Beck.
Arnim, H. H. von (1997). Fetter Bauch regiert nicht gern. Die politische Klasse – selbstbezogen und abgehoben. München: Kindler.
Aronson, E., Wilson, T. & Akert, R. (1999). Social psychology. New York: Longman (3. Aufl.).
Arnett, J. J. (2002). The sounds of sex: Sex in teens' music and music videos. In: J. D. Brown et al. (Hrsg.), Sexual teens, sexual media, a.a.O., S. 253–264.
Asendorpf, J. & Banse, R. (2000). Psychologie der Beziehungen. Bern: Huber.

Balint, M. (2000). Angstlust und Regression (1959). Stuttgart: Klett-Cotta (5. Aufl.).
Bandura, W. (1989). Die sozial-kognitive Theorie der Massenkommunikation. In: J. Groebel & P. Winterhoff-Spurk (Hrsg.), Empirische Medienpsychologie. München: PVU, S. 7–32.
Barber, N. (1998). Sex differences in disposition towards kin, security of adult attachment, and sociosexuality as a function of parental divorce. Evolution and Human Behavior 19, S. 125–132.
Barthelemes, J. (2001). Funktionen von Medien im Prozess des Heranwachsens. Media Perspektiven 2, S. 84–89.
Bartholomew, K. (1990). Avoidance of intimacy: An attachment perspective. Journal of Social and Personal Psychology 7, S. 147–178.
Basil, M. D. (1997). The danger of cigarette »special placements« in film and television. Health Communication 9 (2), S. 191–198.

Beck, U. (1986). Risikogesellschaft. Auf dem Weg in eine andere Moderne. Frankfurt a. M.: Suhrkamp.

Bell, D. (1985, Neuausg. 1996). Die nachindustrielle Gesellschaft. Frankfurt a. M.: Campus.

Bente, G. & Fromm, B. (1997). Affektfernsehen. Motive, Angebotsweisen und Wirkungen. (Schriftenreihe Medienforschung der Landesanstalt für Rundfunk Nordrhein-Westfalen 23) Opladen: Leske & Budrich.

Bissell, K. L. & Zhou, P. (2004). Must-see tv or ESPN: Entertainment and sports media exposure and body-image distortion in college women. Journal of Communication 54 (1), S. 5–21.

Blacker, K. H. & Tupin, J. P. (1991). Hysteria and hysterical structures: Developmental and social theories. In: M. J. Horowitz (Hrsg.), Hysterical personality style and the histrionic disorder. Northvale: Jason Aronson, S. 15–66.

Bleicher, J. K. (1999). Gegessen wird später. In: N. Schindler (Hrsg.), Flimmerkiste, a.a.O., S. 73–90.

Blomert, H. (2003). Die Habgierigen. Firmenpiraten, Börsenmanipulation: Kapitalismus außer Kontrolle. München: Kunstmann.

Bodenmann, G. (2001). Psychologische Risikofaktoren für Scheidung: Ein Überblick. Psychologische Rundschau 52 (2), S. 85–95.

Böhme, H. (1997). Gefühl. In: C. Wulf (Hrsg.), Vom Menschen, a.a.O., S. 525–547.

Böhme-Dürr, K. & Sudholt, T. (Hrsg.) (2001). Hundert Tage Aufmerksamkeit. Das Zusammenspiel von Medien, Menschen und Märkten bei ›Big Brother‹. Konstanz: UVK.

Bollas, C. (2000). Hysteria. London: Routledge.

Bonfadelli, H. (2000). Medienwirkungsforschung II. Anwendungen in Politik, Wirtschaft und Kultur. Konstanz: UVK.

Borchert, J. & Golsch, L. (1995). Die politische Klasse in westlichen Demokratien: Rekrutierung, Karriereinteressen und institutioneller Wandel. Politische Vierteljahresschrift, S. 609–629.

Botta, R. (1999). Television images and adolescent girls' body image disturbance. Journal of Communication 49 (2), S. 22-41.

Bourdieu, P. (1994). Die feinen Unterschiede. Kritik der gesellschaftlichen Urteilskraft. Frankfurt a. M.: Suhrkamp (7. Aufl.).

– (1998). Über das Fernsehen. Frankfurt a. M.: Suhrkamp.

Branahl, U. (1992). Medienrecht. Eine Einführung. Opladen: Westdeutscher Verlag.

Brody, J. E. (2003). Stampede for diabetes as U. S. races to obesity. The New York Times, 23. Dez.

Brosius, H.-B. (1995). Alltagsrationalität in der Nachrichtenrezeption. Ein Modell zur Wahrnehmung und Verarbeitung von Nachrichteninhalten Opladen: Westdeutscher Verlag.

Brown, D., Steele, J. R. & Walsh-Childers, K. (Hrsg.) (2002). Sexual teens, sexual media. Investigating media's influence on adolescent sexuality. Mahwah, N. J.: Erlbaum.

Bruns, T. & Marcinkowski, F. (1997). Politische Information im Fernsehen. Eine Längsschnittstudie. (Schriftenreihe Medienforschung der Landesanstalt für Rundfunk Nordrhein-Westfalen 22) Opladen: Leske & Budrich.

Bryant, J. & Zillmann, D. (Hrsg.) (1991). Responding to the screen. Hillsdale, N. J.: Erlbaum.

– & – (Hrsg.) (1994). Media effects. Advances in theory and research. Hillsdale, N. J.: Erlbaum.

Buckingham, D. (2000). The making of citizens. Young people, news and politics. London: Routledge.

Buerkel-Rothfuss, N. L. & Strouse, J. S. (1993). Media exposure and perceptions of sexual behaviors: The cultivation hypothesis moves to the bedroom. In: B. S. Greenberg, J. D. Brown & N. L. Buerkel-Rothfuss (Hrsg.), Media, sex and the adolescent. Cresskill: Hampton Press, S. 225–247.

Bundesministerium für Familie, Senioren, Frauen und Jugend (o. J.). Kurzfassung der Studie »Berufsmobilität und Lebensform. Sind berufliche Mobilitätserfordernisse in Zeiten der Globalisierung noch mit Familie vereinbar?« Berlin: Pressestelle des Bundesministeriums für Familie, Senioren, Frauen und Jugend.

Burkhardt, W. (2001). Förderung kindlicher Medienkompetenz durch die Eltern. Grundlagen, Konzepte und Zukunftsmodelle. Opladen: Leske & Budrich.

Bushman, B. J. & Anderson, C. A. (2001). Media violence and the American public. Scientific facts vs. media misinformation. American Psychologist 56 (6/7), S. 477–489.

Bußkamp, H. (2002). Politiker im Fernsehtalk. Strategien der medialen Darstellung des Privatlebens von Politikprominenz. Wiesbaden: Westdeutscher Verlag.

Buunk, B. P. (2001). Affiliation, attraction and close relationship. In: M. Hewstone & W. Stroebe (Hrsg.), Introduction to social psychology. Oxford: Blackwell, S. 371–402.

Cameron, A. J., Welborn, T. A., Zimmet, P. Z., Dunstan, D. W., Owen, N., Salmon, J., Dalton, M., Jolley, D. & Shaw, J. E. (2003). Overweight and obesity in Australia: The 1999–2000 Australia diabetes, obesity and lifestyle study. The Medical Journal of Australia 178 (9), S. 427–432.

Cantor, J., Mares, M.-L. & Hyde, J. S. (2003). Autobiographical memories of exposure to sexual contents. Media Psychology 5 (1), S. 1–32.

– & Wilson, B. J. (2003). Media and violence: Intervention strategies for reducing aggression. Media Psychology 5 (4), S. 363–403.

Cantril, A. H. (1973). Die Invasion vom Mars. In: D. Prokop (Hrsg.), Massenkommunikationsforschung 2. Frankfurt a. M.: Fischer, S. 198–212 (amerik. Originalausgabe: 1940).

Carnegie, D. (1936). How to win friends and influence people. New York: Pocket Books.

Conger, J. A. & Kanungo, R. N. (1988a). Behavioral dimensions of charismatic leadership. In: J. A. Conger & R. N. Kanungo (Hrsg.), Charismatic leadership, a. a. O., S. 78–97.

– & – (Hrsg.) (1988b). Charismatic leadership. The elusive factor in organizational effectiveness. San Francisco: Jossey-Bass.

Cope-Farrar, K. M. & Kunkel, D. (2002). Sexual messages in teen's favorite prime-time television programs. In: J. D. Brown et al. (Hrsg.), Sexual teens, sexual media, a.a.O., S. 59–78.

DAK Gesundheitsmanagement (2004). DAK Gesundheitsreport 2003. Hamburg: DAK Hauptgeschäftsstelle.

Dalton, M. A., Sargent, J. D., Beach, M. L., Titus-Ernstoff, L., Gibson, J. J., Ahrens,M. B., Tickle, J. J. & Heaterhton,T. F. (2003). Effect of viewing smoking in movies on adolescent smoking initiation: A cohort study. The Lancet 326, S. 281–285.

Darschin,W. & Gerhard, H. (2003). Tendenzen im Zuschauerverhalten. Media Perspektiven 4, S. 158–166.

– & – (2004). Tendenzen im Zuschauerverhalten. Media Perspektiven 4, S. 142–150.

Davis, S. & Mares, M. L. (1998). Effects of talk show viewing on adolescents. Journal of Communication 48 (3), S. 69–86.

Dehm, U. (2003). TV-Erlebnisfaktoren. Media Perspektiven 9, S. 425–433.

Deutsche Shell (Hrsg.) (2000). Jugend 2000. Opladen: Leske & Budrich.

Dörner, A. (1999). Medien und Mythen. Zum politischen Emotionsmanagement in der populären Medienkultur am Beispiel des amerikanischen Films. In: A. Klein & F. Nullmeier (Hrsg.), Masse – Macht – Emotionen, a.a.O., S. 308–329.

Donohew, L., Finn, S. & Christ, W. (1988). »The nature of news« revisited: The roles of affect, schemes, and cognition. In: L. Donohew, H. E. Sypher & T. Higgins (Hrsg.), Communication, social cognition, and affect. Hillsdale, N. J.: Erlbaum, S. 125–218.

Dror, Y. (1987). Führung von Staaten. In: A. Kieser, G. Reber & R. Wunderer (Hrsg.), Handwörterbuch der Führung: Stuttgart: Poeschel, S. 1881–1890.

Drucker, S. J. & Cathcart, R. S. (1994). The celebrity and the fan: A media relationship. In: S. J. Drucker & R. S. Cathcart (Hrsg.), American heroes in a media age, a.a.O., S. 1260–69.

– & Cathcart, R. S. (Hrsg.). American heroes in a media age. Cresskill: Hampton.

Duck, J. M. (1995). Helden und Heldinnen in Wirklichkeit und Phantasie: Wie Kinder sich mit Medienfiguren auseinandersetzen. In: B. Franzmann et al. (Hrsg.), Auf den Schultern von Gutenberg, a.a.O., S. 165–180.

Dülmen, R. van (Hrsg.) (2001a). Entdeckung des Ich. Die Geschichte der Individualisierung vom Mittelalter bis zur Gegenwart. Wien: Böhlau.

– (2001b). Freundschaftskult und Kultivierung der Individualität um 1800. In: R. van Dülmen (Hrsg.), Entdeckung des Ich, a.a.O., S. 267–286.

Dysinger, W. S. & Ruckmick, C. A. (1933). The emotional responses of children to the motion picture situation. New York: Macmillan.

Eco, U. (1984). Apokalyptiker und Integrierte. Zur kritischen Kritik der Massenkultur. Frankfurt a. M.: Fischer.

– (2000). Derrick oder die Leidenschaft für das Mittelmaß. München: Hanser.

Eggers, C. (2002). Kinder brauchen Zuwendung. Das Magazin. Wissenschaftszentrum Nordrhein-Westfalen 1, S. 22–24.

Egmont Ehapa Verlag (1997). Coole Profis: Die Medienrealität der Kids. Stuttgart: Egmont Ehapa Verlag.

Elias, N. (1987). Die Gesellschaft der Individuen. Frankfurt a. M.: Suhrkamp.

Elliott, W. Y. (1956) (Hrsg.). Television's impact on American culture. East Lansing: Michigan State University Press.

Emmerling, D. (2003). Ehescheidungen 2002. Statistisches Bundesamt, Wirtschaft und Statistik 12, 1105–1115.

Engels, D. & Sellin, C. (1999). Konzept- und Umsetzungsstudie zur Vorbereitung des Armuts- und Reichtumsberichtes der Bundesregie-

rung. Forschungsbericht Nr. 278 des Bundesministeriums für Arbeit und Sozialforschung.
Englis, B. G., Solomon, M. R. & Olofsson, A. (1993). Consumption imagery in Music Television: A bi-cultural perspective. Journal of Advertising 22 (4), S. 21-35.
Ernst, H. (1998). Psychotrends. Das Ich im 21. Jahrhundert. München: Piper.
Eurostat (2003). Entwicklungen bei den Haushalten in der Europäischen Union. Statistik – kurzgefaßt. Bevölkerung und soziale Bedingungen. Thema 3 (24).

Faulstich, W. & Korte, H. (Hrsg.) (1997). Der Star. Geschichte, Rezeption, Bedeutung. München: Fink.
–, Korte, H., Lowry, S. & Strobel, R. (1997). ›Kontinuität‹ – zur Imagefundierung des Film- und Fernsehstars. In: W. Faulstich & H. Korte (Hrsg.), Der Star, a.a.O., S. 11–28.
Feierabend, S. & Klingler, W. (2002). Medien- und Themeninteressen Jugendlicher. Media Perspektiven 1, S. 9–21.
– & – (2003a). Was Kinder sehen. Media Perspektiven 4, S. 167–179.
– & – (2003b). Medienverhalten Jugendlicher in Deutschland. Media Perspektiven 10, S. 450–462.
– & – (2004). Was Kinder sehen. Eine Analyse der Fernsehnutzung Drei- bis 13jähriger. Media Perspektiven 4, S. 151–162.
Fessenden, F. (2000). They threaten, seethe and unhinge, then kill in quantity. New York Times, 9. April 2000.
Fick, P. M. (1995). The dysfunctional president. New York: Citadel Press.
Fiedler, P. (1997). Persönlichkeitsstörungen. Weinheim: Beltz (3. Aufl.).
Flam, H. (1999). Soziologie der Emotionen heute. In: A. Klein & F. Nullmeier (Hrsg.), Masse – Macht – Emotionen, a.a.O., S. 179–199.
– (2002). Soziologie der Emotionen. Konstanz: UVK.
Flegal, K. M., Carroll, M. D., Ogden, C. L. & Johnson, C. L. (2002). Prevalence and trends in obesity among US adults, 1999–2000. The Journal of the American Medical Association 288 (14), S. 1723–1727.
Fowles, J. (1992). Why viewers watch. A reappraisal of television's effects. Newbury Park: Sage.
Frantzich, S. E. & Percy, S. L. (1994). American government. The political game. Madison: Brown & Benchmark.

Franzmann, B. , Fröhlich, W. D., Hoffmann, H., Spörri, B. & Zitzlsperger, R. (Hrsg.) (1995). Auf den Schultern von Gutenberg. Medienökologische Perspektiven der Fernsehgesellschaft. Berlin: Quintessenz.

Fritz, I. & Klingler, W. (2003). Zeitbudgets und Tagesablaufverhalten in Deutschland: Die Position der Massenmedien. Media Perspektiven 1, S. 12–23.

Fritzsche, Y. (2000a). Moderne Orientierungsmuster: Inflation am ›Wertehimmel‹. In: Deutsche Shell (Hrsg.), Jugend 2000, a.a.O., S. 93–156.

– (2000b). Modernes Leben: Gewandelt, vernetzt und verkabelt. In: Deutsche Shell (Hrsg.), Jugend 2000, a.a.O., S. 181–220.

Fromm, B. (1999). Privatgespräche vor Millionen. Fernsehauftritte aus psychologischer und soziologischer Perspektive. Konstanz: UVK Medien.

Fromm, E. (1974). Anatomie der menschlichen Destruktivität. Stuttgart: DVA.

– (1996). Anatomie der menschlichen Destruktivität. Reinbek b. Hamburg: Rowohlt.

Fuchs, O. (2003). Generation Bankrott. Vereint im Leid: Die 30-Jährigen als Gemeinschaft wider Willen. Süddeutsche Zeitung vom 17. Dezember 2003, S. 11.

Gabriel, P. & Liimatainen, M. R. (2000). Mental health in the workplace. Introduction, executive summaries. Genf: International Labour Organization.

Gerber, B. (2003). Persönlicher Lebensstil und Brustkrebsrisiko. Journal für Menopause 10 (3), S. 13–20.

Gerbner, G., Gross, L., Morgan, M. & Signorelli, N. (1994). Growing up with television: The cultivation perspective. In: J. Bryant & D. Zillmann (Hrsg.), Media effects, a. a. O., S. 17–41.

Gerhards, M., Grajczyk, A. & Klingler, W. (2001). Programmangebote und Spartennutzung im Fernsehen 2000. Media Perspektiven 5, S. 247–257.

– & Klingler, W. (2001). Jugend und Medien: Fernsehen bleibt dominierend. Nutzung und Bedeutung des Fernsehens für Jugendliche im Jahr 2000. Media Perspektiven 2, S. 65–74.

– & Klingler, W. (2003). Programmangebote und Spartennutzung im Fernsehen 2002. Media Perspektiven 11, S. 500–509.

Gibson, J. L., Ivancevich, J. M. & Donnelly, J. H. (1997). Organizations. Behavior, structure, process. Chicago: Irvin.

Glassner, B. (1999). The culture of fear. Why Americans are afraid of the wrong things. New York: Basic Books.

Gleich, U. (1995). Musik in Videoclips und Werbespots des Fernsehens. Media Perspektiven 7, S. 348–353.

– (1998). Talkshows im Fernsehen – Inhalte und Wirkungen, Zuschauer- und Kandidatenmotive. Media Perspektiven 12, S. 625–632.

– (2000). Merkmale und Funktionen der Sportberichterstattung. Media Perspektiven 11, S. 511–516.

Glotz, P. (1989). Die Parteien auf dem Prüfstand. Bertelsmann Briefe 124, S. 5–10.

Götz, M. (2000). Die Bedeutung von Daily Soaps im Alltag von 10- bis 15-Jährigen. Seifenblasen zwischen »leicht verdaulicher Unterhaltung« und »ein Raum für sich«. TelevIZIon 13 (2), S. 52-64.

Goffman, E.(2001). Wir alle spielen Theater. Die Selbstdarstellung im Alltag. München: Piper (9. Aufl.).

Goleman, D., Boyatzis, R., McKee, A. (2002). Emotionale Führung. München: Econ.

Goodstein, L. & Glaberson, W. (2000). The well-marked roads to homicidal rage. New York Times, 10. April 2000.

Gortmaker, S. L., Must, A., Sobol, A. M., Peterson, K., Colditz, G. A. & Dietz, W. (1996). Television viewing as a cause of increasing obesity among children in the United States, 1986-1990. Archives of Pediatrics and Adolescent Medicine 150 (4), S. 356-362.

Greenberg, B. S. & Hofschire, L. (2000). Sex on entertainment television. In: D. Zillmann & P. Vorderer (Hrsg.), Media entertainment, a.a.O., S. 93–111.

Greschik, I. & Grob, N. (2002). UfA. In: T. Koebner (Hrsg.), Reclams Sachlexikon des Films, a.a.O., S. 636–639.

Grossmann, K. & Grossmann, K. E. (2003). Elternbindung und Entwicklung des Kindes in Beziehungen. In: B. Herpertz-Dahlmann, F. Resch, M. Schulte-Markwort & A. Warnke (Hrsg.), Entwicklungspsychiatrie. Stuttgart: Schattauer, S. 115–135.

Hallin, D. C. (1992). Sound bite news: Television coverage of election, 1968-1988. Journal of Communication 42 (2), S. 5-24.

Hansen, C. H. & Hansen, R. D. (2000). Music and music videos. In: D. Zillmann & P. Vorderer (Hrsg.), Media entertainment, a.a.O., S. 175–196.

Hantel-Quitmann, W. (2002). Die Globalisierung der Intimität. Die Zukunft intimer Beziehungen im Zeitalter der Globalisierung. In: W.

Hantel-Quitmann & P. Kastner (Hrsg.), Die Globalisierung der Intimität. Die Zukunft intimer Beziehungen im Zeitalter der Globalisierung. Gießen: Psychosozial Verlag, S. 21–62.

Harrison, K. (2000). The body electric: Thin-ideal media and eating disorders in adolescents. Journal of Communication 50 (3), S. 119–143.

Hauff, W. (1989). Das kalte Herz. Frankfurt a. M.: Insel.

Haustedt, B. (2002). Die wilden Jahre in Berlin. Berlin: Berliner Taschenbuch Verlag.

Hertel, J. & Schütz, A. (im Druck). Singles – maladjusted or stigmatized? In: D. Chadee & J. Young (Hrsg.), Current theories in social psychology. St. Augustine: SOCS, The Universities of the West Indies.

Herrmann, U. (1982). Knaurs Herkunftswörterbuch. München: Knaur.

Herzig, B. (2000). Medienerziehung in der Grundschule aus der Sicht von Schulleitungen: Ergebnisse einer schriftlichen Befragung mit ergänzenden mündlichen Interviews. In: G. Tulodziecki & U. Six (Hrsg.), Medienerziehung in der Grundschule, a.a.O., S. 299–360.

Hesse, J. & Schrader, H. C. (1994). Die Neurosen der Chefs. Die seelischen Kosten der Karriere. Frankfurt a. M.: Eichborn.

Hickethier, K. (1998). Geschichte des deutschen Fernsehens. Stuttgart: Metzler.

– (2002). Star/Starsystem. In: T. Koebner (Hrsg.), Reclams Sachlexikon des Films, a.a.O., S. 587–591.

Hilpert, K. & Winterhoff-Spurk, P. (Hrsg.) (2002). Der Traum vom Glück. Orte der Imagination. (Annales Universitates Saraviensis, Bd. 15) St. Ingbert: Röhrig.

Hochschild, A. R. (1990). Das gekaufte Herz. Zur Kommerzialisierung von Gefühlen. Frankfurt a. M.: Campus.

Hoffmann, J. (2001). Stalking – Forschung und Krisenmanagement. Kriminalistik 1, S. 34–37.

Hoffmann, K. (2002). Kino-Architektur. In: T. Koebner (Hrsg.), Reclams Sachlexikon des Films, a.a.O., S. 299–302.

Hofschire, L.-J. & Greenberg, B. S. (2002). Media's impact on adolescents' body dissatisfaction. In: J. D. Brown et al. (Hrsg.), Sexual teens, sexual media, a.a.O., S. 125–149.

Holert, T. (1991). Ich bin ein intellektueller Gangster: Marshall McLuhan. Wie man mit einer These über die Lücke die ganze Welt erklärt. FAZ-Magazin Nr. 579 vom 5. April 1991.

Horkheimer, M. (1985). Lehren aus dem Faschismus. In: M. Horkheimer, Gesammelte Schriften, Bd. 8, Frankfurt a. M.: Fischer, S. 9–37.

Horton, D. & Wohl, R. R. (1956). Mass communication and parasocial interaction. Psychiatry 19, S. 215–224.

House, R. J., Woycke, J. & Fodor, E. M. (1988). Charismatic and noncharismatic leaders: Differences in behavior and effectiveness. In: J. A. Conger & R. N. Kanungo (Hrsg.), Charismatic leadership, a.a.O., S. 98–121.

Hu, F. B., Li, T. Y., Colditz, G. A., Willett, W. C. & Manson, J. E. (2003). Television watching and other sedentary behaviors in relation to risk of obesity and type 2 diabetes mellitus in women. The Journal of the American Medical Association 289 (14), S. 1785-1791.

–, Leitzmann, M. F., Stampfer, M. J., Colditz, G. A., Willett, W. C. & Rimm, E. B. (2001). Physical activity and television watching in relation to risk for type 2 diabetes mellitus in men. Archives of Internal Medicine 161 (12), S. 1542–1548.

Kamps, K. (1998). Nachrichtengeographie. Themen, Strukturen, Darstellung: ein Vergleich. In: K. Kamps & M. Meckel (Hrsg.), Fernsehnachrichten, a.a.O., S. 275–294.

– & Meckel, M. (Hrsg.) (1998). Fernsehnachrichten. Prozesse, Strukturen, Funktionen. Opladen: Westdeutscher Verlag.

Kennedy, A. (2001). Das Ende des Shareholder-Value. Warum Unternehmen zu langfristigen Wachstumsstrategien zurückkehren müssen. Upper Saddle River: Prentice Hall.

Kepplinger, H. M. (1997). Politiker als Stars. In: W. Faulstich & H. Korte (Hrsg.), Der Star, a.a.O., S. 176–194.

– & Weißbecker, H. (1997). Geborgte Erfahrungen. Der Einfluß enttäuschter Lebensentwürfe auf die Nutzung von Fernsehunterhaltung. Medienpsychologie 1, S. 57–74.

Kessler, F. & Wulff, H. J. (2002). Filmzeitschriften. In: T. Koebner (Hrsg.), Reclams Sachlexikon des Films, a.a.O., S. 219–222.

Kets de Vries, M. F. R. (1990). Cheftypen. Zwischen Charisma, Chaos, Erfolg und Versagen. München: Mosaik.

– (1995). Narzißmus und Führung. In: A. Kieser, G. Reber & R. Wunderer (Hrsg.), Handwörtbuch der Führung. Stuttgart: Poeschel, S. 1609–1622.

Klein, A. & Nullmeier, F. (Hrsg.) (1999). Masse – Macht – Emotionen. Zu einer politischen Soziologie der Emotionen. Opladen/Wiesbaden: Westdeutscher Verlag.

Klein, J. D., Brown, J. D., Childers, K. W., Oliveri, J., Porter, C. & Dykers, C. (1993). Adolescent's risky behavior and mass media use. Pediatrics 92 (1), S. 24–31.

Klingler, W. (1999). Die Wissenskluft-Hypothese. Anmerkungen zum aktuellen Umgang und zur Nutzung von Informationsangeboten in den Massenmedien. Medien praktisch 91 (3), S. 4–7.

Knopp, G. (2001). Hitlers Frauen und Marlene. München: Bertelsmann.

Koebner, T. (Hrsg.) (2002). Reclams Sachlexikon des Films. Stuttgart: Reclam.

Kornbichler, T. (1996). Die Sucht, ganz oben zu sein. Frankfurt a. M.: Fischer.

Kraus, A. (1996). Identitätsbildung Melancholischer und Hysterischer. In: G. H. Seidler (Hrsg.), Hysterie heute, a.a.O., S. 103–110.

Kraus, K. (1961). Unsterblicher Witz. München: Kösel

Krause, R. (1997). Allgemeine Psychoanalytische Krankheitslehre. Band 1: Grundlagen. Stuttgart: Kohlhammer.

– (1998). Allgemeine Psychoanalytische Krankheitslehre. Band 2: Modelle. Stuttgart: Kohlhammer.

Kreissl, R. (1999). Die Verlierer schlagen zurück. Süddeutsche Zeitung vom 31.07./01. 08. 1999, S. 14.

Kreye, A. (2003). Zahl's ihm heim. Donald Trump hetzt im Fernsehen kleine Trumps aufeinander. Süddeutsche Zeitung vom 17./18. Januar 2003, S. 36.

Kroeber-Riehl, W. & Weinberg, P. (2003). Konsumentenverhalten. München: Vahlen (8. Aufl.).

Krüger, U. M. (1998). Zwischen Konkurrenz und Konvergenz. Fernsehnachrichten öffentlich-rechtlicher und privater Rundfunkanbieter. In: K. Kamps & M. Meckel (Hrsg.), Fernsehnachrichten, a.a.O., S. 65–84.

– (2002). Thementrends im Talkshowangebot der neunziger Jahre. In: J. Tenscher & C. Schicha (Hrsg.), Talk auf allen Kanälen. Opladen: Westdeutscher Verlag, S. 141–160.

– & Zapf-Schramm, T. (2001). Die Boulevardisierungskluft im deutschen Fernsehen. Media Perspektiven 7, S. 326–344.

Krug, E. G., Dahlberg, L. L., Mercy, J. A., Zwi, A. B. & Lozano, R. (2002) (Hrsg.). World report on violence and health. Genf: WHO.

Kubey, R. & Csikszentmihalyi, M. (1990). Television and the quality of life. How viewing shapes everyday experience. Hillsdale, N. J.: Erlbaum.

Kuchenbuch, K. (2003). Die Fernsehnutzung von Kindern aus verschiedenen Herkunftsmilieus. Media Perspektiven 1, S. 2–11.

Kuhn, B. & Koser-Spohn, C. (2001). Befreite Liebe. In: R. van Dülmen (Hrsg.), Entdeckung des Ich, a.a.O., S. 489–516.

Kunkel, D., Cope-Farrar, K., Biely, E., Farinola, W. J. M. & Donnerstein, E. (2001). Sex on tv. A biennal report to the Kaiser familiy foundation. Santa Barbara: University of California.

Landbeck, H. (2002). Generation Soap. Mit deutschen Seifenopern auf dem Weg zum Glück. Berlin: Aufbau Taschenbuch Verlag.

Lanthaler, W. & Zugmann, J. (2000). Die ICH-Aktie. Mit neuem Karrieredenken auf Erfolgskurs. Frankfurt a. M.: Frankfurter Allgemeine Zeitung.

Lasch, C. (1980). Das Zeitalter des Narzißmus. München: Steinhausen.

Laswell, H. D. (1930). Psychopathology and politics. Chicago: The University of Chicago Press.

– (1976). Power and personality. Westport: Greenwood Press (2. Aufl., Erstausgabe 1948).

Leppin, H. (1992). Histrionen. Untersuchungen zur sozialen Stellung von Bühnenkünstlern im Westen des Römischen Reiches zur Zeit der Republik und des Principats. Bonn: Habelt.

Levy, M. R. (1979). Watching tv-news as parasocial interaction. Journal of Broadcasting 23 (1), S. 69–80.

Livingstone, S. & Liebes, T. (1995). Where have all the mothers gone? Soap opera's replaying of the Oedipal story. Critical Studies in Mass Comunication 12, S. 155–175.

Löwenthal, L. (1980). Schriften 1: Literatur und Massenkultur. Frankfurt a. M.: Suhrkamp.

Lombard, M., Reich, R. D., Grabe, M. E., Bracken, C. C. & Ditton, T. B. (2000). Presence and television. The role of the screen size. Human Communication Research 26 (1), S. 75–98.

Luckmann, T. (1991). Die unsichtbare Religion. Frankfurt a. M.: Suhrkamp.

Lutte, G., Mönks, F. & Sarti, S. (1969). Das Bild der Eltern und die Familienwerte im jugendlichen Idealleben (1). Zeitschrift für Entwicklungspsychologie und Pädagogische Psychologie 1, S. 18–31.

Maase, K. (1997). Grenzenloses Vergnügen. Der Aufstieg der Massenkultur 1850–1970. Frankfurt a. M.: Fischer.

Mander, J. (1978). Four arguments for the elimination of television. New York: Morrow (dt.: Schafft das Fernsehen ab! Reinbek b. Hamburg: Rowohlt, 1979).

Martin, H. P. & Schumann, H. (1998). Die Globalisierungsfalle. Der Angriff auf Demokratie und Wohlstand. Reinbek b. Hamburg: Rowohlt.

Maslach, C., Schaufeli, W. B. & Leiter, M. P. (2001). Job burnout. Annual Review of Psychology 52, S. 397–422.

Masters, J. C., Ford, M. E. & Arend, R. A. (1983). Children's strategies for controlling affective responses to aversive social experience. Motivation and Emotion 7, S. 103–116.

McCutcheon, L. E., Houran, J., Matlby, J. & Ashe, D. (2004). Celebrity worshippers: Inside the minds of stargazers. Frederick, MD: Publish America.

McIlwraith, R. D. (1998). »I'm addicted to television«: The personality, imagination, and TV watching patterns of self-identified TV addicts. Journal of Broadcasting & Electronic Media 42, S. 371–386.

McIntosh, W. D., Bazzini, D. G., Smith, S. M. & Wayne, S. M. (1998). Who smokes in Hollywood? Characteristics of smokers in popular films from 1940 to 1989. Addictive Behaviors 23 (3), S. 395–398.

McKenna, E. (2000). Business psychology and organizational behavior: A student's handbook. Hove: Psychology Press.

McLeod, J. M., Kosicki, G. M. & McLeod, D. M. (1994). The expanding boundaries of political communication effects. In: J. Bryant & D. Zillmann (Hrsg.), Media effects, a.a.O., S. 123–162.

Media Perspektiven Basisdaten (2003). Daten zur Mediensituation in Deutschland 2003. Frankfurt a. M.: Media Perspektiven.

Meise, H. (2000). Gefühl und Repräsentation in höfischen Selbstinszenierungen des 17. Jahrhunderts. In: C. Benthine, A. Fleig & I. Kasten (Hrsg.), Emotionalität. Zur Geschichte der Gefühle. Köln: Böhlau, S. 119–140.

Mentzos, S. (1996). Interpersonale und institutionalisierte Abwehr. Frankfurt a. M.: Suhrkamp (4. Aufl.).

– (1999). Hysterie. Zur Psychodynamik unbewußter Inszenierungen. Frankfurt a. M.: Fischer (8. Aufl.).

Merten, J. (2003). Einführung in die Emotionspsychologie. Stuttgart: Kohlhammer.

Mestrovic, S. G. (1997). Postemotional society. London: Sage.

Meyer-Drawe, K. (1997). Individuum. In: C. Wulf (Hrsg.), Vom Menschen, a.a.O., S. 698–708.

Meyrowitz, J. (1994). The life and death of media friends: New genres of intimacy and mourning. In: S. J. Drucker & R. S. Cathcart (Hrsg.), American heroes in a media age, a.a.O., S. 62–81.

Mikos, L. (1997). Talkshows. Gepflegte Langeweile mit exotischen Einlagen. tv diskurs 1, S. 14–19.

Mikunda, C. (2003). Kino spüren. Strategien der emotionalen Filmgestaltung. München: Filmland Presse.

Mitscherlich, A. (1963). Auf dem Weg zur vaterlosen Gesellschaft. München: Piper.
Möller, D. & Tulodziecki, G. (2000). Curriculare Grundlagen der Medienerziehung in der Grundschule: Ergebnisse einer Richtlinien- und Lehrplananalyse. In: G. Tulodziecki & U. Six (Hrsg.), Medienerziehung in der Grundschule, a.a.O., S. 361–384.
Morgan, M. & Shanahan, J. (1996). Two decades of cultivation research: An appraisal and meta-analysis. In: B. R. Burleson (Hrsg.), Communication yearbook 20. Newbury Park: Sage, S. 1–45.
Morin, E. (1958). Der Mensch und das Kino. Stuttgart: Klett.
Müller, H. P. (1994). Kultur und Gesellschaft. Auf dem Weg zu einer neuen Kultursoziologie? Berliner Journal für Soziologie 2, S. 135–156.
Müller-Schneider, T. (2003). Differenzierung des Milieugefüges? Eine zeitvergleichende Klassifikationsanalyse. Kölner Zeitschrift für Soziologie und Sozialpsychologie 55 (4), S. 782–794.
Myrtek, M. & Scharff, C. (2000). Fernsehen, Schule und Verhalten. Untersuchungen zur emotionalen Beanspruchung von Schülern. Bern: Huber.

Neckel, S. (1991). Status und Scham. Zur symbolischen Reproduktion sozialer Ungleichheit. Frankfurt a. M.: Campus.
Newshagen, J. E. & Reeves, B. (1992). The evening's bad news: Effects of compelling negative television news images on memory. Journal of Communication 42 (2), S. 25–41.
Nieland, J. U. & Göttlich, U. (1998). Daily Soaps als Umfeld von Marken, Moden und Trends. In: M. Jäckel (Hrsg.), Die umworbene Gesellschaft. Opladen: Westdeutscher Verlag, S. 179–208.
Nixon, R. (1978). The memoirs of Richard Nixon. New York: Grosset.
Noelle-Neumann, E. (1986). Lesen in der Informationsgesellschaft. Gutenberg-Jahrbuch 61, S. 295–301. Mainz: Gutenberg-Gesellschaft.

Oerter, R. & Dreher, E. (1995) Jugendalter. In: R. Oerter & L. Montada (Hrsg.), Entwicklungspsychologie, a.a.O., S. 310–395.
– & Montada, L. (1995). Entwicklungspsychologie. Ein Lehrbuch. Weinheim: Beltz (3. Aufl.).
Ohlert, J. (2001). Der emotionale Kick(er). Konvergente und affektive Präsentationsstile in der Fußballberichterstattung. Fachrichtung Psychologie der Universität des Saarlandes: Unveröffentlichte Diplomarbeit.

Ohm, S. & Strohm, O. (2001). Arbeits-, Führungs- und Gesundheitsrealitäten im Management. Wirtschaftspsychologie 4, S. 52–61.

Parkinson, B., Totterdell, P., Briner, R. B. & Reynolds, S. (1996). Stimmungen. Struktur, Dynamik und Beeinflussungsmöglichkeiten eines psychologischen Phänomens. Stuttgart: Klett-Cotta.

Patalas, E. (1967). Stars. Geschichte der Filmidole. Frankfurt: Fischer.

Paus-Haase, I., Hasebrink, U., Mattusch, U., Keuneke, S. & Krotz, F. (1999). Talkshows im Alltag von Jugendlichen. Der tägliche Balanceakt zwischen Orientierung, Amüsement und Ablehnung. (Schriftenreihe Medienforschung der Landesanstalt für Rundfunk Nordrhein-Westfalen, Bd. 32) Opladen: Leske & Budrich.

Pearl, D., Bouthilet, L. & Lazar, J. (1982) (Hrsg.). Television and behavior: Ten years of scientific progress and implications for the eighties (Bd. 1-2). Washington: U. S. Government Printing Office.

Peters, B. (1996). Prominenz. Eine soziologische Analyse ihrer Entstehung und Wirkung. Opladen: Westdeutscher Verlag.

Perse, E. M. & Rubin, R. B. (1989). Attribution in social and parasocial relationships. Communication Research 18 (1), S. 59–77.

Pfeffer, J. (1994). Creating sustainable advantage through people. Boston: Harvard Business School.

Pfeiffer, C. & Wetzels, P. (2001). Zur Struktur und Entwicklung der Jugendgewalt in Deutschland – Ein Thesenpapier auf der Basis aktueller Forschungsbefunde. In: R. Oerter & S. Höfling (Hrsg.), Mitwirkung und Teilhabe von Kindern und Jugendlichen. (Berichte und Studien der Hanns-Seidel-Stiftung, Bd. 83) München: Hanns-Seidel-Stiftung, S. 108–144.

Preiser, S. (1989). Ganz normale menschliche Reaktionen. Skandalverarbeitung im Spannungsfeld politischer Erfahrungen, Werte und Einstellungen. In: H. Moser (Hrsg.), L'éclat c'est moi. Weinheim: Deutscher Studienverlag, S. 98–117.

Preston, J. M. & Eden, M. (2002). Viewing music videos: Emotion and viewer interpretation. Zeitschrift für Medienpsychologie 14 (2), S. 69–79.

Prokop, D. (1995). Medien-Macht und Medien-Wirkung. Ein geschichtlicher Überblick. Freiburg: Rombach.

Putnam, R. D. (2000). Bowling alone. The collapse and revival of American community. New York: Touchstone.

Quarfoth, J. M. (1979). Children's understanding of the nature of television characters. Journal of Communication 29 (3), S. 210–218.

Radkau, J. (1998). Das Zeitalter der Nervosität. Deutschland zwischen Bismarck und Hitler. München: Hanser.

Reichle, B. & Werneck, H. (Hrsg.) (1999). Übergang zur Elternschaft. Aktuelle Studien zu einem unterschätzten Lebensereignis. Stuttgart: Enke.

Riefenstahl, L. (1987). Memoiren 1902–1945. Frankfurt a. M.: Ullstein.

Riemann, F. (1991). Grundformen der Angst. Eine tiefenpsychologische Studie. München: Reinhardt.

Robinson, J. P. (1976). World affairs information and mass media exposure. Journalism Quarterly 44, S. 23–31.

Rössler, P. & Brosius, B. (2001). Do talk shows cultivate adolescents views of the world? A prolonged-exposure experiment. Journal of Communication 51 (1), S. 143–163.

Rosenfeld, P., Giacalone, R. A., Riordan, C. A. (1995). Impression management in organizations. London: Routledge.

Ruangdaraganon, N., Kotchabhakdi, N., Udomsubpayakul, U., Kunasusont, C. & Suriyawongpaisal, P. (2002). The association between television viewing and childhood obesity: A national survey in Thailand. Journal of the Medical Association of Thailand 85 (4), S. 1075–1080.

Rühle, A. (2000). Sportprofile im deutschen Fernsehen. Media Perspektiven 11, S. 499–510.

Sachse, R. (2002). Histrionische und Narzisstische Persönlichkeitsstörungen. Göttingen: Hogrefe.

Salber, L. (2001). Marlene Dietrich. Reinbek b. Hamburg: Rowohlt.

Salomon, G. (1981). Interaction of media, cognition, and learning. San Francisco: Jossey-Bass.

– (1984). Der Einfluß von Vorverständnis und Rezeptionsschemata auf die Fernsehwahrnehmung von Kindern. In: M. Meyer (Hrsg.), Wie verstehen Kinder Fernsehprogramme? München: Saur, S. 199–220.

Saß, H., Wittchen, H.-U. & Zaudig, M. (1996). Diagnostisches und statistisches Manual psychischer Störungen, DSM-IV. Göttingen: Hogrefe.

Scherer, K. (1990). Theorie und aktuelle Probleme der Emotionspsychologie. Enzyklopädie der Psychologie, Bd. 3. Göttingen: Hogrefe, S. 1–38.

Schindler, N. (1999a). Weiter geht es ohne Gnade, und dann kommt die Hitparade. In: N. Schindler (Hrsg.), Flimmerkiste, a.a.O., S. 284–299.

- (1999b). Rrreal British – Made in Germany. Ein paar Anmerkungen zur Vorabendserie »Percy Stuart«. In: N. Schindler (Hrsg.), Flimmerkiste, a.a.O., S. 91 f.
- (Hrsg.) (1999c). Flimmerkiste. Ein nostalgischer Rückblick. Hildesheim: Gerstenberg.

Schlenker, B. R. & Weigold, M. F. (1993). Interpersonal processes involving impression regulation and management. Annual Review of Psychology 43, S. 133–168.

Schmidbauer, W. (1999). Der hysterische Mann. Eine PsychoAnalyse. München: Nymphenburger.

Schmidt, S. J. (1999). Werbung. In: J. Wilke (Hrsg.), Mediengeschichte der Bundesrepublik Deutschland. Bonn: Bundeszentrale für politische Bildung, S. 518–536.

Schmitt, K. L., Woolf, K. D. & Anderson, D. R. (2003). Viewing the viewer: Viewing behaviors by children and adults during television programs and commercials. Journal of Communication 53 (2), S. 265–281.

Schneewind, K. (1999). Familienpsychologie. Stuttgart: Kohlhammer.

Schneider, N. F., Limmer, R. & Ruckdeschel, K. (2002). Mobil, flexibel, gebunden. Beruf und Familie in der mobilen Gesellschaft. Frankfurt a. M.: Campus.

Schorb, B. & Theunert, H. (2000). »Ein bißchen wählen dürfen ...« – Jugend – Politik – Fernsehen. Eine Untersuchung zur Rezeption von Fernsehinformation durch 12- bis 17jährige. München: KoPäd.

Schulz, W. (1997). Politische Kommunikation. Theoretische Ansätze und Ergebnisse empirischer Forschung. Wiesbaden: Westdt. Vlg.

Schulze, G. (1992). Die Erlebnisgesellschaft. Kultursoziologie der Gegenwart. Frankfurt a. M.: Campus.
- (2001). Inszenierte Individualität. Ein modernes Theater. In: R. van Dülmen (Hrsg.), Entdeckung des Ich, a.a.O., S. 557–582.

Schwarz, E. (1983). Wilhelm Hauff: *Der Zwerg Nase, Das kalte Herz* und andere Erzählungen (1826/27). In: P. M. Lützeler (Hrsg.), Romane und Erzählungen zwischen Romantik und Realismus. Stuttgart: Reclam, S. 117–135.

Seidler, G. H. (Hrsg.) (1996). Hysterie heute. Metamorphosen eines Paradiesvogels. Stuttgart: Enke.

Selnow, G. W. (1986). Solving problems on prime-time television. Journal of Communication 36 (2), S. 63–72.

Segrin, C. & Nabi, R. L. (2002). Does television viewing cultivate unrealistic expectations about marriage? Journal of Communication 52 (2), S. 247–263.

Sennett, R. (1983). Die Tyrannei der Intimität. Frankfurt a. M.: Fischer.
- (1998). Der flexible Charakter. Die Kultur des neuen Kapitalismus. Berlin: Berlin Verlag.
Shapiro, D. (1991). Neurotische Stile. Göttingen: Vandenhoeck & Ruprecht.
Shapiro, M. A. & Chock, T. M. (2003). Psychological processes in perceiving reality. Media Psychology 5 (2), S. 163–198.
Showalter, E. (1997). Hystorien. Hysterische Epidemien im Zeitalter der Medien. Berlin: Berlin Verlag.
Signorelli, N. (1995). Ungesunde Botschaften. Medieneinflüsse auf das Gesundheits- und Ernährungsverhalten von Kindern. In: B. Franzmann et al. (Hrsg.), Auf den Schultern von Gutenberg, a.a.O., S. 150–164.
Sinus Sociovision (2002). Die SINUS-Milieus 2001. Heidelberg: Sinus Sociovision.
- (2003a). Kurzbeschreibung der Sinus-Milieus. Heidelberg: Sinus Sociovision.
- (2003b). Informationen zu den Sinus-Milieus 2003. Heidelberg: Sinus Sociovision.
Smith, E. R. & Mackie, D. M. (2000). Social psychology. Philadelphia: Psychology Press (2. Aufl.).
Smith, R. R. (1979). Mythic elements in television news. Journal of Communication 29, S. 75–82.
Sommer, C. M. (1997) Stars als Mittel der Identitätskonstruktion. In: W. Faulstich & H. Korte (Hrsg.), Der Star, a.a.O., S. 114–124.
Sparks, G. G. & Spirek, M. M. (1988). Individual differences in coping with stressful mass media. Human Communication Yearbook 15 (2), S. 195–216.
Stack, S. (2003). Media coverage as a risk factor in suicide. Journal of Epidemiological Community Health 57, S. 238–240.
Stacy, D. & Mares, M. L. (1998). Effects of talkshow viewing on adolescents. Journal of Communication 48 (3), S. 69–86.
Stadik, M. (2001). Die Merchandising-Maschinerie. »Big Brother«. In: K. Böhme-Dürr & T. Sudholt (Hrsg.), Hundert Tage Aufmerksamkeit, a.a.O., S. 243–251.
Statistisches Bundesamt (1998). Gesundheitsbericht für Deutschland. Stuttgart: Metzler-Poeschel.
- (April 2002). Homepage www.destatis.de/indicators/d/arb210at.htm.
- (2004). Homepage www.destatis.de/basis/d/bevoe/bevoetab11.php.
Stearns, P. N. (1994). American cool. Constructing a 20th century emotional style. New York: New York University Press.

Stockinger, L. (1996). ›Herz‹ in der Sprache und Literatur der Goethezeit. Goethe – Novalis – Hauff. In: G. Berkemer & G. Rappe (Hrsg.), Das Herz im Kulturvergleich. Berlin: Akademie-Verlag, S. 173–209.

Strate, L. (1994). Heroes: A communication perspective. In S. J. Drukker & R. S. Cathcart (Hrsg.), American heroes in a media age, a.a.O., S. 15–23.

Strobel, R. & Faulstich. W. (1998). Die deutschen Fernsehstars. Stars der ersten Stunde. Göttingen: Vandenhoeck & Ruprecht.

Surgeon General's Scientific Advisory Committe (1972). Television and growing up: The impact of televised violence. Washington: U. S. Government Printing Office.

Taylor, L. & Mullan, B. (1986). Uninvited guests. The intimate secrets of television and radio. London: Chatto & Windus.

Teusch, U. (2004). Was ist Globalisierung? Ein Überblick. Darmstadt: Wissenschaftliche Buchgesellschaft.

Theunert, H. & Gebel, C. (Hrsg.) (2000). Lehrstücke fürs Leben in Fortsetzung. Serienrezeption zwischen Kindheit und Jugend. (BLM Schriftenreihe, Bd. 63) München: R. Fischer.

Tichenor, P. J., Donohue, G. A. & Olien, C. N. (1970). Mass media flow and differential growth in knowledge. Public Opinion Quarterly 34, S. 159–170.

Trimborn, J. (2002). Riefenstahl. Eine deutsche Karriere. Berlin: Aufbau.

Tulodziecki, G. & Schöpf, K. (1992). Zur Situation der schulischen Medienpädagogik in Deutschland: Konzepte, Materialien, Praxis und Probleme. In: Bertelsmann Stiftung (Hrsg.), Medienkompetenz als Herausforderung an Schule und Bildung. Gütersloh: Verlag Bertelsmann Stiftung, S. 104–176.

– & Six, U. (Hrsg.). Medienerziehung in der Grundschule. Grundlagen, empirische Befunde und Empfehlungen zur Situation in Schule und Lehrerbildung. Opladen: Leske & Budrich.

Unz, D., Schwab, F. & Winterhoff-Spurk, P. (2002). Der alltägliche Schrecken? Emotionale Prozesse bei der Rezeption gewaltdarstellender Fernsehnachrichten. In: P. Rößler, S. Kubisch & V. Gehrau (Hrsg.), Empirische Perspektiven der Rezeptionsforschung München: R. Fischer, S. 97–116.

Valkenburg, P., Cantor, J. & Peeters, A. L. (2000). Fright reactions to television. A child survey. Communication Research 27 (1), 82–99.

Vorderer, P. (1996). Fernsehen als ›Beziehungskiste‹. Parasoziale Beziehungen und Interaktionen mit TV-Personen. Opladen: Westdeutscher Verlag.

Wartella, E., Scantlin, R., Kotler, J., Huston, A. C. & Donnerstein, E. (2000). Effects of sexual content in the media on children and adolescents. In: C. v. Feilitzen & U. Carlsson (Hrsg.), Children in the new media landscape. Games, pornography, perceptions. Göteborg: Göteborg University Press, S. 141–153.

Weaver, J. (1991). Responding to erotica: Perceptual processes and dispositional implications. In: J. Bryant & D. Zillmann (Hrsg.), Responding to the screen, a.a.O., S. 329–354.

Weber, M. (1965). Die protestantische Ethik. Eine Aufsatzsammlung. München: Siebenstern.

Wegener, C. (2001). Informationsvermittlung im Zeitalter der Unterhaltung. Opladen: Westdeutscher Verlag.

Wells, H. G. (1974). Der Krieg der Welten. Zürich: Diogenes (engl. Originalausgabe: 1898).

Wilken, U. J. & Breucker, G. (2000). Mental health in the workplace. Situation analysis: Germany. Genf: International Labor Office.

Willems, H. & Jurga, M. (1998). Inszenierungsgesellschaft. Opladen: Westdeutscher Verlag.

Willi, J. (1997). Die Zweierbeziehung. Spannungsursachen, Störungsmuster, Klärungsprozesse, Lösungsmodelle. Reinbek bei Hamburg: Rowohlt.

Winterhoff-Spurk, P. (1986). Fernsehen. Psychologische Befunde zur Medienwirkung. Bern: Huber.

– (1999). Politiker in der Mediengesellschaft: Eine Annäherung aus medienpsychologischer Perspektive. In: P. Winterhoff-Spurk & M. Jäckel (Hrsg.), Politische Eliten in der Mediengesellschaft. München: R. Fischer, S. 9–30.

– (2001). Fernsehen. Fakten zur Medienwirkung. Bern: Huber (2. Aufl.).

– (2002). Organisationspsychologie. Eine Einführung. Stuttgart: Kohlhammer.

– (2004). Medienpsychologie. Eine Einführung. Stuttgart: Kohlhammer (2. Aufl.).

– & Koch. H. J. (2000). Kulturradio. Perspektiven gehobener Radioprogramme. München: R. Fischer.

Woo, H.-J. & Kim, Y. (2003). Modern gladiators: A content analysis of televised wrestling. Mass Communication and Society 6 (4), S. 361–378.

Wulf, C. (Hrsg.) (1997). Vom Menschen. Handbuch Historische Anthropologie. Weinheim: Beltz.

Zepf, S. (1993). Sexuelle Liebesbeziehungen und was sie heute sind – oder: Die unstillbare Sehnsucht ausgekühlter Herzen. In: S. Zepf (Hrsg.), Die Erkundung des Irrationalen. Göttingen: Vandenhoeck & Ruprecht, S. 154–180.

Zillmann, D. (1988). Mood management. Using entertainment to full advantage. In: L. Donohew, H. E. Sypher & E. T. Higgins (Hrsg.), Communication, social cognition, and affect. Hillsdale, N. J: Erlbaum, S. 147–172.

– & Bryant, J. (1991). Responding to comedy: The sense and nonsense in humor. In: J. Bryant & D. Zillmann (Hrsg.), Responding to the screen, a.a.O., S. 261–279.

– & Bryant, J. (1994). Entertainment as media effect. In: J. Bryant & D. Zillmann (Hrsg.), Media effects, a. a. O., S. 437–462.

– & P. Vorderer (Hrsg.) (2000). Media entertainment. The psychology of its appeal. Mahwah: Erlbaum.

–, Weaver, J. B., Mundorf, N. & Aust, C. F. (1986). Effects of an opposite-gender companion's affect to horror on distress, delight, and attraction. Journal of Personality and Social Psychology 51, S. 586–594.

Zinnecker, J., Behnken, I., Maschke, S. & Stecher, L. (2002). Null zoff & voll busy. Opladen: Leske & Budrich.

Zuckerman, M. (1988). Behavior and biology: Research on sensation seeking and reactions to the media. In: L. Donohew, H. E. Sypher & E. T. Higgins (Hrsg.), Communication, social cognition, and affect. Hillsdale, N. J.: Erlbaum, S. 173–194.

Arno Gruen:
Der Fremde in uns
265 Seiten, gebunden, ISBN 3-608-94282-3

»Entscheidend ist die Frage: Was bleibt für die Entwicklung der Identität, wenn all das, was dem Menschen eigen ist und ihn als Individuum ausmacht, verworfen und zum Fremden gemacht wird? Dann reduziert sich Identität auf die Anpassung auf äußere Umstände... Ein wichtiges Buch, das nicht nur den einzelnen als Individuum anspricht, sondern auch Wege zur positiven Entwicklungsfähigkeit der Gesellschaft aufzeigt... Ein Buch, das gerade in der gegenwärtigen Debatte über den Umgang mit Rechtsradikalen Durchblick verschafft.«
ekz-Informationsdienst

Rainer Sachse:
Schwarz ärgern – aber richtig
Paradoxe Ratschläge für Psychosomatiker
140 Seiten, Illustrationen, Deckenbroschur, ISBN 3-608-95999-8

Eine hintergründige Anleitung zum Glücklichsein: Ein kleines Magengeschwür, lästige Neurodermitis, Erschöpfungszustände durch übermäßigen Streß oder das obligate Burnout-Syndrom gehören heute zur Ausstattung eines erfolgreichen Menschen, eines gesellschaftlich anerkannten Lebens. Ein kluger, satirischer Ratgeber, der selbstverständlich auch mit umgekehrten Vorzeichen gelesen werden darf.